믿음의 시련

Faith on Trial
by Martyn Lloyd-Jones

Copyright © Inter-Varsity Press 1965
This edition published by arrangement
with Inter-Varsity Press, Nottingham
was published in 2008 in the Christian Heritage Imprint
by Christian Focus Publications

Translated by permission of Christian Focus Publications
Geanies House, Fearn, Ross-shire
IV20 1TW Scotland, Great Britain
All Rights Reserved.
Korean Translation copyright © 2009 by Jipyung Publishing Company

본 저작물의 한국어판 저작권은 저작권자와의 독점계약으로 지평서원이 소유합니다.
저작권법에 의하여 한국 내에서 보호를 받는 저작물이므로 무단 전재와 무단 복제를 금합니다.

믿음의 시련

마틴 로이드 존스 지음
서문강 옮김

지펭서원

| 목차 |

옮긴이의 글 6

지은이 머리말 10

chapter 1 참으로 선하신 하나님 ⋯⋯⋯⋯⋯ 12

chapter 2 발 디딜 데를 확보하라 ⋯⋯⋯⋯⋯ 42

chapter 3 영적 사고(思考)의 중요성 ⋯⋯⋯⋯⋯ 68

chapter 4 모든 것을 바라보는 눈 ⋯⋯⋯⋯⋯ 100

chapter 5 하나님에 대한 깨달음 ⋯⋯⋯⋯⋯ 130

Faith on Trial

chapter 6 자기 점검 ········· 162

chapter 7 영적 알레르기 ········· 190

chapter 8 그럼에도 불구하고 ········· 222

chapter 9 성도의 궁극적 견인 ········· 250

chapter 10 만세반석 ········· 280

chapter 11 새로운 결심 ········· 308

| 옮긴이의 글 |

믿음의 시련을 넘어
건강한 믿음의 사람으로

서문강 목사

먼저 이 책의 주인이신 우리 주 예수 그리스도의 아버지 하나님께 감사와 찬미를 돌리나이다.

성경이 하나님의 말씀이라고 믿으면서도 성경의 권위와 능력에 대한 신뢰심이 점점 저하되고 있는 것이 현대 교회의 가장 치명적인 병폐입니다. 흔히 오늘날의 상황은 성경이 주어지던 시대와는 사뭇 달라서 더 이상 성경이 이전 시대에 가졌던 적의성適宜性, relevance을 가질 수 없다는 전제가, 교회 지도자들과 그 지도를 받고 있는 성도들의 심중에 깊게 박혀 있습니다. 이러한 참상은 애통할 일입니다.

물론 그것은 한국 교회에만 있는 현상은 아닙니다. 도리어 그 진원지는 한국 교회가 아니라 서구 교회입니다. 그리고 이제 그 흐름은 전 세계 교회의 일반적인 추세가 되었습니다. 그래서 강단에서 성경을 곧이곧대로 강해하는 것을 시대에 한참 뒤진 게으름으로 치부하고 있는 것이 현실이 아닌지요?

그러나 우리는 교회사에서 하나님의 은혜를 크게 받고 빼어난 영성을 보였던 자들을 주목하여야 합니다. 그러면 그것이 게으름이 아니라 하나님의 항시적인 방식임을 발견하게 될 것입니다.

16세기의 루터와 칼빈, 17세기의 존 오웬 같은 청교도들, 18세기의 조지 휫필드나 조나단 에드워즈, 그리고 19세기의 스펄전과 같은 걸출한 설교자들의 비밀은 바로 성경의 권위와 능력을 믿고 거기에 자신을 걸었다는 데 있습니다.

20세기 교회의 허물에도 불구하고 진노 중에서도 긍휼이 충만하신 하나님 아버지께서는 당신의 피로 값 주고 사신 교회를 버려두지 않으셨습니다. 하나님께서는 교회가 그 방식의 영광을 맛보고 그리로 돌아오게 하시기 위하여 하나님의 사람들을 사용하셨으며, 특히 그중에서도 로이드 존스 목사님을 크게 높이셨습니다. 그는 성경이 시대에 뒤진 적이 없는 항상 '새로운 말씀'임을, 그의 41년의 강단 사역을 통해서 실증하였습니다. 그래서 하나님의 은혜의 영광을 아는 하나님의 사람들은 그의 메시지가 책으로 나온 것을 보면서 '가슴이 뛰는' 것입니다. 그리고 그 책에 수록된 성경 강론을 읽으면서 세상이 주지 못하는 평안과 행복을 누리게 되는 것입니다. 물론 그 선물은 하나님께서 그리스도 안에서 그 말씀을 통해서 성령님으로 말미암아 주시는 것입니다.

성경만이 하나님의 완전한 말씀으로서, 우리의 삶의 난제와 그 실상의 정곡을 찌르며, 그 완전한 해결책을 제시하기에 충분하고 완전합니다.

주지하는 바와 같이, 시편 73편은 구약 시대의 한 성도의 '간증'입니다. 그러나 그 간증은 그 한 사람의 독특한 삶의 경우를 제시하는 것이 아닙니다. 전 시대에 걸친 하나님의 사람들 모두가 예외 없이 겪게 되는 난제와, 그 난제 속에 있는 '짐승같이 우매 무지한 우리의 오른손을 붙잡으시는 하나님의 위로'의 증거입니다. 이로써 '하늘에 계신 하나님께서' '지상에 있는' 사람들의 믿음의 순례길을 가로막고 서 있는 난제에 대해 무관심하지 않으심을 보여 주셨습니다.

하나님은 '믿음의 시련trial on faith'을 통하여 성도를 '더 견강한 믿음'의 사람으로 변화시키십니다. 그래서 시험의 사람이 이러한 확신의 고백자가 되게 하신 것입니다.

"하나님께 가까이함이 내게 복이라. 내가 주 여호와를 나의 피난처로 삼아 주의 모든 행사를 전파하리이다."

로이드 존스 목사님은, 이 시편 기자의 난제로 인해 시련에 빠진 한 성도가 그 고백에 이르기까지, 그 과정을 성경 본문에 의거하여 기탄없이 강해하고 있습니다.

이 책을 내신 지평서원의 대표와 그 직원들 모두와, 이 책을 읽는 모든 하나님의 사람들에게 분명히 성령님의 역사가 있을 것이라고 믿습니다. 이런 거룩한 섬김의 영광을 부족한 종에게 허락하신 하나님 아버지께 머리 숙여 감사드립니다. 부족한 종의 허물은 감추시고 주님의 은혜와 진리의 영광만이 돋보이게 하시옵소서. 아멘.

주후 2009년 11월 초,
참 아름다운 가을이 겨울의 서곡을 노래하는 때에
녹번동 교회 서재에서.

| 지은이 머리말 |

다시 일으키는
소망의 문이 열리기를 바라며

마틴 로이드 존스

시편 73편은 하나님의 사람들을 자주 당혹하게 하고 낙담시키는 하나의 난제를 다루고 있습니다. 그 난제는 이중적인 성격을 가집니다. '왜 경건하지 않은 악인들은 아주 잘되는데 경건한 자들은 빈번하게 고난을 받아야 하는가?'

이 시편은 성경이 그 난제를 어떻게 다루는지를 보여 주는 전형적인 진술입니다. 시편 기자는 자기의 체험을 진술하고, 자기 영혼을 아주 극적인 방식으로 우리에게 보여 줍니다. 그리고 거의 절망의 나락에 떨어질 즈음에서부터 한 단계 한 단계 올라가 궁극적인 승리와 확신에 이르기까지 자신의 모습을 밝혀 나갑니다.

아울러 이 시편은 하나님의 옳으심을 변증하는 장엄한 호신론護神論이기도 합니다. 이러한 여러 가지 이유로 인하여 이 시편은 언제나 설교자들과, 영적인 문제에 대해 상담하는 자들이나 교사들에게 호소력을 가져왔습니다.

이 책에 수록된 설교들은 매주일 오전에 연속 강해한 것입니다. 이 부요한 가르침을 준비하고 전하는 일은 제게 있어서 사랑과 참된 기쁨이 깃든 수고였습니다.

특히 하나님께서는 이 연속 강해설교 중에서 '그럼에도 불구하고'(8장)라는 설교를 사용하시어 영혼의 큰 고뇌에 빠져 거의 자지러질 지경에 이른 사람을 즉시 다시 살리고 큰 기쁨을 갖게 해 주셨습니다.

그는 약 100킬로미터의 거리를 여행하고 나서 런던에 도착하였으며, 이튿날 그 설교를 들었습니다. 그때 그는 하나님께서 무한하신 은혜로 바로 그 설교를 듣게 하시려고 그 먼 거리를 오게 하셨다고 확신했습니다. 그리고 지금도 그 확신은 변하지 않았습니다.

그 설교뿐 아니라 이 책에 수록된 설교들을 통하여 그 발이 '거의 미끄러질 뻔하고', 그 걸음이 '거의 넘어지게 될' 상황에 이른 많은 이들에게 '소망의 문'이 열리기를 바랍니다.

1968년,
웨스트민스터 채플에서.

Chapter 1

참으로 선하신 하나님

"하나님이 참으로 이스라엘 중
마음이 정결한 자에게 선을 행하시나
나는 거의 넘어질 뻔하였고 나의 걸음이 미끄러질 뻔하였으니"

시 73:1,2

우리는 시편에서 자기의 체험을 진술하고, 영적인 삶과 싸움에서 자기에게 일어난 일들을 기술하는 경건한 사람들을 만날 수 있습니다. 그러하기에 시편은 역사적으로 하나님의 백성들에게 큰 가치를 지닌 책이 되어 왔습니다. 시편은 다른 데서는 얻을 수 없는 위안과 교훈을 거듭하여 제공합니다.

어느 누가 그러한 것에 대하여 깊이 생각해 보았는지 모르겠습니다만, 성령께서 초대교회로 하여금 구약의 기록을 받아들이도록 인도하신 것도 부분적으로 바로 그러한 이유 때문일 수 있습니다.

우리는 성경 전체를 통하여 자신의 백성들을 다루시는 하나님의 처사에 대한 기록을 만나게 됩니다. 하나님은 신약에서나 구약에서나 동일하십니다. 구약의 성도들도 우리와 똑같이 하나님 나라의 시민들이었습니다. 이미 아브라함과 이삭과 야곱과 같은 사람들이 하나님 나라의 백성이 되었으며, 우리 역시 그 동일한 나라의 백성으로 받아들여졌습니다. 이방인들도 유대인들과 함께 상속자가 되고 그 나라의 시민이 된다는 것이 사도들에게 계시된 비밀이었습니다.

그러므로 그들의 체험과 우리의 체험이 정확하게 같은 길을 간다고 여기는 것이 옳습니다. 그들이 구약 시대를 살았다는 사실이 아무런 차이를 가져오지 않습니다. 구약을 거부하는 기독교, 심지어 구약의 성도들과 우리는 본질적으로 다르다고 상상하는 기독교는 무언가 잘못된 것입니다.

만일 여러분 중 누군가가 그렇게 생각하고 싶은 유혹을 받는다면, 저는 그런 분들에게 시편을 읽어 보라고 권하고 싶습니다. 그리고 시편 기자들의 고백들 중 어떤 것이든지, 여러분도 체험했다고 솔직하게 말할 수 있는 것이 있는지를 자문해 보십시오. "내 부모는 나를 버렸으나 여호와는 나를 영접하시리이다"(시 27:10), "하나님이여 사슴이 시냇물을 찾기에 갈급함같이 내 영혼이 주를 찾기에 갈급하니이다"(시 42:1)라고 여러분도 말할 수 있는지요?

시편과 그 속에 나타난 진술들을 유심히 읽어 보십시오. 그러면 여러분도 이 사람들이 부요하고도 위대한 영적 체험을 가진 하나님의 자녀들임을 인정할 것입니다. 바로 그런 이유 때문에 기독교 교회 초창기부터 성도들은 빛과 지식과 교훈을 얻기 위하여 시편을 연구했습니다.

시편의 큰 가치는, 주로 체험을 통한 진술 형태로 그 교훈을 표현하여 우리를 돕는다는 사실에 있습니다. 우리는 신약에서 동일한 교훈을 대하지만, 거기에서는 그것이 더욱 교훈적인 형식으로 제시되어 있습니다. 그러나 시편은 우리의 평범하고도 실제적인 수준에 맞추어 교훈을 제시하고 있는 듯합니다. 그래서 이제 우리 모두는 시편의 가치에 친숙하게 됩니다.

우리의 영혼이 곤고할 때가 있습니다. 보다 직설적인 교훈을 받을 수 없다고 느낄 때도 있습니다. 너무 지치고 마음이 피곤하고 기진하여 원리들을 집중적으로 생각하거나 일들을 객관적으로 볼 수 없다고 느낄 때도 있습니다.

이렇게 인생이 자기들을 잔인하게 대한다고 느끼는 사람들, 인생의 파도에 얻어맞아 정신을 차릴 수 없게 된 사람들은 더욱 개인적이고도 친밀하게 진리를 받기 위하여 시편으로 나아가곤 하였습니다.

그들은 시편에서 다른 사람들의 체험에 대한 기록을 읽고는 그들도 자기와 매우 유사한 일을 겪었음을 발견합니다. 그리고 바로 그 사실 자체가 그들에게 도움을 주고 힘을 줍니다. 자기 혼자만 그러한 어려움을 겪는 것은 아니라고 느끼며, 자기에게 일어난 일이 보기 드문 것이 아니었음을 알게 됩니다.

그들은, 바울이 고린도 사람들에게 한 위로의 말씀, "사람이 감당할 시험밖에는 너희가 당한 것이 없나니"(고전 10:13)라는 말씀이 진리임을 인식하기 시작합니다. 바로 그러한 인식만이 그들로 하여금 용기를 갖고 믿음 안에서 새로워지게 할 수 있습니다. 시편은 그런 점에서 말할 수 없이 가치 있습니다. 그래서 사람들이 부단하게 시편으로 시선을 돌리고 있는 것입니다.

시편은 우리를 붙잡아 두는 특징들을 많이 가지고 있습니다. 제가 특히 언급하고 싶은 것은, 자기에 관한 진실을 서슴없이 말하는 이 사람들의 아주 주목할 만한 정직성입니다. 우리는 이 시편 73편에서 그러한 전형적인 모습을 대합니다.

이 시편 기자는, 자기가 거의 넘어질 뻔하였고 자기 걸음이 거의 미끄러질 뻔하였음을 아무 거리낌 없이 밝히고 있습니다. 그리고 하나님 앞에서 자신이 짐승같이 너무 어리석고도 무지하였음을 밝힙니다. 그 정직함이여! 그것이 바로 시편의 위대한 가치입니다.

이 시편에서 제기된 문제

자기가 언제나 산꼭대기 같은 정상을 걷고 있는 듯한 인상을 주는 사람들이 있습니다. 이런 사람을 만나는 일만큼 영적인 삶에서 우리를 낙담시키는 일은 없습니다. 그런 모습은 분명히 성경의 진리와 맞지 않습니다.

성경에 등장하는 이런 사람들은 넘어져 나동그라지는 것이 무엇인지, 지독하고도 감당하기 어려운 고통 속에 빠지는 것이 무엇인지를 아는 사람들입니다. 순례길을 가던 수많은 성도들은 시편 기자들의 정직성을 인하여 하나님께 감사하였습니다. 그들은 자기 삶 속에서 사실적이지 못한 어떤 이상적인 진리를 제시하지 않습니다.

완전주의적인 교훈들은 결코 진리가 아닙니다. 그 교훈들은 그것들을 가르친 사람들의 체험과 일치하지도 않습니다. 우리는 그들이 우리처럼 실패하기 쉬운 존재들임을 알고 있습니다. 그들은 완전에 대한 자기들의 교훈을 이론적으로 제시하지만, 그것은 그들의 체험과는 상반되는 교훈입니다.

하나님께 감사하게도, 시편 기자들은 그렇게 완전주의적인 교훈을 제시하지 않습니다. 그들은 자기들에 관하여, 또한 자기들에게 일어난 일에 관하여 분명한 진실을 밝히고 있습니다.

그것은 자신을 선전하겠다는 동기에서 나온 일이 아닙니다. 때로는 죄를 자백하는 것이 자기 선전의 한 형태가 될 수도 있습니다. 어느 정도 선에서는 자기의 죄도 털어놓을 용의를 아주 강하게 가지고 있는 사람들도 있습니다. 그러나 그것은 아주 교활한 위험입니다.

이 시편 기자는 그렇게 하지 않습니다. 그는 하나님을 영화롭게 하고 싶어서 자신에 관한 진실을 말하는 것이며, 그것이 바로 그의 정직성을 지배하고 있습니다. 그는 자신과 하나님 사이의 차이를 보여 주면서 하나님께 영광을 돌리는 것입니다.

이 사람이 여기서 바로 그 일을 하고 있습니다. 그가 먼저 대단히 승리에 찬 어조로 운을 떼고 있음을 주목합시다.

"하나님이 참으로 이스라엘 중 마음이 정결한 자에게 선을 행하시나"(시 73:1).

그는 마치 이렇게 말하려고 한 것 같습니다. "자, 나는 그대들에게 한 이야기를 하려고 한다. 나에게 있었던 일을 말해 주겠다. 그런데 내가 이 이야기를 통해 그대들에게 깨우쳐 주고 싶은 것은 바로 이것이니, 곧 하나님의 선하심이다."

다른 번역본을 보면 그 점이 아주 뚜렷이 드러날 것입니다.

"하나님은 언제나 이스라엘에게 선하시되, 마음이 정결한 자들에게 선하시도다(God is always good to Israel, even to such as are of a clean heart)."

하나님은 언제나 한결같습니다. 어떤 제한이나 한계가 전혀 없습니다. 이 사람은 이렇게 말하고 있습니다.

"이것이 나의 전제이다. 하나님은 이스라엘에게 항상 선하시도다."

시편 기자들은 대부분 그러한 대단한 찬미와 감사의 말을 먼저 터뜨리고 나서 글을 시작합니다. 자주 지적됩니다만, 시편들은 일반적으로 결론부터 말합니다. 역설적으로 들릴지도 모르지만, 그것이 사실이기에 말씀드리는 것입니다.

이 시편 기자는 어떤 체험을 하였습니다. 그리고 그 일을 겪고 나서 바로 그는 그러한 결론에 이르게 되었습니다. 이제 그에게 있어서 위대한 점은 바로 그러한 결론에 이르게 되었다는 것입니다. 그래서 그는 결론부터 제시합니다. 그런 다음에 자기가 어떻게 그런 결론에 이르게 되었는지를 말해 줍니다.

그것은 가르침의 좋은 방식입니다. 시편은 언제나 그러한 방식을 취합니다. 그 체험 자체만으로는 아무 유익이나 가치가 없습니다. 그 체험이 특별한 진리에 대한 하나의 예증이었다는 것이 그 체험의 가치입니다. '체험 자체'의 입장에서만 본다면, 그는 그 체험에 아무런 관심이 없습니다. 그 체험이 하나님에 관한 위대한 진리의 한 예증이기에 가치가 있는 것입니다.

위대한 진리는, 우리 모두 그가 지적하고 있는 그 큰 요점, 즉 하나님은 자신의 백성들 곧 마음이 정결한 자신의 백성들에게 항상 선하시다는 사실을 인식해야 한다는 것입니다. 그것이 전제입니다. 그 후에 이 시편을 연구하면서 우리는 이 시편 기자가 그런 결론에 이르게 되는 방식, 또는 경로에 관심을 두어야 합니다.

그가 우리에게 말하는 것을 다음과 같이 요약할 수 있습니다. 그는 자기의 종교적 체험에 대해 말하면서 이 전제에서 시작합니다. 그리고 나서 과거의 방황과 다시 돌아온 것에 대해 말합니다.

우리가 시편을 그렇게 큰 가치를 지닌 것으로 여기는 이유는, 시편 기자들이 그러한 자기의 체험을 분석하고 있기 때문입니다. 우리도 삶 속에서 그와 같은 종류의 체험을 합니다. 우리가 모든 것을 잃어버린 것같이 느낍니다. 문제는 '어떻게 다시 본래의 바른 위치로 돌아오느냐' 하는 것입니다. 그런데 바로 이 시편 기자가 영혼이 진정한 평정을 되찾기 위해서는 어떻게 해야 하는지 그 방식을 보여 줍니다.

이 시편은 하나의 예에 불과합니다. 많은 실례들을 통하여 동일한 일을 찾을 수 있습니다. 예를 들어 시편 43편을 생각해 보십시오. 여기에서도 시편 기자는 아주 유사한 상황에 처해 있습니다. 그는 자신에게 말합니다.

"내 영혼아 네가 어찌하여 낙심하며 어찌하여 내 속에서 불안해하는가"(시 43:5).

그는 자신의 영혼을 향하여 말하고 있는 것입니다.

바로 이 시편 73편에서도 그 일이 나타납니다. 특히 여기에서는 그 일이 매우 두드러진 방식으로 아주 섬세하게 우리에게 소개되어 있습니다.

이 사람은 자기가 겪은 특별한 체험에 관한 모든 것을 말합니다. 그는 자기가 아주 심하게 흔들렸으며, 거의 넘어질 뻔하였다고 말합니다. 무엇 때문에 그런 고통을 겪게 되었습니까? 자기를 향한 하나님의 방식을 이해하지 못했다는 단순한 사실이 바로 고통의 이유였습니다. 그는 고통의 이유를 알게 되었습니다.

그는 이 땅에서 경건한 삶을 살아가고 있었습니다. 자기 마음을 깨끗하게 하였으며 자기 손을 씻어 무죄하다 하였노라고 말합니다. 즉, 경건한 삶을 실천하고 있었습니다.

또한 그는 죄를 피하였습니다. 하나님께 속한 일들을 묵상하였습니다. 시간을 들여 하나님께 기도하였습니다. 자기의 삶을 점검하는 습관을 가지고 있었습니다. 자기 속에서 죄가 발견될 때마다 슬퍼하면서 하나님께 자백하고, 용서와 새롭게 하심을 구하였습니다. 그는 하나님이 보시기에 기뻐하실 만한 삶을 살고 있었습니다. 그는 세상과 더럽게 하는 세상의 영향을 씻어 내었으며, 악한 길에 들어가지 않게 자신을 지켰습니다. 그리고 이 경건한 삶에 헌신하였습니다.

그런데도 그는 대단히 큰 고통을 당하고 있습니다.

"나는 종일 재난을 당하며 아침마다 징벌을 받았도다"(시 73:14).

그는 매우 어렵고 고된 시절을 보내고 있었습니다. 자신에게 일어나고 있는 일에 대해서 정확하게 말하지는 않습니다. 질병일 수도 있고, 가족 중에 누가 고통을 당했을 수도 있습니다. 그것이 무엇이든 그것은 매우 심각하고 큰 손해를 끼치는 것이었습니다. 그는 지독하게 시련을 당하고 있었습니다. 모든 일이 잘못되는 것 같고, 잘되는 일이 하나도 없는 것 같았습니다.

그 자체로 보더라도 충분히 불행한 일이었습니다. 그러나 그를 진정 괴롭게 하고 좌절시킨 것은 그것이 아니었습니다. 경건하지 않은 사람들은 전혀 그렇지 않았던 것입니다. 바로 그것이 문제였습니다.

"볼지어다. 이들은 악인이다. 그들이 경건하지 않은 것을 천하가 다 안다. 그러나 그들은 세상에서 번성하고, 갈수록 부자가 되며, 죽는 때에도 고통이 없고 매임이 전혀 없다. 오히려 그들의 힘은 여전히 강하다. 그들에게는 다른 이들과 같은 고통이 없다."

그는 그들의 모습을 거만과 속임수와 하나님을 모독하는 것으로 묘사하고 있습니다. 또한 그는 소위 세상에서 성공한 사람을 아주 완벽한 문학적인 필치로 묘사합니다. 심지어 그런 사람의 태도와 오만한 모습을 그리되, 살이 쪄서 눈이 튀어나온 모습, 사슬처럼 그를 휘감고 있는 교만, 곧 교만을 목걸이로 삼고 있는 모습으로 그립니다.

"강포가 그들의 옷이며……그들의 소득은 마음의 소원보다 많으며……거만하게 말하며."

이 얼마나 완벽한 묘사인지요! 이것은 이 시편 기자가 살던 시대에만 해당되는 일이 아닙니다. 오늘날도 그와 동일한 종류의 사람들을 만납니다. 그들은 하나님에 관하여 모독적인 말을 내뱉습니다.

"하나님이 어찌 알랴 지존자에게 지식이 있으랴"(시 73:11).

"당신들이 하나님에 관하여 말하지만 우리는 하나님을 믿지 않는다. 그러나 우리를 보라. 우리에게는 안 좋은 일이 전혀 일어나지 않는다. 그러나 당신들, 그렇게 경건한 당신들에게 일어나는 일들을 살펴보라!"

바로 그것이 이 시편 기자를 고통스럽게 하고 괴롭게 한 것입니다. 그는 하나님이 거룩하고 의로우며 진실하시다는 것을 믿었습니다. 그리고 그분이 자기 백성들을 위하며 사랑의 배려와 놀라운 약속으로 백성들을 감싸고 계시는 분이라고 믿었습니다. 그의 난제는, 그 모든 진리와 자기에게 일어나는 일을 어떻게 조화시키느냐, 특히 경건하지 않은 악인들에게 일어나는 일과 그 진리를 어떻게 조화시키느냐 하는 것이었습니다.

이 시편은 이 특별한 난제, 곧 사람을 다루시는 하나님의 방식, 특히 자기 백성을 다루시는 하나님의 방식에 대한 전형적인 진술입니다. 시편 기자는 자기의 몫과 악인들에게 주어진 몫을 대조하다가 그만 그러한 하나님의 방식에 대하여 혼란을 겪게 되었습니다. 그는 그 모든 것에 대한 자기의 반응을 밝힙니다.

시험에 빠진 그리스도인

잠시 보편적인 부분을 살펴보겠습니다. 이 모든 것에서 우리는 아주 중요한 교훈들을 얻습니다.

첫 번째로, 그와 같은 상황에 비추어 볼 때 그가 보인 당혹감은 이상한 일이 아닙니다. 저는 이것이야말로 근본적인 원리라고 말씀드립니다. 왜냐하면 우리는 지금 전능하신 하나님의 방식들을 다루고 있기 때문입니다. 또한 하나님께서는 자신의 책에서 "내 생각은 너희 생각과 다르고 나의 길은 너희 길과 다르다"라고 아주 자주 말씀하시기 때문입니다.

우리가 겪는 고통의 절반은, 바로 그 말씀이 우리가 항상 출발점으로 삼아야 하는 기본적인 입장임을 인식하지 못하는 데서 야기됩니다. 저는 우리 중 많은 이들이, 우리가 하나님의 마음을 다루고 있으며 그 마음이 우리의 마음과 같지 않다는 사실을 잊고 있기 때문에 고통을 겪는다고 생각합니다.

우리는 모든 일이 단순하고 명료하며 분명하기를 바랍니다. 어떤 난제나 난해한 것들이 있어서는 안 된다고 생각합니다. 그러나 성경에서는 더 분명하고도 확실하게 가르치기를, 우리와 하나님의 관계에서는 그렇게 모든 것이 단순하고도 딱 부러지게 명료한 것만 있는 것이 아니라고 합니다.

하나님의 방식들은 불가사의합니다. 하나님의 생각은 무한하고 영원합니다. 하나님의 목적들은 너무 위대하여 우리 죄인의 생각으로는 이해할 수가 없습니다. 그러므로 그분이 우리를 다루실 때, 때때로 우리를 당혹하게 하는 일들이 일어난다 해도 놀랄 일이 아닙니다.

물론 우리는 하나님께서는 자신의 자녀들에게 항상 복 주셔야 하며 그들을 징계해서는 안 된다고 생각하는 경향이 있습니다. 우리는 얼마나 자주 그렇게 생각하는지요!

전쟁 기간 동안에도 그렇게 생각하지 않았습니까? '하나님께서는 왜 폭군들의 정치가 지속되게 하시는가? 특히 전적으로 하나님을 인정하지 않는 경건하지 않은 이들이 오랫동안 정치를 하다니! 왜 하나님은 그러한 자들을 쓸어버리고 자신의 백성들에게 복을 내려 주시지 않는가?'

그것이 바로 우리의 사고방식입니다. 그러나 그런 사고방식은 속임수에 터 잡고 있습니다.

하나님의 생각은 영원합니다. 하나님의 방식은 우리의 방식보다 무한히 더욱 높습니다. 그래서 우리는 처음에는 하나님이 하시는 일을 즉각 이해할 준비가 되지 않은 상태에서 시작해야 합니다. 만일 다른 전제, 곧 모든 일이 다 분명하고도 명백해야 한다는 전제로부터 출발한다면, 우리는 금방 이 시편 기자가 처한 입장에 빠진 자신을 발견하게 될 것입니다.

기억하십시오. 우리가 영원자의 마음을 들여다볼 때, 우리가 응당 그러려니 하고 생각해 온 것과는 정반대로 일이 진행되어

간다는 인상을 받더라도 놀랄 일이 아닙니다.

이제 두 번째 전제를 제시합니다. 이런 문제에 있어서 당혹감을 가지는 것은 놀라운 일이 아닙니다. 뿐만 아니라 그런 문제에 당황하는 것이 죄악적인 것도 아님을 강조하고 싶습니다. 오히려 거기에는 매우 위안을 주는 것이 있습니다.

하나님의 방식들이 언제나 완전하게 명료하고 분명하다고 생각하는 인상을 주는 사람들이 있습니다. 그들은 항상 밝고 빛난다는 식으로 생각하며, 언제나 행복해 보입니다.

그러나 그렇다면 그들은 사도 바울보다 절대적으로 우월한 사람들이 아닌가 싶습니다. 사도 바울은 고린도후서 4장에서 "답답한 일을 당하여도 낙심하지 아니하며"(고후 4:8)라고 말하기 때문입니다.

물론 낙심하는 것은 나쁩니다. 그러나 답답한 일을 당하여 당혹스러워하는 것은 나쁜 일이 아닙니다. 우리는 그것을 분명하게 구분해야 합니다.

여러분이 현재 일어나고 있는 일로 인하여 당황한다는 단순한 사실이 죄를 짓고 있다는 것을 의미하지는 않습니다. 여러분은 하나님의 손안에 있습니다. 그런데도 유쾌하지 않은 일이 일어납니다. 그런 경우에 "난 이해할 수 없어"라고 말합니다.

당혹감 그 자체는 죄가 아닙니다. 우리의 생각이 유한하며 죄로 인하여 약해졌기 때문입니다. 우리는 사물을 분명하게 보지 못합니다. 그러므로 우리가 당황하는 것은 아주 자연스러운 일입니다.

자, 그것이 그런 점에서는 죄가 되지 않지만, 우리는 당황하는 것은 언제나 시험을 향해 문을 열어 놓는 것이라고 서둘러 말해야 합니다. 이것이 바로 이 시편의 메시지입니다.

어느 지점까지는 바르게 갑니다. 그러나 당황한 상태로 멈추어 서서 거기에 잠시 머무르는 그 순간에 시험이 문 앞에 이르러 들어오려고 벼르고 있습니다. 그리고는 시험을 받았다는 것을 알기도 전에 벌써 들어와 있습니다. 바로 그런 일이 이 사람에게 일어난 것입니다.

시험의 성격

이제 시편 기자가 시험의 성격에 관하여 뭐라고 말하는지, 그것을 인식하는 것이 얼마나 중요한 일인지를 알아보겠습니다.

시험은 아주 강력하여 가장 위대하고도 강한 성도 흔들어 댈 수 있습니다. 아니, 실제로 넘어뜨리기도 합니다. 하나님의 사람은 말합니다.

"나는 거의 넘어질 뻔하였고 나의 걸음이 미끄러질 뻔하였으니"(시 73:2).

여러분은 이렇게 말씀하실 것입니다. "그러나 그런 일은 구약 성경에 나와 있는 것이다. 성령께서 그 당시에는 지금같이 행하지 않으셨다. 우리는 이 시편을 쓴 하나님의 성도와는 다른 위치에 있다."

좋습니다. 여러분이 원한다면 사도 바울의 말을 참고하겠습니다.

"선 줄로 생각하는 자는 넘어질까 조심하라!"(고전 10:12).

바울은 고린도 교인들에게 그리스도인의 입장을 설명하면서, 구약으로 돌아가 한 가지 실례를 찾습니다. 고린도의 그 잘난 사람들이 '우리는 성령을 받았다. 우리는 그와 같지 않다'라고 말하지 못하게 하기 위해 "선 줄로 생각하는 자는 넘어질까 조심하라"라고 말한 것입니다.

아직 시험의 세력을 발견하지 못한 사람은 영적인 문제에 있어서 가장 어린 초신자입니다. 시험의 세력과 권세는 아주 다양합니다. 성경은 가르치기를, 때로는 시험이 그 앞에 있는 모든 것을 다 쓸어 가 버리는 정말 무서운 태풍같이 올 수도 있다고 합니다. 또한 하나님의 사람마저 거의 휩쓸려 버릴 만한 가공할 세력으로 올 수도 있습니다. 시험의 권세가 그 정도입니다!

그러나 저는 다시 사도의 말을 인용하겠습니다.

"하나님의 전신갑주를 입으라"(엡 6:11).

왜냐하면 그래야 하기 때문입니다. 대적하는 원수의 힘은 하나님의 능력 다음으로 셉니다. 그 힘은 이 세상에 살았던 그 어떤 사람보다도 더 셉니다. 구약 성도들이 그 앞에서 넘어졌습니다. 그는 주 예수 그리스도를 마지막까지 시험하고 괴롭혔습니다. 물론 우리의 주님은 그를 물리치셨습니다. 그러나 여자에게서 난 자 중 주님만 성공하셨습니다.

다시 시편으로 돌아가서 본문을 읽어 보십시오. 이 사람이 거의 예상하지 않을 때에 시험이 찾아왔음을 여러분은 발견할 것입니다. 그에게 일어나고 있었던 일의 결과로 시험이 왔습니다. 그가 당하고 있던 괴로움 때문에 열린 문을 통하여 시험이 왔습니다. 그가 겪은 괴로움과 악인들의 성공적이고도 행복해 보이는 생활을 대조함으로써 열린 문으로 시험이 들어온 것입니다.

시험에 관하여 주목해야 할 다음 요점은, 그것이 눈을 멀게 하는 효과를 가져온다는 점입니다. 시험의 영향과 세력 아래서 우리는 정상적인 상황에서는 도저히 생각할 수조차 없는 일들을 하게 됩니다. 시편 기자는 그 점을 이렇게 표현합니다. 그의 말투가 자포자기하고 비아냥거리는 것임을 주목하십시오.

"이는 내가……오만한 자를 질투하였음이로다"(시 73:3).

그는 오만한 자를 질투하였습니다. 그는 이렇게 말하는 듯합니다. "그대들도 알다시피 종이에 그것을 옮겨 쓰기조차 어려울 정도이다. 정말 마음 깊이 부끄럽게 생각한다. 그러나 하나님께 그렇게 많은 복을 받은 내가 저 경건하지 않은 악인들을 질투할 때가 있었음을 솔직하게 고백해야겠다."

눈을 어둡게 하는 시험의 작용으로만 그 일을 설명할 수 있습니다. 시험은 우리를 찾아오되, 우리가 균형을 잃어버리고 더 이상 분명하게 생각할 수 없게 될 정도로 찾아옵니다.

이 영적인 전투에서, 우리가 그러한 세력을 대적하고 있으며, 그러므로 한순간도 마음을 놓을 수 없음을 인식하는 일보다 더욱 사활을 좌우하는 중요한 일이 없습니다.

그 세력은 어찌나 힘이 센지 그것이 요구하는 것만 바라보게 합니다. 그래서 우리는 다른 것을 모두 잊어버립니다. 바로 그것이 우리를 눈멀게 하는 시험의 효력입니다!

다시 한번 말씀드리지만, 사탄의 교활함을 잊지 마십시오. 사탄은 친구인 것처럼 찾아옵니다. 시편 기자에게도 그렇게 가장하고 찾아왔습니다. 그리고는, "그대는 마음을 깨끗하게 하며 손을 씻어 무죄하다 한 것이 허사라고 생각하지 않는가?"라고 말합니다. 유명한 찬송시가 그 점을 아주 완벽하게 표현하였습니다.

"금식만 하고 철야만 할 셈인가?
항상 깨어 기도할 셈인가?"

마귀는 말합니다. "그대는 지금 바로 그 일만 하고 있는 것 같다. 자기를 부인하고 기도하는 일에만 시간을 쓰고 있는 것 같다. 그대의 그런 사고방식은 잘못되었다. 그대는 복음을 믿고 있지만 그대에게 일어나고 있는 일을 보라! 그대는 어째서 이런 어려운 시절을 보내고 있는가? 사랑의 신神이라는 자가 그대를 이런 식으로 대접하는 이유가 무엇인가? 자, 그것이 그대가 옹호하는 그리스도인다운 삶인가? 그대는 실수를 하고 있다. 그대는 스스로에게 크게 손해를 입히고 있다. 그대 자신에게 공정하게 대하고 있지 않다."

오, 사탄의 모든 논리는 어찌나 무서울 정도로 교활한지요! 시험이 제시하는 논리가 아주 정당해 보이기도 합니다. 시험이 작용하여 눈이 멀게 되면 시험이 시키는 대로 하는 것이 전혀 무죄하고도 정당한 이유가 있는 것처럼 보입니다. 그래서 시편 기자가 이렇게 말하게 된 것입니다.

"나는 지금 경건한 삶을 살아가고 있다. 그런데 내게는 이러한 일들이 일어나고 있다. 저 사람들은 하나님을 모독하고 있다. 생각할 수조차 없는 말을 거만하게 해 댄다. 그런데도 그들을 상관하는 이가 없다. 그들은 아주 번영한다. 그들의 자녀들은 아주 잘되고 있다. 그들은 그들이 원하는 것보다 더 많은 것을 가지고 있다. 반면에 나는 정반대로 고통을 당하고 있다. 여기서 내려지는 결론은 하나밖에 없다."

거듭나지 않은 인간의 관점에서 볼 때는 이 경우에 대해서 어떤 답변도 할 수 없습니다. 저는 지금 이론적인 문제에 대해서 말하고 있는 것이 아닙니다. 우리는 모두 이 점에 대하여 경험적으로 알고 있습니다. 만일 우리가 그것을 알지 못한다면 우리는 그리스도인이 아닙니다. 하나님의 백성이라면 이런 종류의 일을 당하게 되기 때문입니다. 그들이 하나님의 백성들이기 때문에 마귀가 그들을 특별한 표적으로 삼아 기회만 있으면 넘어뜨리려고 하는 것입니다.

그러므로 저는 그런 식으로 시험당하는 것은 죄가 아님을 강조하고 싶습니다. 우리는 이 점을 분명히 해야 합니다. 그런 생각이 우리 마음에 들어오고 우리 마음속에서 죄를 짓도록 충동질한다는 것 자체가, 우리가 죄를 지었음을 뜻하는 것은 아닙니다.

여기서 다시 한번 말씀드립니다. 영적인 싸움의 전체적인 문제에 있어서 근본적인 중요성을 가지고 있는 것이 있습니다. 우리는 시험을 받는 것과 죄를 짓는 것을 구분해야 합니다. 마귀가 여러분의 마음속에 집어넣는 그러한 생각들을 우리가 통제할 수는 없습니다. 그래서 바울은 '악한 자의 모든 불화살'(엡 6:16)에 대하여 말합니다.

시편 기자에게 일어나고 있던 일이 바로 이것입니다. 마귀는 그에게 그런 불화살들을 마구 쏘아 대고 있었습니다. 그러나 그런 생각들이 그의 마음에 들어왔다는 단순한 사실은 그가 죄를 지은 것을 뜻하지 않습니다.

주 예수 그리스도도 시험을 받으셨습니다. 주님의 마음에 마귀가 생각들을 집어넣었습니다. 그러나 주님은 그러한 생각들을 물리치셨기 때문에 죄를 지은 것이 아닙니다.

생각들이 여러분의 마음에 들어올 것입니다. 그러면 마귀는 그 생각들이 마음에 들어온 것만으로도 죄를 지은 것이라고 생각하도록 압력을 가할 것입니다. 그러나 그 생각들은 여러분의 생각이 아닙니다. 마귀가 주입한 마귀의 생각들입니다.

콘월 사람 빌리 브레이Billy Bray는 "까마귀가 그대 머리 위로 지나가는 것을 막을 수는 없으나, 그대 머리카락 속에 둥지를 트는 것은 막을 수 있다!"라고 말했습니다. 저도 그렇게 말씀드릴 수 있습니다. 죄를 짓도록 하는 생각들이 마음에 들어오는 것을 막을 수는 없습니다. 그러나 문제는 그 생각들에 대하여 어떻게 대처하느냐 하는 것입니다.

우리는 지금 마음속으로 '그냥 지나가는' 생각들에 관하여 말하고 있습니다. 그런 생각들이 지나가기만 하는 것이라면 죄가 아닙니다. 그러나 만일 그러한 생각들을 환영하고 거기에 찬동하면 죄가 됩니다. 쓸데없는 생각들이 자기에게 찾아왔다는 사실 때문에 크게 낙심하고 있는 사람들을 만날 때가 참으로 많습니다. 그래서 저는 이것을 강조하는 바입니다.

저는 그들에게 이렇게 말합니다.

"당신이 제게 한 말을 생각해 보십시오. 당신은 그런 생각이 '왔다'라고 말했습니다. 그래요. 그렇다면 당신은 죄를 지은 것이 아닙니다. '내가 생각하였다'고 말하지 않고 생각이 '찾아왔다'고 했습니다. 좋습니다. 당신에게 생각이 왔습니다. 그 생각은 마귀에게서 온 것입니다. 생각이 마귀에게서 왔다는 사실 자체가 필연적으로 당신이 죄를 지었음을 뜻하지는 않습니다."

그러므로 시험 그 자체는 죄가 아닙니다.

시험에 대처하는 법

이제 우리는 마지막이자 정말 아주 중요한 요점에 이르게 되었습니다. 우리에게 시험이 올 때 그 시험을 대처하여 다루는 방법을 알아야 한다는 것입니다. 실로 어떤 의미에서 시편 기자는 바로 이것을 우리에게 말하려고 하는 듯합니다.

시험에 바르게 대처하였음을 확신할 수 있는 오직 한 가지 방식이 있습니다. 그것은 우리가 궁극적으로 바른 결론에 도달하는 것입니다. 저는 결론에서 시작하고 결론으로 마칩니다.

이 시편의 위대한 메시지는, 저와 여러분이 시험에 대한 대처법을 알기만 하면 시험을 승리의 큰 원천으로 바꿀 수 있다는 것입니다. 이와 같은 과정을 마치고 나면 우리는 시작할 때보다 더 강해져 있을 것입니다.

우리가 '넘어질 뻔하였고 우리 걸음이 거의 미끄러질 뻔한' 상황에 처해 있을 수도 있습니다. 그러나 이런 시험을 통과하고 나서 전에는 가지지 못하였던 확신을 가지고 하나님을 대면하는 대단히 높은 언덕에 도달한다면, 그것은 문제가 되지 않습니다.

우리는 마귀와 그의 모든 공략을 이용할 수 있습니다. 그러나 먼저 마귀를 다루는 법을 익혀야 합니다. 그러면 우리는 이 모든 것을 위대한 영적 승리로 바꾸어 이렇게 말하게 될 것입니다.

"그 모든 일을 겪고 난 후 이제 나는 하나님이 언제나 선하심을 알게 되었다. 나는 하나님께서 선하시지 않을 때도 있다고 생각하게 만드는 시험을 당하였다. 그러나 나는 이제 그 생각이 그릇되었음을 안다. 하나님은 언제 어디서나 어떤 상황에서나 항상 선하시다. 나에게나 다른 어느 누구에게 무슨 일이 일어나든지 그러하시다."

시편 기자는 "나는 하나님이 이스라엘에게 항상 선하시다는 결론에 이르게 되었다"라고 말합니다. 우리는 모두 그렇게 말할 준비가 되어 있습니까?

여러분 중 어떤 사람은 지금 이 순간에 그런 일을 겪고 있을지도 모릅니다. 여러분의 일들이 잘못될 수도 있습니다. 또한 역경의 때를 지날 수도 있습니다. 설상가상으로 어려움이 계속 연달아 일어날 수도 있습니다.

여러분이 그리스도인의 삶을 영위하고 성경을 읽으며 하나님을 위하여 일하고 있는데도 여전히 큰 타격을 입고 시련이 연달아 주어질 수도 있습니다. 모든 것이 잘못되는 것같이 보이고, '종일 재난을 당하며 아침마다 징벌을 받는 것' 같을 수도 있습니다. 어려움이 연달아 임할 수도 있습니다.

그러나 제가 묻고 싶은 단순한 한 가지 질문은 이것입니다.

그 모든 일을 만날 때에 "하나님은 항상 선하시다"라고 말할 수 있느냐 하는 것입니다. 여러분이 어려운 일을 만날 때에도, 심지어 악인이 번창하는 것을 볼 때에도 그렇게 말할 수 있습니까? 원수의 잔인함과 친구의 배반 등 여러분에게 일어나는 모든 일에도 불구하고 "하나님은 언제나 선하시다. 예외인 적이 없다. 제한이 없다"라고 말할 수 있겠습니까?

여러분이 그렇게 말할 수 없다면, 바로 그 때문에 죄를 짓게 되는 것입니다. 의심하고 싶은 유혹을 받을 수도 있습니다. 충분히 그럴 수 있습니다. 그것은 죄가 아닙니다. 문제는, 그런 시험에 대처할 수 있느냐 하는 것입니다. 여러분의 생각에서 시험을 되받아 밀어내고 몰아낼 수 있느냐 하는 것입니다.

여러분은 "하나님은 언제나 선하시다"라는 것을 추호의 의심도 없이 말할 수 있습니까? "모든 것이 합력하여 선을 이루느니라"(롬 8:28)라고 주저 없이 말할 수 있습니까? 그것이 시금석입니다.

여기에 덧붙여 저는 여러분에게 이것을 상기시켜 드리고자 합니다. 곧 한편으로는 시편 기자가 "하나님은 언제나 이스라엘에게 선을 행하시나니"라고 말하면서 동시에 "마음이 정결한 자에게"(시 73:1) 선을 행하신다고 덧붙인다는 점입니다.

이제 우리는 조심해야 합니다. 우리는 스스로에게 공정해야 합니다. 우리는 하나님께 공정해야 합니다.

하나님의 위대한 약속들은 모든 것을 함축합니다. 그러나 이 약속들은 언제나 '마음이 정결한 자에게'라는 조건을 달고 있습니다. 즉, 만일 여러분과 제가 하나님을 거슬러 죄를 짓고 있다면 하나님께서 우리를 다루실 것입니다.

그것은 고통스러운 일입니다. 그러나 하나님께서는 우리를 징계하실 때에도 여전히 우리에게 선하십니다. 그분이 우리를 징계하시는 것은 그분이 우리에게 선하시기 때문입니다. 만일 우리가 징계를 받지 않는다면, 우리는 히브리서 기자가 상기시켜 주는 바대로 '사생자'(히 12:8)입니다.

그러나 만일 우리가 이 점을 분명히 알고 싶다면, 정결한 마음을 가지고 있어야 합니다. 우리는 '내면적으로 진실해야' 합니다. 숨긴 죄가 없어야 합니다.

"내가 나의 마음에 죄악을 품었더라면 주께서 듣지 아니하시리라" (시 66:18).

만일 내가 하나님께 정직하지 못하고 진실하지 않다면, 하나님의 약속들 중 어느 것도 활용할 권리가 없습니다. 반면에 하나님과 바른 관계를 가지는 것이 나의 한 가지 소원이라면, "하나님은 참으로 이스라엘 중 마음이 정결한 자에게 선을 행하시나"라는 말씀이 절대적으로 적용된다고 할 수 있습니다.

저는 때때로, 그리스도인의 삶의 진수와 성공적인 영적 삶의 비결이 바로 이 두 가지를 인식하는 것이라고 생각합니다.

"하나님이 참으로 이스라엘 중 마음이 정결한 자에게 선을 행하시나 나는 거의 넘어질 뻔하였고 나의 걸음이 미끄러질 뻔하였으니."

즉, 하나님께 대하여는 완전하고도 절대적인 확신을 가져야 하며, 나 자신을 향해서는 그 어떤 확신도 가져서는 안 된다는 것입니다. 여러분과 제가 '성령으로 하나님을 섬기고 그리스도 예수 안에서 기뻐하고 육체를 신뢰하지 아니하는' 한 모든 것이 다 잘되어 있는 것입니다.

참된 그리스도인이 된다는 것이 바로 그것입니다. 즉, 한편으로는 하나님을 향하여 절대적인 확신을 가지고, 또 한편으로 나 자신과 내가 할 수 있는 것을 향하여는 전혀 아무런 확신을 가지지 않는 것입니다. 만일 나 자신에 대하여 그러한 관점을 가진다면, 그것은 내가 항상 하나님을 바라보고 있다는 것을 의미합니다. 그리고 그렇게 할 때 결코 실패하지 않을 것입니다.

하나님께서 이 단순한 원리들 가운데 몇 가지를 우리 자신에게 적용시키는 은혜를 허락하시기를 바랍니다. 그렇게 함으로써 우리는 우리의 복되신 주님 안에서 그 모든 것에 대한 가장 크고도 장엄한 실례를 얻게 된다는 것을 기억합시다.

겟세마네 동산에 계신 하나님의 아들이신 그분의 모습을 봅니다. 그분은 "아버지여, 만일 할 만하시면"(마 26:39)이라고 말씀하셨습니다. 답답함이 있었습니다. 그래서 '다른 길이 없사옵니까? 인류를 구원할 길은 오직 이 길뿐입니까?'라고 물으셨던 것입니다. 자신과 하나님 아버지 사이에 세상 죄를 놓고 생각하니 답답하였습니다.

그러나 결국 그분은 자신을 낮추셨습니다. 답답함 때문에 넘어지지 않으시고 즉시 자신을 하나님께 맡기셨습니다. 그분은 사실상 이렇게 말씀하고 계신 것입니다.

"아버지의 길은 언제나 옳습니다. 아버지는 언제나 선하시나이다. 아버지께서 내게 하시려 하는 일이 옳다는 것을 알고 있나이다. 아버지는 선하시기 때문입니다. 나의 원대로 마옵시고 아버지의 원대로 하옵소서."

Chapter 2

발 디딜 데를 확보하라

"내가 만일 스스로 이르기를
내가 그들처럼 말하리라 하였더라면
나는 주의 아들들의 세대에 대하여 악행을 행하였으리이다"

시 73:15

우리는 지난 시간에 시편 기자가 내린 결론에 대해 알아보았습니다. 하나님은 언제나 이스라엘에게 선을 행하시되, 마음이 정결한 자들, 진실로 하나님께 관심을 두고 하나님을 기쁘게 하는 자들에게 선을 행하신다는 것입니다.

이제 이 시편 기자가 자신을 견고하게 가누고 급기야 믿음의 위대하고도 견고한 자리로 돌아가는 방식을 알아보기 위하여 그 결론으로 돌아가 보겠습니다. 이렇게 시편을 분석하면서 읽는 일보다 더 유익한 것은 없습니다. 그러나 일반적으로 사람들은 그저 시편을 읽어 나가면서 단순하고도 보편적인 효과들을 얻는 것으로만 만족하려 합니다.

시편을 마약처럼 사용하는 사람들도 있습니다. 그들은 고난이나 어려운 일을 만날 때 언제나 시편을 읽는 것이 좋다는 것을 발견한다고 말합니다. "시편은 우리에게 큰 평안함을 줍니다. 또한 시편은 너무나 부드러운 말투로 우리 마음을 쓰다듬어 줍니다."

여러분이 "여호와는 나의 목자시니"(시 23:1)라는 말씀을 읽을 때, 그것은 여러분에게 일종의 보편적인 심리적 영향을 미칩니다. 놀라운 생각과 마음의 평강으로 인도하여 주며, 알지 못하는 사이에 스스로 잠에 곯아떨어지게 합니다. 그래서 시편을 좋은 심리학적 처방으로 생각하는 사람들이 있습니다.

또 시편을 한 편의 시처럼 사용하는 사람들도 있습니다. 그들의 주요한 관심사는 언어의 아름다움입니다. 물론 시편에는 그 모든 것이 있습니다. 그러나 저는 일차적으로 시편은 우리에게 유익을 주기 위하여 기록된 영적 체험에 대한 진술임을 보여 주고자 합니다.

만일 우리가 시편을 분석하거나 시편이 의미하는 바가 무엇인지를 관찰하는 수고를 하지 않는다면, 시편에서 그런 유익을 얻지 못할 것입니다. 시편을 분석하고 관찰할 때에는 말의 아름다움 같은 것이 아니라 그 의미에 관심을 집중해야 합니다. 그렇게 함으로써 우리는 시편 기자가 매우 분명한 원리를 가지고 있음을 발견할 수 있을 것입니다.

훈련의 필요성

이 시편 기자는 갑자기 하나님이 선하시다는 결론에 도달한 것이 아닙니다. 그는 선행되는 여러 가지 사실들의 결과로 그런 상태에 도달한 것입니다.

진실로 우리의 관심을 끄는 과정상의 단계들이 있습니다. 우리에게 가장 필요하고 중요한 것은 이러한 단계들을 발견하는 것입니다. 이 단계들은 사람을 '거의 넘어진 데서' 건져 요동하거나 흔들릴 수 없는 믿음의 견고한 상태로 되돌아가게 해 줍니다. 그리스도인들에게는 '생활의 단련'과 같은 것이 있다는 것을 인식하는 일은 아주 중요합니다.

많은 사람들이 그러하듯이, 우리에게 무슨 일이 일어나든지 우리가 '주님을 바라보기만 하면' 만사형통할 것이라고 말하는 것으로는 충분하지 않습니다. 그것은 진리가 아닙니다. 그렇게 가르치는 사람들의 경험을 보더라도 그것이 진리가 아님을 알 수 있습니다. 그것은 비성경적인 가르침입니다. 우리가 그렇게 주님을 바라보기만 하면 된다면, 성경의 많은 부분이 필요 없어질 것입니다.

그러나 우리에게는 성경 모두가 다 필요합니다. 만일 우리가 그저 '주님만 바라본다면', 서신서들은 결코 기록되지 않았을 것입니다. 그러나 성령에 영감된 자들에 의하여 서신서들이 기록되었습니다. 그 서신서들은 우리를 교훈하기 위하여, 우리에게 어떻게 살아야 할 것인지를 가르치기 위하여 기록되었습니다. 그리고 어떤 의미에서 그 서신서들은, 그리스도인의 삶 속에 진수가 되는 '훈련'이 있다는 것을 우리에게 말해 줍니다.

오늘날 많은 그리스도인들의 삶 속에 드러나는 특징 중 가장 서글픈 것은, 믿음의 이러한 국면을 보지 못한다는 것입니다. 안타깝게도 이것은 특히 복음적인 자들에게서 나타나는 특징입니다. 저는 왜 그러한지를 이해해야 한다고 생각합니다.

무엇보다 먼저, 로마 가톨릭의 가르침을 향한 반작용이 있었습니다. 그들은 로마 가톨릭의 체계 안에 여러 가지 훈련이 대단히 많다는 것을 알았습니다. 그들은 그 주제에 관한 많은 책들과 교범들을 가지고 있었습니다.

예를 들어서 클레르보의 성 베르나르 St. Bernard of Clairvaux 나 유명한 훼네롱 Fenelon 같은 이들이 있습니다. 한때 훼네롱의 '남자들에게 보내는 편지', '여자들에게 보내는 편지' 등은 매우 인기 있었습니다. 그래서 프로테스탄트들이 그 모든 것에 대하여 반감을 가지게 된 것입니다.

그런 태도는 어느 정도 옳습니다. 로마 가톨릭 체계 속에서는

'방식'이 '영적인 삶' 자체보다 더 중요하게 여겨지기 때문에, 그것을 지키는 사람이 방식의 노예가 된다는 데는 의심의 여지가 없습니다. 프로테스탄트로서 우리가 그러한 것에 대하여 전적으로 반대해야 하는 것은 옳습니다.

그러나 그 방식을 오용한 것 때문에 그리스도인의 삶에는 훈련 같은 것이 전혀 없다고 결론 내리는 것은 절대 옳지 않습니다. 사실 프로테스탄티즘 역사 속에서 진실로 위대한 시기는 언제나 그러한 훈련의 필요성을 인식할 때였습니다.

만일 위대한 청교도 시대를 특징짓는 것 가운데 두드러진 것이 있다면, 리차드 백스터Richard Baxster로 하여금 『영적인 훈련집』 *Spiritual Directory*이라는 책을 쓰게 하였던 것과 같은 관점입니다. 청교도들은 사람들에게 성경을 매일의 삶 속에 적용시키는 방식을 가르치는 데 관심이 있었던 것입니다.

그다음 세대의 복음 각성 운동의 지도자들 역시 그와 같은 것을 강조했습니다. 웨슬리 형제와 휫필드 등 메소디스트Methodist라 불리는 사람들이 어떻게 생겨났습니까? 그들이 그렇게 불리게 된 것은 '질서 있는methodical' 삶을 살았기 때문입니다.

그들은 모임에도 질서를 가지고 있었습니다. 그들은 어떤 규칙을 정했습니다. 공회를 형성하고는, 그 공회에 속한 사람들 모두 어떤 일들은 하고 어떤 일들은 하지 말도록 강요했습니다.

그들은 자기들이 훈련을 받는다는 사실을 강조하였으며, 훈련하는 삶의 중요성을 알았습니다. 그리고 우리가 이 세상에서 만나는 여러 경우와 상황에서 자신을 다스리는 법을 아는 것이 중요하다고 믿었습니다.

여기 시편에서 우리는 이런 방면의 전문가를 만납니다. 이 시편을 쓴 사람은 매우 분명한 원칙을 가지고 있었습니다. 그 원칙을 살펴보는 것보다 더 좋은 일은 없습니다.

그는 우리 자신을 다스리는 법 즉, 우리 자신을 관리하는 방법을 우리에게 가르치고 있습니다. 그 문제야말로 우리가 이 세상에서 만나는 중요한 난제 중의 하나가 아닙니까? 누구에게나 다른 사람을 관리하는 것이 훨씬 쉽습니다! 그리스도인의 삶에 있어서 위대한 기술은, 바로 자신을 다루는 법을 아는 것입니다. 특히 아주 큰 위기 앞에서 말입니다.

자신을 다스리라

여기 이 사람을 따라 비밀을 알아봅시다. 먼저 첫 단계, 모든 것 중에서도 가장 낮은 단계부터 생각해 봅시다.

그가 말하는 것을 보면 매우 놀랍습니다. 그는 특별한 복을 체험한 대단한 사람입니다. 곤란에서 그를 붙잡아 건져 준 첫 번째 일은 실로 놀랍습니다.

그가 그 방법을 발견하는 첫 단계가 무엇이었는지를 알아보는 데 대한 우리의 반응은, 우리의 영적 총명이해도을 시험하는 아주 훌륭한 시금석입니다. 저는 그것이 너무 낮은 단계라서 그러한 수준에까지 낮아져서는 안 된다고 느끼는 사람이 있는지 궁금합니다.

우리가 가장 낮은 수준에서부터 시작할 때, 그 낮은 단계의 어디에 서 있느냐 하는 것은 그리 크게 중요하지 않습니다. 깊은 데로 떨어져 있는 것보다는 사다리의 가장 낮은 발판 위에 서 있는 것이 더 낫습니다. 그는 거기서부터 올라가기 시작합니다.

그가 어떻게 그런 일을 행합니까? 이제 그 방식, 정확히 그가 행한 것을 숙고해 봅시다. 그런 다음에 거기에서 우리가 처한 모든 상황에 적용할 수 있는 원리들을 이끌어 냅시다.

이 사람은 갑자기 시험을 받았습니다. 그는 무언가 말하고 싶은, 혹은 어떤 일을 하고 싶은 시험을 받았습니다. 그 시험이 너무 강해서 거의 균형을 잃고 넘어질 뻔했습니다. 그런데 그때 무엇인가가 그를 구원했습니다. 그리고 자신을 구원한 그것이 무엇인지 우리에게 말해 줍니다.

그는 어떤 것을 말하고자 하였습니다.

"내가 그들처럼 말하리라 하였더라면 나는 주의 아들들의 세대에 대하여 악행을 행하였으리이다"(시 73:15).

그런데 그가 어떻게 행합니까? 그가 행한 첫 번째 일은 자신을 다스리는 것입니다. 물론 저는 그가 왜 그렇게 말하지 않아야 하는지 그 이유를 아주 잘 알았다고 생각하지는 않습니다. 그저 그는 자기 혀끝에서 나오려는 말을 꾹 참았습니다. 그 말이 혀끝까지 와 있었지만, 그것을 내뱉지 않았습니다.

이것은 정말 중요합니다. 시편 기자는 결코 성급하고도 충동적으로 말하지 않는 것이 얼마나 중요한지를 알았습니다. 그 일이 첫 번째 일이었습니다.

그것은 매우 보편적인 원칙입니다. 그래서 그리스도인이 아닌 자에게도 아주 중요한 원칙입니다. 그리고 저 역시 그 점을 강조합니다. 언뜻 보기에 이것은 영적인 훈련과 관련하여 특별하게 기독교적이지 않는 것 같습니다. 그러나 그러한 일들이 여러분에게 생기면 그것을 적용하십시오.

영적인 의미에서 언제나 산꼭대기에 있고 싶은 열정이 너무 강하여 오히려 자신을 골짜기로 떨어뜨리는 자들이 많습니다. 그들은 이러한 일반적인 원칙들을 무시합니다.

시편 116편의 기자는 자신을 다스리지 않았습니다. 여러분은 그가 우리에게 말하는 바를 기억합니다. 그는 매우 정직하게 고백합니다.

"내가 놀라서 이르기를 모든 사람이 거짓말쟁이라"(시 116:11).

그는 너무 황급하게 말했습니다. 그것은 실수였습니다.

시편 73편의 기자는 거의 넘어질 뻔한 지점에 이르렀을 때조차 아무것도 황급히 말하지 않는 것이 중요함을 발견하였습니다. 그리스도인이 성급하게 말하는 것은 그것이 무엇이든지 잘못된 일입니다.

신약에 등장하는 교훈을 원한다면, 야고보서를 보십시오.

"내 사랑하는 형제들아 너희가 알지니 사람마다 듣기는 속히 하고 말하기는 더디 하며 성내기도 더디 하라"(약 1:19).

여기서 이 말씀을 자세하게 설명하지는 않겠습니다. 그러나 이 특별한 원리를 따른다면 분명히 삶이 더욱더 조화로워지지 않겠습니까?

만일 우리가 이 원리를 주목하고 지키기만 한다면 얼마나 많은 고통을 면할 수 있을까요! 다툼과 중상모략이 얼마나 적어질까요! "듣기는 속히 하고 말하기는 더디 하라! 멈추어 생각하라." 만일 여러분이 다른 어떤 일도 할 수 없거든 멈추십시오.

충동적으로 행동하지 마십시오. 이 사람은 그렇게 하지 않았습니다. 그것이 바로 그를 넘어지지 않게 지켜 준 첫 번째 원리였습니다.

다음 단계는 자기가 말하려던 것을 분명하게 숙고하고 재고해 보는 일입니다. 문제는 그의 생각 속에 있었습니다. 아무도 그것을 부정할 수 없을 뿐만 아니라 사실 너무나 명백하였습니다. '경건하지 않은 악인들을 보라. 나는 그들이 잘되는 것을 본다. 그런데 나는 여기서 고통당하고 있다. 너무 명백한데, 그것을 말해 버릴까?' 시편 기자는 "아니다"라고 대답했습니다.

아무리 점검해도 지나치지 않습니다. 그는 그것에 관하여 자신에게 말하기 시작하였습니다. 그것을 자기 앞에 놓았습니다.

오, 그런 일은 얼마나 사활을 좌우하는 일입니까? 사람들이 한 번만 더 살펴보았다면 얼마나 많은 비극을 피할 수 있었을까요! 시험의 문제 앞에서, 눈멀게 하는 힘을 가진 시험 앞에서, 모든 논증이 한편으로는 그럴듯해 보이고 다른 한편으로는 그렇지 않은 것 같을 때에 마귀와 싸우는 완벽한 전략은 바로 한 번 더 살펴보는 것입니다. 한 번 더 살펴보는 것이 여러분을 시험에서 구해 줄 것입니다.

시편 기자는 그것을 다시 살펴보았습니다. 그는 그것을 다른 시각으로 점검해 보았습니다. 자기가 말하려는 것의 결과들을 숙고하였기 때문입니다.

여기서 또 하나의 큰 원리를 이끌어 낼 수 있습니다. 사람이 이 땅에서 행하는 모든 일은 반드시 어떤 결과를 가져옵니다.

모든 효과에는 어떤 원인이 있습니다. 모든 원인은 어떤 효과를 산출합니다. 그렇게 많은 우리의 고통은, 원인들이 반드시 효과들을 일으킨다는 사실을 망각한 데서 야기됩니다. 그리고 이러한 효과들이 사실상 피할 수 없는 어떤 결과들을 가져온다는 사실을 잊은 데서 그러한 고통거리가 생깁니다.

마귀는 동떨어진 사건처럼 보이는 것을 움켜쥐고는 교활하게 우리를 넘어뜨립니다. 그는 우리 앞에 한 가지 일을 놓아 다른 것을 보거나 생각할 수 없게 만듭니다. 그것이 우리의 시선을 독점합니다. 그래서 그 결과를 생각하지 못하게 만듭니다.

그러나 이 사람은 결과들을 알았습니다. 그는, "내가 만일 스스로 이르기를 내가 그들처럼 말하리라 하였더라면 나는 주의 아들들의 세대에 대하여 악행을 행하였으리이다"라고 말합니다. 그는 주의를 기울여 결과들을 생각하고, 그 결과들을 대면해 보았습니다.

성경은 우리에게 이에 대한 많은 실례들을 제공합니다. 특히 느헤미야의 경우가 그에 대한 가장 영광스러운 실례 중 하나가 아닌가 생각됩니다. 느헤미야의 목숨이 위험천만할 때에 거짓된 친구가 찾아와서 이렇게 말했습니다.

"너는 매우 선한 사람이다. 그러니 네가 하고 있는 일로 인하여 네 목숨을 위태하게 해서는 안 된다", "밤에 그들이 와서 너를 죽이리라"라고 말하면서 그 거짓된 친구는 느헤미야가 살 수 있는 방도를 제시하였습니다. 그는 매우 염려하는 듯한 어조로 마음에 쏙 들 만한 제안을 합니다.

만일 느헤미야가 그 말을 들었다면 이스라엘 전체 역사는 바뀌었을 것입니다. 그 제안은 틀림없이 느헤미야에게 아주 호소력 있게 보였을 것입니다. 그러나 느헤미야는 "나 같은 자가 어찌 도망하며"(느 6:11)라고 스스로에게 말하면서 자신을 붙잡았습니다. 그는 거짓된 친구의 제안을 따르지 않았습니다. 시편 73편의 기자를 구한 것도 바로 그것입니다.

한 단계 더 나아가 봅시다. 그다음에 할 일은, 자기가 확신하는 일을 붙잡되, 있는 힘을 다하여 붙잡는 것입니다. 그는 자기에게 닥친 난제에 대하여 매우 불확실해하였습니다. 그는 그것을 전혀 이해할 수 없었습니다. 심지어 스스로를 붙잡아 더 이상 나아가지 못하게 한 후에도 그 난제가 여전히 그를 혼란스럽게 만들었습니다. 그는 그것을 이해하지도, 그 진상을 발견하지도 못하였습니다.

그러나 다시 문제를 살펴보고서, 자기가 시험에 굴복하여 말하고 싶은 대로 하면 즉각적으로 하나님의 백성들에게 악의 원인을 제공하는 자가 될 것임을 인식하게 되었습니다. 그래서 그는 그 사실을 견지하였습니다. 여기에 그 원리가 있습니다.

시편 기자는 하나님께서 자신의 백성을 다루시는 전체 문제에 관하여 확신하지 못하였습니다. 그것이 그에게는 여전히 매우 답답한 문제로 다가왔습니다. 그러나 그는 하나님의 자녀들을 향하여 걸림돌이 되거나 범죄의 원인이 되는 것은 틀림없이 악한 것이라는 매우 강한 확신을 가지고 있었습니다. 그는 절대적으로 그 점을 확신하였습니다. 그리고 그에 따라 행동하였습니다.

여러분은 그 전략을 보고 계십니다. 여러분은 불확실하고도 답답한 일을 만날 때, 자신이 확신하는 것이 무엇인지를 발견하고 그 위에 서고자 애써야 합니다.

그것이 중추적인 일이 아닐 수도 있습니다. 그러나 문제되지 않습니다. 이 사람은 자기가 하려는 일의 결과를 보았습니다. 그리고 그것이 그릇되다는 것을 확실하게 알았습니다. 그래서 그는 "내가 이렇게 말하지 않으리라"라고 결심했던 것입니다. 여전히 난제에 대하여는 분명하지 않지만, 자기가 하려는 일이 그릇되기에 하지 않겠다는 점에 대해서는 분명합니다.

그는 지금 당장 자기의 주요 난제를 해결하지 않아도 만족하겠다고 결심했습니다. 그는 우리에게, 자신이 아직도 그렇게 자기를 혹독하게 흔들고 시험하는 난제를 분명하게 알거나 이해하지는 못한다고 말합니다. 사실 그는 하나님의 성소에 들어갈 때까지 그것을 이해하지 못할 것입니다.

그래서 그는 그 난제를 풀어 보려고 애쓰는 일을 멈추고는 스스로에게 말합니다.

"나는 지금 당장 이 중요한 난제를 풀려고 하지 않겠다. 만일 내가 내 생각들을 표현하면 그것이 나로 하여금 하나님의 백성들을 대하여 범죄하게 할 것임을 알기 때문에, 나는 그것에 대하여 아무것도 말하지 않을 것이다. 나는 정말 그렇게 할 수가 없다. 참으로 좋다. 나는 내가 확신하는 것 위에 설 것이며, 현재로서는 다른 문제를 이해하지 못하더라도 만족할 것이다."

자기 훈련을 위한 삶의 원리

그것이 바로 그의 방식입니다. 그리고 바로 그것이 그를 구하였고, 그를 도왔습니다.

그의 방식은 얼마나 단순한지요! 그러나 그것은 모든 단계마다 사활을 좌우할 만큼 얼마나 중요한지 모릅니다! 우리가 언제나 긍정적인 것을 말해야 한다는 것이 우리의 나아갈 길을 인도하는 원리가 되어야 합니다. 즉, 우리가 언제나 우리의 의심과 불확실함을 표현하려고 벼르고 있어서는 안 된다는 것입니다.

저는 여러 해 동안 영혼의 고뇌 속에서 살아왔던 사람들을 만나 보았습니다. 그들은 자기가 그리스도인이 아닐 적에 말하였던 것들이나, 다른 사람들의 믿음을 흔드는 방편이 되었던 자신의 모습들 때문에 고통당하고 있었습니다. 그것은 두려운 일입니다.

몇 년 전에 어떤 젊은이가 저를 찾아온 일이 기억납니다. 그는 믿음을 가지고 있었으며, 기독교 신앙을 바탕으로 설립된 대학에 입학하였습니다. 그런데 그 대학의 한 교수가 자신이 불신자임을 자랑하면서 그 학생과 그 학생의 처지를 조롱하였습니다. 그는 이 젊은이에게 긍정적인 말을 한 적이 한 번도 없었습니다. 그 교수는 강의 시간뿐 아니라 개인적으로 만날 때에도 그의 모든 신조들과 믿음을 비웃었습니다. 그것이 그 젊은이를 매우 심각하고도 불행하게 만들었습니다.

자신은 삶의 원리를 전혀 갖고 있지 않으면서 젊은 사람의 믿음을 제거하고 파괴하고자 그 믿음을 반대하며 믿음을 무너뜨리려고 애쓰는 그 교수의 행동은 참으로 나쁩니다. 이 사람은 그 젊은이의 신앙을 대적하여 악의에 찬 공격을 의도적으로 퍼부었습니다.

그런데 우리도 스스로 알지 못하는 사이에 같은 죄를 지을 수도 있습니다. 비록 우리가 의심이나 불확실성으로 공격당하더라도, 우리는 우리의 의심을 선포하거나 우리가 확신하지 못하는 것을 발설하지 말아야 합니다(물론 우리 자신을 돕기 위하여 그렇게 하는 경우를 제외하고 말입니다). 우리의 말이 알지 못하는 사이에 동일한 재앙을 가져오는 결과를 낳지 않도록 조심하여야 합니다.

이 시편 기자가 바로 그렇게 하였습니다. 그는 이해할 수 없었습니다. 무언가 말하고 싶은 지점에까지 와 있었습니다. 그러나 그는, "말하지 않으리라. 만일 내가 그렇게 말하면 이 하나님의 백성들에게 해를 끼치리라"라고 말했습니다.

여러분이 이 사람에 관하여 무슨 말을 한다 할지라도 그는 어쨌든 신사입니다. 여러분도 여러분의 신앙이 흔들리는 때에 신사가 되십시오. 어느 누구를 막론하고 다른 사람을 해롭게 하지 마십시오.

우리는 자신을 훈련하는 법을 배워야 하며, 우리의 난제들을 발설하거나 우리가 확신하지 못하는 것들에 관하여 너무 많은 말을 하지 않은 법을 배워야 합니다. 이 사람은 "하나님은 언제나 이스라엘에게 선을 행하시니"라고 말할 수 있을 때까지 아무 말도 하지 않았습니다. 그는 그제야 말할 자격을 얻게 된 것입니다. 그런 다음에야 비로소 그는 자기의 고통의 줄거리를 안전하게 말할 수 있습니다.

다음으로 진리는 포괄적이며 진리의 여러 부분들이 서로 연관되어 있다는 것을 기억하십시오. 따로 떨어진 독단적인 진리는 전혀 없습니다. 이 사람은 오직 하나의 난제, 악인들이 잘되는 문제를 생각함으로써 출발합니다. 그런데 이것이 하나님의 백성들과 그들에게 일어나는 일과 연관되어 있었습니다.

이와 같이 저는 진리의 모든 국면들이 서로 연관되어 있다는 원리를 인식하는 것이 중요함을 보여 주는 한 실례를 말씀드리고자 합니다.

과학적인 성향을 가진 이들은 이 원리를 망각하여 믿음에 있어서 여러 가지 난제로 빠져 들기가 매우 쉽습니다. 그들은 과학자들이 사실로 증명한 것이나 과학적인 증거로 지지받는 것을 받아들입니다. 그런데 그들이 진리의 다른 면에서 만나는 결과들을 인식하지 못한 채 그 특별한 진술만을 있는 그대로 받아들이는 것이 위험합니다.

예를 들어서, 저는 언제나 진화론을 거부하는 하나의 매우 좋은 이유가 있다고 말합니다. 그것은 바로 진화론을 받아들이는 순간에 죄의 교리, 믿음의 교리, 속죄의 교리에 대하여 어려움을 당하게 되고 곤란을 겪는다는 사실입니다.

진리는 서로 연관되어 있으며, 한 가지 일은 다른 면에 영향을 줍니다. 한 가지 사실이나 일련의 몇 가지 사실들로 어떤 견해를 형성하려고 하지 마십시오. 그것이 다른 사실들과 다른 입장들에 영향을 미칠 것임을 기억하십시오. 생각할 수 있는 모든 국면에서 주제를 살펴보고, 그 일 자체뿐만 아니라 그 귀추와 적용 결과도 마음에 두십시오. 여러분의 의견을 표현하기 전에 모든 것을 생각해 보십시오.

다음의 원리는, 우리가 관계를 맺고 있음을 절대 잊지 말아야 한다는 것입니다. 처음에 이 사람을 붙잡아 준 것은, 하나님께서 자신을 다루시는 방식에 관한 어떤 것이 아니라, 다른 사람들과 자신과의 관계를 재고한 바로 그것이었습니다. 놀랍게도 이 사람을 붙들어 준 것이 바로 그것입니다. 사도 바울은 로마서 14장에서 매우 결정적으로 그 점을 표현합니다.

"우리 중에 누구든지 자기를 위하여 사는 자가 없고 자기를 위하여 죽는 자도 없도다"(롬 14:7).

그는 그 진실을 더욱 정교하게 만들어 나감으로써 연약한 형제에 대한 문제를 분석합니다. 그는 고린도전서 8장과 10장에서도 아주 주목할 만한 어구로 동일하게 말합니다.

"내가 말한 양심은 너희의 것이 아니요 남의 것이니 어찌하여 내 자유가 남의 양심으로 말미암아 판단을 받으리요"(고전 10:29).

다른 말로 하면 이렇습니다. "너희가 강한 그리스도인이라면 자신의 차원에서 이 문제를 결정하지 말라. 그리스도께서 더 약한 형제들을 위하여 죽으셨는데 우리는 어떻게 해야 하겠는가? 약한 형제의 양심을 상하게 해서는 안 된다. 아무도 '자기를 위하여 사는 자'가 없다."

우리는 모두 하나로 묶여 있습니다. 만일 여러분이 자신을 위하여 스스로 제어하기 힘들다면, 여러분의 더 약한 형제 때문에라도 여러분 자신을 제어하여야 합니다.

마귀는 여러분을 시험할 때 여러분이 혼자가 아니라는 사실을 망각하게 할 것입니다. 또 이것이 여러분 자신에 관한 것이라고 암시할 것입니다. 만일 그렇게 하거든 다른 사람들을 기억하고, 그리스도를 기억하고, 하나님을 기억하십시오.

여러분과 제가 넘어지는 것은 혼자만 넘어지는 것이 아니라 전체 교회와 함께 넘어지는 것입니다. 시편 기자는 자신이 다른 사람들과 인생의 다발 속에 함께 묶여 있다는 것을 인식하였습니다. 그러므로 여러분도 자신에게 이렇게 말씀하십시오.

"나는 모든 다른 이들과 함께 싸잡혀질 것이다. 우리는 하늘나라의 자녀들이다. 특히 우리는 모두 그리스도와 한 몸의 지체들이다. 우리는 홀로 행동해도 결코 홀로 행동하는 것이 아니다."

만일 여러분이 어떤 잘못된 일을 하려고 하는데 아무것도 여러분을 제어하지 않으며 다른 어떤 것도 여러분을 붙잡아 주지 못한다면, 여러분의 가족과 여러분이 속해 있는 모임의 사람들과 여러분의 이마에 쓰인 이름을 생각하십시오. 그리고 그것이 여러분을 붙잡게 하십시오. 이 사람을 붙잡았던 것도 바로 이것입니다.

다음 원리는, 우리의 생활에 있어서 어떤 절대율(絶對律)을 가지는 것이 중요하다는 것입니다. 즉, 우리가 절대 생각할 수도, 행할 수도 없는 일이 있다는 것을 인식해야 하는 것입니다.

우리는 삶 속에서 우리가 해서는 안 될 일들에 대한 목록을 작성해 놓아야 합니다. 그리고 그러한 것들에 대해서는 결코 생각하지 말아야 합니다.

저는, 오늘날과 같이 이혼이 증가하는 것도 바로 이 원리를 인식하지 못했기 때문이라고 서슴없이 주장하는 바입니다. 두 사람이 결혼식을 통하여 하나님과 여러 사람들 앞에서 엄숙하게 서약하고 선서하는 것은, 자기들이 다시는 뒤로 빠져나가지 못하도록 뒷문에 절대로 열리지 않는 자물통을 채워 놓는다는 뜻입니다.

그러나 오늘날 사람들은 그렇게 하지 않습니다. 사람들은 결혼하고 나서 그들을 나누는 뒷문을 그냥 열어 놓고 있는 것 같습니다. 그들은 고개를 뒤로 돌리고 있습니다. 결혼 서약을 하기도 전에 이혼에 대한 생각이 들어와도 그것을 그저 방치해 두는 것 같습니다. 그래서 오늘날의 모습이 이러한 것입니다. 사람들에게는 더 이상 자기의 절대율이 없습니다.

전에는 그러한 일을 절대로 생각할 수조차 없었습니다. 그리고 그것은 언제나 그러해야 합니다. 그리스도인들이 절대로 해서는 안 되며 생각할 수조차 없는 것으로 못 박아 두어야 하는 어떤 것들이 있습니다.

이 시편 기자는 이 시점에서 다른 것은 하나도 가지고 있지 않다 해도 한 원리만은 가지고 있었습니다. 그는 이 한 가지 원리를 붙잡고 서 있었습니다.

"나는 나의 형제들을 불행하게 만들 만한 말은 절대 하지 않을 것이다. 나에게 있어서 분명한 한 가지는 이것이니, 나는 내 형제들을 결코 해롭게 하지 않을 것이다."

그는 그것을 발판으로 삼아서 강건하게 섰습니다. 그리고 결국 자신의 답답함을 이해하기 시작하였습니다.

우리의 절대율을 정해 둡시다. 그것을 그 무엇으로도 되돌릴 수 없는 결정적인 것으로 못 박아 둡시다. 젊은이들은 특히 절대율을 설정해 두십시오. 물론 다른 사람들도 그리해야 하지만, 특히 아직 이러한 일들에서 잘못을 범하지 않은 젊은이들은 반드시 절대율을 설정하여 놓으십시오. 여러분이 아무 일도 할 수 없을 때에는 아무것도 말하지 마십시오.

마지막 원리는, 여러분이 누구이며 어떠한 사람인지를 기억해야 한다는 것입니다. 어떤 의미에서 저는 이것을 이미 다루었습니다.

여러분과 저는 이 악한 세상에서 하나님께 부르심을 받은 사람들입니다. 우리는 갈보리 언덕 십자가에서 흘려진 하나님의 독생자 아들의 피를 대가로 사신 바 된 자들입니다. 그것은 단지 우리가 용서받아 하늘나라에 가도록 하기 위한 것만은 아니었습니다. 그것은 우리를 모든 죄와 불의에서 건짐 받도록 하기 위한 것입니다.

"그가 우리를 대신하여 자신을 주심은 모든 불법에서 우리를 속량하시고 우리를 깨끗하게 하사 선한 일을 열심히 하는 자기 백성이 되게 하려 하심이라"(딛 2:14).

바로 그리스도께서 이 일을 이루셨습니다. 그것이 우리의 권리가 되었습니다. 그러므로 그것을 기억하십시오. 답답한 문제가 제기되고, 여러분을 흔드는 일이 일어날 때마다 그 빛에 비추어 보십시오. 비록 여러분이 그 일 자체를 이해하지 못한다 할지라도 이렇게 생각하십시오.

"나는 깊이 생각하지 않겠다. 그것을 이해하지 못하는 것으로 만족한다. 내가 아는 것은 다만, 그 일이 피로 값 주고 사신 바 된 하나님의 자녀인 내가 할 수 없는 일에 속한다는 것이다. 그러므로 나는 그렇게 하지 않을 것이고, 결과가 어떠하더라도 견고하게 설 것이다."

이상으로 저의 결론들을 말씀드렸습니다. 우리 영혼이 원수를 대적하여 서 있다면, 그 높이는 문제가 되지 않습니다. 우리가 서 있기만 하다면 그 수준이 얼마나 낮은지는 문제되지 않습니다.

처음에 말씀드린 바와 같이, 시편 기자도 매우 낮은 수준에 서 있었습니다. 그는 단순한 원리, "만일 내가 그렇게 한다면, 이 사람들을 해롭게 할 것이다"라는 원리 위에 서 있었던 것입니다. 그것이 가장 낮은 수준일 것입니다.

그 수준이 아무리 낮아도 상관없습니다. 여러분을 붙잡아 줄 것이 있다면, 그것을 사용하십시오. '작은 일들의 날'을 멸시하지 마십시오. 자신의 영적 상태가 그러한 낮은 수준에 설 정도로 낮지는 않다고 생각하지 마십시오. 만일 그렇게 생각한다면, 여러분은 넘어지고 말 것입니다.

어느 것이든지 여러분에게 가능한 것을 의지하여 서십시오. 부정적인 원리라도 붙잡고 설 수만 있으면 서십시오. 제가 말씀드리는 것은 "나는 그것을 할 수 없다"라고밖에 말할 수 없는 경우에는 그것이라도 딛고 서라는 것입니다.

여러분의 발이 미끄러져 내려가고 있을 때에 그런 것이 생각난다면, 여러분은 오직 그것을 붙들고 서야 합니다. 미끄러져 내려가는 것을 멈추고, 잠시 발을 단단히 붙이십시오. 그렇게 하는 데 조금이라도 도움이 되는 것이 있다면 그것을 취하십시오. 그리고 그것을 딛고 서십시오.

우리는 지금 영적 등산을 하고 있습니다. 유리같이 미끄러운 경사가 있습니다. 그래서 너무나 두렵고도 무서운 골짜기로 떨어져 자신을 가눌 수 없습니다.

그러므로 아무리 작은 턱에라도 매달리고, 그것을 붙잡으십시오. 아무리 작은 틈에라도 발을 비집어 넣으십시오. 아무리 좁은 턱에라도 거기에 발을 의지하십시오. 한순간이라도 여러분을 지탱시켜 줄 수 있고 멈추게 할 수 있는 것이 있으면, 그것이 무엇이든지 거기에 발을 붙이십시오. 여러분이 아래로 미끄러지는 것을 멈추기만 한다면, 다시 위로 올라갈 수 있습니다.

시편 기자가 미끄러지는 것을 멈춘 것은, 발 디딜 만한 아주 작은 틈을 발견하고는 거기에 발을 의지시켰기 때문입니다. 그 순간부터 그는 다시 올라가는 놀라운 과정을 시작하여, 급기야 하나님을 아는 지식을 통하여 다시 한번 더 즐거워할 수 있게 되고, 그를 답답하게 만든 난제까지도 이해하기 시작하게 되었습니다. 그러고는 이렇게 말합니다.

"하나님은 언제나 이스라엘에게 선하신데, 내가 얼마나 어리석었는가!"

Chapter 3

영적 사고(思考)의 중요성

"내가 어쩌면 이를 알까 하여 생각한즉

그것이 내게 심한 고통이 되었더니

하나님의 성소에 들어갈 때에야

그들의 종말을 내가 깨달았나이다"

시 73:16,17

지난 시간까지 우리는 영적인 갈등 앞에서 넘어지는 것을 방지해 주는 것이 아무리 수준 낮다 하더라도 우리가 그것을 붙잡기만 하면 그 시험이 문제가 되지 않는다는 결론에 도달하였습니다.

더 낮은 수준도 경멸하지 마십시오. 땅바닥에 나동그라지는 것보다는 차라리 사다리의 가장 낮은 발판이라도 딛고 있는 것이 훨씬 낫습니다. 미끄러지기 쉬운 비탈길을 굴러 떨어져 내려가느니 가장 낮은 수준의 발판이라도 얻는 것이 더 낫습니다. 여러분이 꼭대기에 올라가려면 거기서부터 시작해야 하기 때문입니다.

그러나 시편 기자는 거기서 멈추지 않습니다. 만일 그가 거기서 멈추었다면, 그는 이 시편을 기록하지 않았을 것입니다. 또 "하나님은 언제나 이스라엘에게 선하시도다"라고 말할 수 없었을 것입니다.

발판은 시작에 불과합니다. 이 놀라운 과정에는 여러 단계들이 있습니다. 시편 기자는 자기의 발판을 얻은 후에도 여전히 아주 불행해하였습니다. 그는 "내가 만일 스스로 이르기를 내가 그들처럼 말하리라 하였더라면 나는 주의 아들들의 세대에 대하여 악행을 행하였으리이다"(시 73:15)라고 말할 정도로 이해할 수는 있었습니다. 그러나 여전히 그는 "내가 어쩌면 이를 알까 하여 생각한즉 그것이 내게 심한 고통이 되었더니"(시 73:16)라고 말하는 상태에 있습니다.

비록 그가 더 이상 미끄러져 내려가지는 않았지만, 여전히 자기의 난제의 핵심을 이해하지 못하고 있었던 것입니다. 물론 그는 더 이상 내려가지는 않습니다. 그는 더 이상 참으로 두려운 신성모독적인 생각을 할 위험에 처해 있지는 않습니다.

그런데도 그의 마음과 생각은 아직도 큰 고민에 빠져 있습니다. 그는 여전히 하나님께서 자기에게 행하시는 방식에 대해 어리둥절해하였습니다. 이것은 사활을 좌우하는 아주 중요한 문제입니다. 미끄러지기를 멈춘 것은 아주 크고도 가장 우선적인 일이기는 하지만, 그렇다고 해서 여러분이 그 순간부터 즉시 자기의 난제를 분명하게 알게 된 것은 아닙니다.

이 사람은 아직 그 고통을 분명하게 이해하지 못합니다. 그는 여전히 심한 고통 가운데 있습니다. 하나님께 감사하게도, 그에게는 자기가 더 깊이 떨어지는 것을 막을 만큼의 이해가 있습니다. 그러나 그의 난제는 여전히 쓰라리게 남아 있었습니다.

여러분은 그런 영적인 상황을 알고 있습니까? 그런 지경에 처해 본 적이 있습니까? 저는 여러 번 그런 자리에 들어가 보았습니다. 그런 자리는 아주 이상하면서도 많은 방면에서 놀라운 자리입니다.

여러분에게는 여러분을 지탱하는 생명과 같은 것이 있습니다. 물론 아직 여러분이 만난 본래의 난제는 시작할 때와 동일하게 예리합니다. 그가 우리에게 말해 주는 것이 이것입니다. 그는 더 이상 미끄러져 내려가지 않습니다. 배도적인 생각들을 통제하고 있습니다. 그러나 그의 생각은 여전히 같은 원내를 빙빙 돌고 있습니다. 여전히 마음과 생각은 큰 고민에 빠져 있습니다. 그런 일이 '하나님의 성소에 나아갈 때'까지 계속되었다고 말합니다.

"하나님의 성소에 들어갈 때에야 그들의 종말을 내가 깨달았나이다"(시 73:17).

여기서 더 나아가기 전에, 우리가 분명히 알아야 하는 한 가지 요점이 있습니다.

만일 여러분이 이 시편의 여러 번역본들을 참고한다면, 어떤 번역본들이 이렇게 번역하고 있음을 발견하게 될 것입니다. "하나님의 성소에 들어갈 때에야"라고 하는 대신 "내가 하나님의 비밀로 들어갈 때까지는 그것이 내게 심한 고통이 되었더니"라고 해야 한다는 것입니다.

제가 볼 때에는, 여기서는 '성소'로 번역하는 것이 아주 설득력 있습니다. 먼저, 이 대목시편 제삼권에 나오는 모든 시편들은 다 각각 문자 그대로 성소를 다루기 때문입니다. 74편과 76편을 읽어 보면, 각 시편마다 문자 그대로 물리적이고도 물질적인 성소를 가리키고 있다는 것을 알게 될 것입니다.

제가 볼 때에는 이것 자체가 더 이상 다른 증거를 제시할 필요도 없이 매우 확실한 증거인 것 같습니다. 그러나 한 사람이 성막이나 성전에 나아간다는 것은 하나님의 면전에 들어가는 것이므로, 그것은 아주 비물질적인 영적 문제입니다. 구약 시대의 백성들은 하나님의 성소에서 하나님을 만났습니다. 그곳이 하나님의 존귀가 거하는 곳이었습니다.

이 사람은 확실하게 하나님의 면전에 들어가고 있었습니다. 그러나 여기에서 성소는 문자 그대로 건물을 의미한다는 것을 기억하십시오.

"하나님의 성소에 들어갈 때에야 그들의 종말을 내가 깨달았나이다"(시 73:17).

그는 불행하였습니다. 그는 당혹해하고 있었습니다. 그것은 진정 아주 어려운 문제였습니다. 그러나 일단 그가 하나님의 성소에 들어가자 모든 것이 그에게 분명해졌습니다. 그는 바르게 붙잡고 다시 사다리를 올라가기 시작하였습니다. 그리하여 정상에 이르러 "하나님은 이스라엘에게 항상 선하시도다"라고 말할 수 있게 되었습니다. 예외 없이 말입니다.

영적 사고와 이성적 사고

바로 여기에 우리를 위한 매우 중요하고도 확실한 교훈이 있습니다. 발 디딜 데를 얻은 이 사람은 이제 올라가기 시작합니다. 그러면 교훈은 무엇인가요? 제가 제시하는 첫 번째 교훈은, 그리스도인은 절대적으로 영적으로 생각해야 한다는 것입니다.

제가 뜻하는 바를 설명해 드리겠습니다. 지금까지 이 시편 기자가 겪는 모든 고통거리는, 그가 자기의 난제를 순전히 자기 생각이나 자기 이해의 차원에서 접근한 데서 비롯되었습니다. 그리고 그것은 철저하게 실패하였습니다.

그는 자기 앞에 두 가지 주요한 문제들을 가져왔습니다. 그것은 바로 악인들이 잘되는 것과, 자신을 포함한 경건한 의인들이 고난과 재앙을 당하는 것입니다. 그의 생각들은 다음과 같은 식으로 이어져 나갔습니다.

"이 상황은 아주 분명하며 복잡하지 않다. 조금도 복잡한 문제가 아니다. 사실들을 있는 그대로 보라. 사실들을 무시할 수는 없다. 세상의 실제적이고도 상식적인 사람이 하는 일을 살펴보면 분명히 잘못된 것이 있다. 나는 하나님의 약속들에 대하여 모든 것을 알고 있다. 그러나 이 상황에서 그들에게는 무슨 일이 일어나는가? 하나님의 말씀이 옳고 참되다면, 도대체 나는 왜 이런 나쁜 처지에 있고 저 악인들은 저런 좋은 처지에 있는 것인가?"

그는 그런 식으로 논증을 해 나가다가 거듭하여 제자리로 되돌아오곤 하였습니다. 여러분도 그러한 과정을 알지 않습니까?

여러분이 난제에 관하여 생각하기 시작하지만, 계속 같은 생각을 되풀이할 뿐입니다. 사업에 몰두하거나 즐거운 일을 함으로써, 혹은 어떤 다른 것으로써 그것을 잊으려고 합니다. 그러나 밤에 잠자리에 들 때면 모든 것을 또다시 생각하기 시작합니다. "나의 일은 잘못되어 가고 있는데 악인들의 일은 잘되어 간다." 그리고는 여전히 같은 생각을 반복합니다. 여러분은 "내가 여기서 실수를 저지른 것일까? 아니, 나는 실수하지 않았다. 사실들은 명백하다"라고 생각합니다.

시편 기자 또한 그러했습니다. 그렇다면 무엇이 문제입니까? 이 사람이 영적으로 생각하지 않고 이성적이고도 합리적으로만 생각하였던 것입니다.

이것은 엄청나게 중요한 원리입니다. 순전히 이성적으로만 생각하는 사람들과, 영적으로 생각하는 사람들 사이의 차이는 말로 표현하기 어려울 만큼 큽니다.

어떤 사람은 이 점에 대해 이렇게 말하려 할 것입니다. "아, 그래. 다시 그 문제군. 나는 언제나 그리스도인의 사고가 비이성적이라고 말해 왔다." 그러나 그것은 거짓된 추론입니다. 합리적인 사고와 영적인 사고를 구분하면서 저는 한순간도 영적 사고가 비이성적이라고 암시하지 않았습니다.

그 둘 사이의 차이를 말씀드리면, 이성적(합리적) 사고는 땅의 차원에서만 생각하는 것이고, 영적인 사고는 동일하게 합리적이면서 동시에 더 낮은 수준에서뿐 아니라 더 높은 수준에서도 생각한다는 것입니다. 영적인 사고방식은 단순히 몇 가지 사실만을 골라서 취하지 않으며, 모든 사실들을 다 감안합니다.

나중에 저는 이 문제를 더욱 자세하게 다룰 것입니다. 다만 지금은 단순하게 합리적으로 생각하는 것과 영적으로 생각하는 것을 이 정도로 대조함으로써 제가 의미하는 바를 분명하게 하고자 합니다. 이것을 염두에 두고, 확실한 몇 가지의 원리들을 선언하겠습니다.

우리 그리스도인의 삶 속에는 단순하게 합리적으로만 생각하는 데로 미끄러져 들어가는 위험이 항상 존재합니다. 그것은 아주 민감한 문제입니다. 우리가 거듭나서 성령을 모시고 있는 그리스도인이라 해도, 우리에게는 기독교와는 전혀 무관한 방식으로 사고하는 위험이 늘 도사리고 있습니다.

시편 기자는 경건하고도 헌신적인 사람이었습니다. 하나님의 손길을 통하여 큰 체험도 하였습니다. 그러나 자기도 알지 못하는 사이에 단순히 이성적으로만 생각하는 모습으로 되돌아가고 말았습니다.

아마 이렇게 말씀드리면 더욱 명료한 표현이 아닐까 생각합니다. 곧 그리스도인의 삶 전체가 영적이어야지 그 삶의 일부분만이 영적이어서는 안 된다는 것입니다. 물론 모든 그리스도인들은 여기에 동감할 것입니다.

기독교적 인생관은 처음부터 인생을 합리적으로 보는 것과는 전혀 다릅니다. 바울이 고린도전서 2장에서 말한 것을 생각해 봅시다. 사실상 그는 이렇게 묻고 있습니다. "왜 어떤 사람들은 그리스도인이 아니며, 왜 세상의 관원들은 주 예수 그리스도께서 이 땅에 계실 적에 그를 알아보지 못하였는가?" 그리고는 그 질문에 대하여 그들이 성령을 받지 않았기 때문이라고 대답합니다.

그들은 예수님을 단지 합리적인 이성의 수준에서만 보았습니다. 그래서 예수님을 시골뜨기로밖에 보지 못했으며, 목수 이상으로 보지 못했습니다. 그들은 예수님을 단지 바리새인들의 학교에서 배운 적이 없는 사람으로 보았습니다. 그래서 그들은 이 사람이 하나님의 아들일 수 없다고 생각하였던 것입니다.

왜 그렇습니까? 그들이 순전히 합리적인 사고방식에 젖어 있었기 때문입니다. 그들은 제가 여러분에게 제시하여 드린 바, 이 시점에서 시편 기자가 보여 주는 태도를 취하고 있었습니다.

이 세상의 관원들과, 그리스도를 믿지 않는 모든 이들이 바로 이와 같습니다. 그들에게는 나사렛 예수가 구유에서 태어나 누인 자, 살아서 다른 이들처럼 먹고 마시고 목수로 일한 자에 불과하였던 것입니다. 그리고 그런 그가 연약한 모습으로 십자가에 못 박혀 죽었습니다.

그들은 말합니다. "사실들이 있는데 어떻게 나더러 그가 하나님의 아들임을 믿으라고 졸라대는가? 그런 일은 불가능하다."

그들의 잘못은 무엇이었습니까? 그들의 잘못은 그들이 다만 이성적인 차원에서만 생각하고 있었다는 것입니다.

그들은 진화론을 믿습니다. 초자연적인 사건들을 기록한 진술을 접한 그들은 이렇게 말합니다. "그런 일은 진화 과정에서는 일어나지 않는다. 그 일들은 불가능하다." 바로 이것이 합리적인 사고입니다.

여러분이 그들에게 거듭남의 교리를 알려 주면 그들은 이렇게 말합니다. "물론 그러한 일은 일어나지 않는다. 이적 같은 것은 없다. 우리는 자연법칙들을 알고 있다. 그런데 당신이 말하는 이적들은 자연법칙을 깨뜨리는 것이다."

이것은 매튜 아놀드Matthew Arnold가 말한 바와 같습니다. "이적들은 일어날 수 없다. 그러므로 이적들은 일어나지 않았다." 이것이 바로 합리적인 사고입니다.

그러므로 우리는 누구든지 그리스도인이 되려면 먼저 그렇게 생각하는 일을 멈추어야 한다는 것을 인정합니다. 그는 새로운 유형의 사고방식을 가져야 합니다. 또한 영적으로 생각해야 합니다. 우리가 그리스도인이 될 때 우리는 가장 먼저 자신이 다른 방식으로 생각하고 있음을 발견하게 될 것입니다.

우리는 다른 차원에 있습니다. 우리가 영적으로 생각하는 순간에 이적들은 전혀 문제가 되지 않으며, 거듭남의 교리와 속죄의 교리 등이 전혀 문제가 되지 않게 됩니다.

밤에 우리 주님을 찾아온 니고데모는 이렇게 말합니다. "선생님, 저는 당신의 표적들을 지켜보았습니다. 당신은 하나님이 보내신 선생이십니다. 하나님이 함께하는 사람이 아니면 아무라도 당신이 하는 일을 할 수 없사옵니다"(요 3:2 참고). 그리고 이렇게 덧붙이기까지 합니다. "저에게 어떻게 그 일을 하시는지 알려 주세요. 그 해답이 무엇입니까?"

그러나 우리 주님께서는 그를 바라보시면서 말씀하셨습니다.

"진실로 진실로 네게 이르노니 사람이 거듭나지 아니하면 하나님의 나라를 볼 수 없느니라"(요 3:3).

주님께서 니고데모에게 하신 말씀은 사실상 이러한 내용이었습니다.

"네게 이르노니 너는 거듭나야 한다. 그런 일이 네게 일어나기 전에 이것을 이해할 수 있다고 생각한다면 참으로 잘못 생각하는 것이다. 그런 식으로는 결코 그리스도인이 되지 못할 것이다. 너는 너의 육신적인 이해력으로 영적인 일들을 이해하려고 애쓰고 있다. 그러나 너는 그럴 수 없다. 비록 네가 이스라엘의 선생이지만, 너는 거듭나야 한다. 만일 하나님 나라에 들어가고 싶다면 어린아이같이 되어야 한다. 더 이상 네가 자연인으로서 가지고 있는 사고방식을 의존하지 말아야 한다. 그리고 영적인 새로운 종류의 사고방식의 본질을 인식하여야 한다."

그리스도인은 모두 다 그 말을 인정하고 이해할 것입니다. 그리스도인이 아닌 자들의 문제는 그들이 자랄 때부터 늘 지녀 왔던 본성적인 사고방식을 버리지 않는다는 것입니다. 그러한 사고방식 속에서 훈련을 받았고, 그들 자신이 그러한 사고방식에 자신을 노출시켜 왔습니다. 그렇습니다.

그러나 제가 강조하는 것은, 단지 그리스도인이 되면 죄 사함과 거듭남의 문제에서만 그런 이성적인 사고방식을 포기하거나 버려서는 안 된다는 것입니다. 그리스도인의 삶 전체가 영적이어야 합니다. 어떤 일부분만, 혹은 처음에만 영적이어서는 안 된다는 말입니다.

이 시편 기자의 경우와 같이 아주 많은 사람들이 당하는 고통거리는, 비록 우리가 그리스도인이 되어 영적인 차원의 삶을 시작했지만 특별한 문제에 대하여는 여전히 이성적으로 생각한다는 데서 비롯됩니다. 영적으로 생각하는 대신에 뒤로 돌아가서,

마치 거듭나지 못한 사람인 것처럼 생각하는 것입니다. 이것은 우리 그리스도인의 삶 전체 과정 속에서 일어나기 쉬운 현상입니다.

저는 흔히 당혹감에 빠진 그리스도인들의 이야기를 듣습니다. 그리고 그들이 자기의 난제를 진술해 나가는 것을 들으면서 한 가지 사실을 발견합니다. 즉, 그들의 고통거리가 전적으로 그들이 다시 이성적인 사고의 차원으로 되돌아갔다는 사실에서 비롯된다는 점입니다.

예를 들어서, 자기가 이해하지 못하는 일이 일어나 하나님을 대적하여 불평하는 순간에 여러분은 이성적인 차원으로 되돌아간 것이 틀림없습니다. 여러분에게 일어나는 일이 공정하지 않은 것 같다고 불만을 나타내는 즉시, 여러분은 하나님을 여러분의 이해의 수준으로 깎아내리는 것입니다. 바로 이 시편 기자도 그렇게 행한 것입니다.

그리스도인의 삶 속에서 일어나는 모든 일은 다 영적인 시각에서 보아야 합니다. 인생의 전 과정이 전부 영적인 것입니다. 그러므로 우리 주위에서 일어나는 모든 일, 그 모든 일의 모든 국면, 모든 단계, 모든 이해관계, 모든 과정이 영적으로 숙고되어야 합니다.

혹은 그것을 이렇게 표현할 수도 있습니다. 궁극적으로 그리스도인의 모든 난제들과 문제들은 전부 다 영적인 것입니다. 그래서 우리가 이 영역으로 들어오는 순간에 우리는 영적인 방식으로 생각해야 하고, 다른 사고방식을 뒤로 던져 버려야 합니다.

이것은 특히 우리를 다루시는 하나님의 방식을 이해하는 모든 문제에 있어서 더욱 중요합니다. 그것이 바로 이 시편 기자의 문제였습니다.

'어찌하여 하나님께서 이러한 일들이 일어나는 것을 허락하시는가? 어찌하여 악인들이 번성하는 것을 허락하시는가? 만일 하나님이 하나님이시라면, 어찌하여 땅에서 그들을 쓸어버리시지 않는가? 하나님이 진정 하나님이시라면, 어찌하여 나로 하여금 이렇게 고통과 고난을 받도록 하시는가?'

그것이 문제였습니다. 그래서 그는 하나님의 방식을 이해하려고 노력하였습니다.

종합적으로 분석하여 볼 때, 거기에 대하여 오직 한 가지 대답만이 있습니다. 이사야 55장 8절을 보십시오.

"(여호와의 말씀에) 내 생각이 너희의 생각과 다르며 내 길은 너희의 길과 다름이니라."

그것이 바로 궁극적인 답변입니다. 하나님께서 우리에게 말씀하십니다. "너희가 나와 내 방식을 생각하려 할 때, 너희는 늘 해 왔던 방식대로 낮은 차원에서 생각해서는 안 된다. 내 생각은 너희 생각들보다 높고, 내 방식은 너희 방식들보다 높기 때문이다."

우리가 그리스도인임에도 불구하고 이러한 잘못을 범하고 있지는 않습니까? 우리는 이러한 문제들에 있어서 계속 거듭나지 않은 자연인처럼 생각합니다. 우리는 구원의 문제가 영적인 사고를 요청한다는 것을 알았습니다. 그러나 우리에게 일어나는 일들 앞에서 우리의 생각은 다시 이성적인 사고방식으로 기울어지기 쉽습니다.

그러므로 우리는 하나님의 방식을 이해하지 못하더라도 놀라지 말아야 합니다. 하나님의 방식들은 우리의 방식과는 전혀 다르기 때문입니다. 둘 사이의 차이는 하늘과 땅만큼 큽니다. 그러하기에 우리가 이해하지 못하는 일이 일어나면 우리 자신에게 가장 먼저 이렇게 말해야 합니다.

"내가 이 일을 영적으로 대면하고 있는가? 나는 이것이 나와 하나님의 관계의 문제임을 상기하고 있는가? 나는 이 시점에서 내 사고방식이 영적이라고 확신할 수 있는가? 나는 무의식적으로 이러한 것들을 본성적으로 생각하는 데로 되돌아가지는 않았는가?"

여러분에게 매우 명백한 예화 하나를 들려드리겠습니다. 저는 흔히 정치적인 문제에 대해 말할 때는 영적인 사고방식에서 본성적인 사고방식으로 완전히 돌아서는 그리스도인을 만난 적이 있습니다. 이러한 주제에 대하여 그들은 더 이상 영적인 사람처럼 말하지 않습니다. 모든 자연인의 선입견이 모든 계층 간의 구별과 세상적인 논증에 들어오는 것입니다.

여러분이 그들의 대화를 듣는다면 그들이 정말 그리스도인이라는 생각을 전혀 할 수가 없을 것입니다. 그들에게 구원의 문제에 관하여 말해 보십시오. 그들은 그런 일에는 조금도 관심이 없을 것입니다. 그러나 이 땅의 세상일들에 대하여 말해 보십시오. 그러면 그들은 자연인의 모든 선입견들을 끌어들이는 잘못을 범하고 말 것입니다. 이생의 자랑과 모든 것을 세상적으로 살펴보는 방법이 금방 자리잡을 것입니다.

우리는 그리스도인으로서 '육신의 정욕과 안목의 정욕과 이생의 자랑'(요일 2:16)으로 세상을 사랑하지 말라는 말을 새겨들어야 합니다.

우리의 삶은 일관성이 있어야 합니다. 우리의 삶은 모든 문제들에 대하여 영적이어야 합니다. 어느 시점에서든지 차이나 어굿나는 것이 전혀 없어야 합니다. 그리스도인은 반드시 영적인 입장에서 모든 것을 보아야 합니다.

스펄전은 그가 가르치는 학생들에게 이렇게 말한 적이 있습니다. "기도회에서 진정 성도답게 기도하고 평소에도 참된 성도답게 행동하는 자들이 교회 내의 모임에서는 갑자기 마귀가 될 수 있다."

안타깝게도 교회 역사는 그 말이 분명한 진리임을 입증합니다. 여러분도 알다시피, 하나님께 기도할 때는 영적으로 생각합니다. 그런데 그들이 교회 일을 할 때는 마귀가 됩니다. 왜 그렇습니까? 그들이 교회 내의 모임과 기도 모임 사이에 차이가 있다는 전제하에서 영적 방식을 따르기 때문입니다. 그들 속에 있는 편당 정신이 밖으로 나타나는 것입니다. 왜냐하면 그들이 모든 일에 영적이어야 한다는 단순한 사실을 망각하고 있기 때문입니다.

그러므로 우리가 전제로 삼아야 하는 첫째 원리는, 우리가 항상 영적으로 사고하는 법을 배워야 한다는 것입니다. 만일 그렇게 하지 않으면, 우리는 시편 기자가 그림처럼 생생하게 보여 주는 바로 그 위험한 자리에 서 있는 자신을 발견하게 될 것입니다.

영적 사고를 하기 위하여

그 점은 저로 하여금 순전히 실제적인 두 번째 원리로 나아가게 해 줍니다. 우리가 영적인 사고방식을 촉진하고 장려하려면 어떻게 해야 합니까? 우리 자신을 영적으로 생각하게 만들 수 있는 방법이 무엇입니까? 분명하게 말하건데 그것이 우리에게 정말 필요합니다. 시편 기자는 우리에게 말합니다.

"내가 어쩌면 이를 알까 하여 생각한즉 그것이 내게 심한 고통이 되었더니 하나님의 성소에 들어갈 때에야 그들의 종말을 내가 깨달았나이다"(시 73:16,17).

그 말은 무슨 뜻입니까? 저는 그것을 이렇게 표현해 보고자 합니다. 우리는 우리 자신과 우리의 모든 사고를 영적인 영역으로 인도하는 법을 배워야 합니다. 시편 기자는 이러한 일이 자신에게 일어났음을 아주 분명하게 보여 줍니다. 그가 거쳐 간 심리적인 과정을 분석해 봅시다(흔하게 거론되지는 않지만 영적이고도 성경적인 심리학 같은 것이 있습니다).

그의 경우에 어떻게 그런 일이 일어났습니까? 우리가 앞에서 살펴본 것처럼 그는 말해서는 안 되는 것을 말하려는 시점에서 자기의 동료 신자들을 생각하였습니다. 그 생각이 그를 붙잡아 주고 견고하게 지켜 주었습니다.

그러나 그는 거기서 멈추지 않았습니다. "나는 나의 동료 신자들을 생각해야 한다. 그들은 누구인가? 내가 어디서 그들을 만날 수 있는가? 나는 언제나 성소에서 그들을 만난다." 그래서 그는 성소에 들어갔습니다. 우리가 난관에 봉착할 때 흔히 그럴 수 있듯이, 그는 성소에서 멀리 떨어져 있었던 것입니다.

이 사람은 생각을 자신에게 고착시켜 두고 있었습니다. 그래서 결국 사고의 악순환이 계속되었던 것입니다.

우리가 일들을 이런 식으로 생각하기 시작하면 우리는 비참해지고 불행해집니다. 그리고 어느 누구도 만나고 싶지 않게 되며, 하나님의 백성들과도 섞이기 싫어집니다. 그리하여 우리는 결국 우리의 고통거리들에 사로잡히고 맙니다.

특히 이렇게 역경을 겪고 있을 때에 우리는 하나님이 우리에게 공정하지 못하며 우리를 아주 거칠게 다룬다고 느끼게 됩니다. 그리하여 자신이 불쌍하다는 생각에 비참해지고 슬퍼집니다. 그저 자기 연민의 굴레를 벗어나지 못한 채 계속 뱅뱅 돌기만 하는 것입니다. 자신이 언제나 이 난제의 중심에 있습니다. 그러므로 우리는 우리 자신에게 사로잡혀 본성의 굴레 안에서 돌기만 하는 일을 멈추어야 합니다.

그렇다면 어떻게 그러한 악한 굴레에서 벗어날 수 있습니까?

저는 여기에 세 가지 주요한 일들이 있어야 한다고 제안하는 바입니다. 시편 기자가 가장 우선에 둔 것이 무엇인지 살펴봅시다.

첫 번째로, 문자 그대로 하나님의 집에 가는 것이 중요합니다. 하나님의 집은 얼마나 아름다운지요! 그저 그 집에 들어가는 것만으로 건짐을 받는 일이 허다합니다.

저는 하나님의 집 때문에 하나님께 감사한 적이 여러 번 있습니다. 하나님께서 자신의 백성들이 함께 모여 예배하도록 정하여 놓으신 것을 감사하게 생각합니다. 하나님의 집은 저를 수천 번도 더 '이하선염과 홍역'에서 건져 주었습니다. 그저 하나님의 집의 문을 열고 들어가는 일만으로도 말입니다.

어떻게 그런 일이 일어납니까? 들어갈 하나님의 집이 있다는 사실 자체만으로 우리에게 무언가를 말해 줍니다. 하나님의 집을 계획하고 세우신 분이 하나님입니다. 그 점을 인식하는 것 자체가 우리를 더욱 건전한 상태로 이끌어 줍니다.

그런 다음에 역사를 거슬러 생각해 보고, 어떤 진리들을 떠올릴 수 있습니다.

'나는 지금 가공스런 난제에 직면하여 있다. 그러나 기독교회는 오랜 세월 동안 그렇게 존재해 왔다(이미 이성적 방식이 아니라 전적으로 다른 방식으로 생각하기 시작한 셈입니다). 하나님의 집은 역사를 거슬러 올라가 우리 주님의 시대에 그 존재의 뿌리를 두고 있다. 하나님의 집은 무엇을 위하여 존재하는가? 그것은 무엇을 의미하는가?'

이미 치료가 시작되었습니다.

우리가 다시 하나님의 집에 가 보니 놀랍게도 우리보다 먼저 와 있는 사람들이 있습니다. 우리는 개인적인 비참과 당혹감 속에서 기독교 신앙에는 아무것도 없으며 그 신앙을 계속 견지하는 것이 가치 없는 일이라는 결론에 이른 상태에 빠졌습니다. 그러나 놀랍게도 그 신앙을 계속하는 것이 가치 있다고 생각하는 자들이 거기에 와 있습니다.

우리는 기분이 좀 더 좋아져서 이렇게 말하기 시작합니다. "아마 내가 잘못되었는지도 모르지. 이 사람들은 모두 그 신앙에 무언가가 있다고 생각한다. 그들이 옳을 수도 있다."

치료 과정이 진행되고 있습니다. 그리고 치유가 계속되고 있는 것입니다.

이제 우리는 한 단계 더 나아갑니다. 우리는 회중들을 둘러봅니다. 그리고 우리가 아는 어떤 사람이 우리가 당하는 것보다 더욱 어려운 처지에 있다는 것을 갑자기 깨닫게 됩니다. 우리는 자신의 문제가 세상에서 가장 어려운 것이며 아무도 우리와 같은 고난을 당하지는 않을 것이라고 생각하고 있었습니다.

또한 우리는 아마 과부인 듯한 가난한 부인을 봅니다. 그녀의 하나밖에 없는 자식이 죽었거나 살해되었습니다. 그러나 그녀는 여전히 거기에 있습니다. 그것이 우리의 난제를 즉시 아주 새로운 관점으로 바라보게 합니다.

위대한 사도 바울은 이 일에 대하여 말씀합니다.

"사람이 감당할 시험밖에는 너희가 당한 것이 없나니"(고전 10:13).

마귀는 우리를 얻기 위하여 우리를 설득합니다. '아무도 전에는 이러한 시련을 만난 적이 없다. 아무도 너와 같은 문제를 당한 적이 없다. 아무도 그렇게 취급받은 적이 없다.'

그러나 바울은 말합니다.

"사람이 감당할 시험밖에는 너희가 당한 것이 없나니."

여러분이 그 말씀을 기억하는 순간 더 나은 느낌을 가지게 됩니다. 하나님의 모든 백성들은 이것이 무엇인지를 압니다. 우리는 그렇게 이상한 피조물입니다. 죄가 우리에게 이상한 영향을 미쳤습니다. 그래서 우리는 언제나 다른 사람도 고난받고 있다는 말을 들으면 고난 중에 도움을 입습니다! 그것은 육신적인 우리에게 해당되는 일입니다.

그런데 영적인 차원에서도 그러합니다. 우리 혼자만 이런 고통을 당하는 것이 아님을 깨닫는 것이, 일을 바른 시각으로 보도록 도와줍니다. '나는 그런 고통을 받는 이들의 일원이다. 그것이 하나님의 백성들에게 일어나는 일인 것이다.'

바로 하나님의 집이 이러한 모든 것을 생각나게 합니다.

그런데 하나님의 집은 우리로 하여금 더욱더 거슬러 올라가게 만듭니다. 우리는 여러 세대의 교회사들을 더듬어 연구하기 시작합니다. 그리고 나서 몇 년 전에 있었던 일을 열거합니다. 어떤 성도들이 영위한 삶 속에서 일어난 일을 생각해 내고는, 그리스도의 교회를 빛낸 가장 위대한 성도들 중에는 우리의 작은 난제쯤은 아무것도 아니게 만들 만한 고난과 환난을 경험한 사람들도 있다는 것을 알게 됩니다. 하나님의 집, 하나님의 성소가 우리로 하여금 그 모든 것을 상기시킵니다.

그리고 즉시 우리는 영적인 산을 올라가기 시작합니다. 위를 향하여 올라갑니다. 이제 우리의 난제는 바른 위치에 놓이게 됩니다. 하나님의 집, 주의 성소는 우리에게 이 모든 교훈을 가르칩니다.

하나님의 집에 나오기를 게을리 하는 이들은 비성경적일 뿐 아니라(저는 그것을 아주 강하게 진술하렵니다) 어리석은 자들입니다. 저의 목회 경험상, 하나님의 집에 정규적으로 참석하는 일에 가장 적게 순종하는 자들이 난제들과 당혹한 문제들로 말미암아 가장 큰 고통을 당합니다.

하나님의 집의 분위기 속에는 무언가가 있습니다. 하나님께서는 우리가 하나님의 집에 와서 하나님의 백성들을 만나도록 정하여 놓으셨습니다. 우리가 그렇게 정한 것이 아닙니다. 우리가 서로 만날 뿐 아니라 하나님을 더 잘 알게 하시기 위하여 하나님께서 그렇게 정하신 것입니다.

더욱이 하나님의 집에 참석하지 않는 사람들은 언젠가 실망할 날이 올 것입니다. 주님께서 부흥을 통하여 그 하나님의 집에 자신의 영광을 나타내시는 은총을 베푸실 것인데, 그들이 거기에 참석하지 않으니 말입니다. 그러므로 할 수 있는 한 자주 하나님의 성소에 나아가십시오. 그렇게 행하지 않으면서도 슬퍼하지 않는 사람은 매우 어리석은 그리스도인입니다.

두 번째로, 바로 성경이 우리를 영적으로 생각하게 만듭니다. 시편 기자의 시대 사람들은 성경을 가지고 있지 못했습니다. 그러나 오늘날 우리는 성경을 가지고 있습니다. 하나님의 말씀이 성소에만 있는 것이 아닙니다. 어디서나 그 말씀을 활용할 수 있습니다.

가정에서든지 교회에서든지 상관없이 성경을 바라보십시오.

그리하면 즉각 영적으로 생각하게 될 것입니다. 측량할 수 없는 방식으로 성경을 통해 그런 일이 일어날 것입니다.

하나님께서 우리에게 이 성경을 주신 한 가지 이유는, 이것이 우리를 도와서 우리가 생각하고 있는 이 난제를 해결하게 하려 함입니다. 성경 안에 있는 단순한 역사(歷史)만 해도 엄청나게 귀중한 가치가 있습니다. 이 시편과 이 시편의 줄거리를 훑어보십시오. 이 사람의 경험을 읽어 보기만 해도 여러분을 바르게 잡아 줄 것입니다.

성경의 모든 역사가 이와 같은 일을 합니다. 그것이 이 위대한 교훈을 주시는 하나님만의 방식입니다. 성경의 위대한 가르침과 교리들을 읽으십시오. 그러면 여러분은 사람을 위한 하나님의 은혜로운 목적을 다시금 떠올리게 될 것입니다. 그리고 즉시 여러분의 생각들이 어리석었음을 깨닫고 부끄러워할 것입니다. 그 방법이 다양하더라도 성경으로 말미암아 언제나 같은 결과가 나옵니다.

성경은 그러한 경건한 이들의 고난의 문제에 대하여 분명한 가르침을 가지고 있습니다. 바울은 일들이 잘못되어 주눅 들고 불만을 가지려 하는 디모데에게 보내는 편지에서 이렇게 말합니다.

"무릇 그리스도 예수 안에서 경건하게 살고자 하는 자는 박해를 받으리라"(딤후 3:12).

디모데는 그것을 이해할 수 없었습니다. 그는 하나님의 종들이 핍박당하는 것을 보면서 두려워하였습니다. 다른 많은 하나님의 종들도 같은 느낌을 가졌습니다.

또한 초대교회에게 하나님의 나라에 대해 가르쳤던 사도 바울의 교훈을 본다면, 우리는 우리에게 일어나는 일에 대하여 놀라지 않을 것입니다. 실로 그러한 일들을 보고 놀라기는커녕, 거의 그러한 것들을 기대하는 단계에까지 이르게 될 것입니다. 만일 자신이 고통을 당하고 있지 않으면 '내게 무슨 잘못된 것이 있는가? 왜 나의 일들이 이렇게 잘되어 나가는 것일까?' 라고 생각하게 되는 것입니다.

성경의 전반적인 분위기는 영적입니다. 그래서 우리가 성경을 많이 읽으면 읽을수록 우리는 이성적인 차원에서 벗어나 영적인 차원에서 사물들을 보는 더 높은 수준으로 올라가게 될 것입니다.

세 번째로, 또 한 가지 매우 중요한 도움에 대하여 말씀드리겠습니다. 바로 기도와 묵상입니다. 하나님의 성소에서 행해지는 일이 바로 그것입니다.

시편 기자는 단지 건물을 찾아간 것이 아닙니다. 하나님을 만나러 간 것입니다. 성소는 하나님의 영광이 거하는 곳이며, 하나님과 백성들이 만나는 장소입니다. 하나님에 대하여 묵상할 때, 우리는 이성적인 낮은 수준의 사고에서 벗어나 다시 영적으로 생각하기 시작합니다.

저는 왜 기도하는 문제를 가장 먼저 다루지 않는지 놀라워하는 분이 있을까 걱정입니다. 혹은, 이것을 보다 먼저 다루어야 하지 않느냐고 말하는 분들이 있을 것이라고 확신합니다. 왜냐하면 많은 그리스도인들이 모든 문제에 대하여 보편적으로 제시하는 하나의 해답을 가지고 있기 때문입니다. 그들은 문제가 무엇인지 따지지 않고 그저 언제나 "그것에 관하여 기도합시다"라고 말합니다.

그러나 만일 이 시편 기자와 같은 사람이 도움을 청해 올 때, 대뜸 "가서 그것에 관하여 기도하십시오"라고 말한다면, 그것은 얼마나 입심 좋고도 피상적이며 거짓된 충고입니까? 저는 기독교회 강단에서 엄숙히 이것을 강조하는 바입니다.

그들은 '자기들의 난제를 기도제목으로 삼으라고 말하는 것이 왜 잘못인가?' 라고 물을지도 모릅니다. 물론 이것이 언제나 잘못이라는 말은 아닙니다. 다만 때로는 이것이 아주 무모할 때가 있다는 의미입니다. 왜냐하면 어떤 면에서 이 불쌍한 사람은 하나님에 관해 생각하다가 그만 혼란에 빠져 하나님께 기도할 수조차 없어서 고통스러워하는 것이기 때문입니다.

만일 우리 마음과 생각 속에서 우리를 향한 하나님의 방식에 관한 개념들이 종잡을 수 없이 뒤죽박죽되었다면, 어떻게 기도할 수 있겠습니까? 할 수 없습니다.

그러하기에 우리는 진실로 기도하기 전에 먼저 영적으로 생각해야 합니다. 마치 기도가 언제나 단번에 돌진하여 들어갈 수 있는 것인 양 입심 좋게 말하는 것보다 더 어리석은 것이 없습니다.

이 논리에 의문을 가지는 사람들을 위해 기도에 관한 한 세상이 가장 위대하다고 인정하는 자들 중 한 사람의 말을 인용하겠습니다. 브리스톨의 조지 뮬러입니다. 그는 기도의 문제에 대하여 목사들에게 강의하면서 이렇게 말하였습니다.

"여러 해 동안 나는 매일 아침에 삶을 시작하면서 가장 먼저 기도를 했습니다. 그런데 그렇게 하는 것이 최선의 방식은 아님을 깨달았습니다. 참으로 영적으로 기도하기 위해서는 먼저 내가 성령 안에 있어야 한다는 것을 발견하였습니다. 나 자신을 먼저 준비시켜야 한다는 것입니다. 나는 그것이 아주 좋고 훌륭한 도움을 준다는 것을 압니다. 그래서 여러분에게도 이 점을 강하게 추천하는 바입니다. 기도하기 전에 언제나 성경을 읽거나 경건 서적을 읽으십시오. 그리하여 나 자신과 나의 영을 바르게 하는 일이 하나님께 진실로 기도하기 전에 선행되어야 하는 것입니다."

이 시편 기자에게 바로 그런 일이 일어났습니다. 그는 악순환에 빠져서 언제나 같은 생각을 반복하였습니다. 자신의 사고방식 전체가 잘못되어서 기도할 수도 없었습니다. 그러나 우리가 지금까지 살펴보았던 여러 단계를 통과하면서 그의 생각이 바르게 되었습니다. 이제 진실로 하나님께 기도할 수 있는 바른 조건에 들어선 것입니다.

사실 우리는 흔히 기도하고 있는 것이 아닌데도 기도하고 있는 것처럼 착각하면서 시간을 허비합니다. 일종의 절망감 속에서 울부짖는 것에 불과한데도 자신이 기도하고 있다고 생각하는 것입니다.

우리의 전체적인 사고와 자세가 잘못되어 있다면, 우리가 기도하느라 아무리 많은 시간을 사용한다 하더라도 우리는 기도할 수 없습니다. 우리가 하나님의 면전을 인식하기 전에는 기도를 시작조차 할 수 없기 때문입니다. 그런데 하나님에 관한 우리의 생각이 옳지 않으면 우리는 절대 하나님의 면전을 바르게 인식할 수 없습니다.

바울은 빌립보 사람들에게 말했습니다.

"하나님의 성령으로 봉사하며 그리스도 예수로 자랑하고 육체를 신뢰하지 아니하는 우리가 곧 할례파라"(빌 3:3).

우리는 '성령 안에서' 기도해야 합니다. 즉, 우리가 영적으로 준비되어야 하며, 우리의 전체적인 사고가 곧고 참되어야 하는 것입니다.

그러므로 하나님의 집, 하나님의 말씀, 하나님께 기도하며 교제하는 단계들을 따르는 것이 온전합니다. 그러한 단계들을 통하여 우리의 심령이 깨끗해지고 온전히 씻어졌을 때에, 다른 모든 생각들이 하나님을 모독하는 것이요 잘못된 것임을 인식하게 됩니다. 그리고 그렇게 할 때 하나님을 향하여 우리의 얼굴을 돌리게 되며, 우리 심령이 평안해집니다. 그것이 올바른 진행 과정입니다.

그러나 이것 역시 시작에 불과합니다. 아직 다 완성된 것이 아닙니다. 위를 향하여 올라갈 수 있는 하나의 발판을 얻은 것일 뿐입니다. 그런 식으로 과정이 진행되어 갑니다.

이 시편 기자의 고백을 기억하십시오.

"고난 속에서 '성소에 들어갈 때에야' 하나님과 대면하고 있는 자신을 발견하였노라!"

Chapter 4

모든 것을 바라보는 눈

"내가 어쩌면 이를 알까 하여 생각한즉

그것이 내게 심한 고통이 되었더니

하나님의 성소에 들어갈 때에야

그들의 종말을 내가 깨달았나이다"

시 73:16,17

시편 기자의 회복 과정이 성소에 들어가는 것으로 끝나지 않았으므로 우리는 더 나아가 보아야 합니다. 하나님의 성소에 들어가는 단계는 사활을 좌우하는 아주 중요한 단계입니다. 그리고 우리는 다시금 그 단계를 강조하여야 합니다. 그러나 그것만으로 충분하지 않습니다.

이 사람은 하나님의 성소에 들어갔습니다. 그리하여 그의 사고가 옳은 방향으로 인도되었습니다. 그러나 그는 그 이상으로 나아갑니다. 성소에 나아갔을 때에 그에게 무슨 일이 일어났습니까? 그는 이렇게 말합니다.

"내가 어쩌면 이를 알까 하여 생각한즉 그것이 내게 심한 고통이 되었더니 하나님의 성소에 들어갈 때에야 그들의 종말을 내가 깨달았나이다."

깨달았나이다

우리가 가장 먼저 살펴보아야 하는 말씀은 "깨달았나이다"라는 말입니다. 이는 우리가 잊어버리기 쉬운 믿음의 큰 근본 원리들 중 하나입니다.

우리가 하나님의 성소에서 발견하는 것은, 단순히 일반적인 감화가 아닙니다. 또는 어떤 분위기의 문제가 아닙니다. 이 사람은 하나님의 성소에 들어갈 때에 '깨달음'을 얻었습니다. 그는 단순히 더 나은 느낌만을 가진 것이 아닙니다. 그는 바르게 생각하는 사고를 가지게 되었습니다. 그는 단순하게 지금 당장 그가 당한 난제를 잊어버린 것이 아니라 하나의 해결책을 발견하였습니다.

어떻게 해야 이것을 순전하고도 명백하게 표현할 수 있을까요! 그것은 참으로 중요한 문제입니다.

종교가 우리에게 마약같이 작용해서는 안 됩니다. 어떤 사람들은 종교가 그렇게 작용하는 것처럼 행동합니다. 말하기조차 두려운 일이지만, 그것이 사실입니다.

흔히 아니 정말 너무 자주 '종교란 인민의 마약'일 뿐이라는 것을 정당하게 입증하게 됩니다. 많은 사람들에게 있어서 종교는 일종의 흥분제 이상은 아무것도 아닙니다. 그들에게 있어서 하나님의 집에 예배를 드리러 간다는 것은, 잠시 자기의 난제를 잊어버리게 하는 장소에 간다는 것일 뿐입니다.

그렇기 때문에 많은 사람들은 금욕주의적인 구검拘檢에 대하여 관심을 가지기도 합니다. 아름다운 장식 속에서 아름다운 예배를 드리는 것 말입니다.

그들은 진리의 강해에 대하여는 아무 관심도 없습니다. 그래서 그들은 설교를 아주 짧게 하는 것을 좋아합니다. 그들은 일반적으로 위로를 주는 감화에만 관심을 가집니다. 그들은 예배 중에 고통을 잊습니다. 그리고는 "얼마나 멋지고도 아름다운가!"라고 말합니다. 그러나 그것은 성경적인 종교가 아닙니다.

시편 기자는 이렇게 말합니다.

"하나님의 성소에 들어갈 때에야 그들의 종말을 내가 깨달았나이다."

이 사람은 성전에 들어가 아름다운 음률이 흘러나오는 오르간 소리를 듣고 아름답게 채색된 유리와 조명등을 본 것이 아니었습니다. 점차 좀 더 낫게 느껴지고 당장 문제되던 고통거리들을 잊기 시작한 것이 아닙니다. 그에게 일어난 일은 이성적인 일이었습니다.

"그때에야 그들의 종말을 내가 깨달았나이다."

그것은 깨달음의 문제였습니다.

참된 종교는 어떤 일반적인 효과만을 산출하기 위하여 존재하는 것이 아닙니다. 성경은 하나님께서 사람을 다루시는 방식에 대한 계시입니다. 성경적인 종교는 '이해_깨달음_'를 주기 위하여 존재합니다. 만일 우리 종교의 실제가 우리에게 깨달음을 주는 것이 아니라면, 그것은 오히려 우리를 해롭게 할 수 있으며, 차라리 없는 것이 더 낫습니다. 더 이상 이것이 얼마나 중요한지를 강조할 필요도 없을 정도입니다.

우리를 잠시 기분 좋게 하는 것이 아주 많습니다. 잠시 우리의 고통을 잊게 하는 방법들이 있습니다. 어떤 이는 영화관에 갑니다. 어떤 이는 술집에 갑니다. 어떤 이는 가정에 보관하고 있는 위스키를 마십니다. 그런 것은 잠시 동안 훨씬 더 행복하고 기분 좋은 것처럼 느끼게 하는 효과를 가져옵니다. 그래서 그들의 난제가 그렇게 심각하게 보이지 않게 됩니다.

또 어떤 이들은 크리스천 사이언스 Christian Science 와 같은 이단으로 달려갑니다. 그것은 잡동사니 같은 철학입니다. 그러나 어떤 경우에는 그것이 사람들로 하여금 '더 기분 좋게' 만듭니다.

이처럼 잠시 동안 생기를 주는 방법들이 많습니다. 그러나 문제는, 그러한 것들이 깨달음을 줄 수 있느냐, 우리의 고통을 통찰하는 데 도움을 줄 수 있느냐 하는 것입니다.

하나님의 집에서도 그런 종류의 거짓된 위안이 주어질 수 있습니다. 어떤 이들은, 마치 거의 흥분 상태에 들어가기까지 합창을 해 대고 특별한 찬송을 부르는 것이 하나님의 집에서 행해져야 할 일인 것처럼 생각하는 것 같습니다. 실로 예배 전체가 '분위기를 조성하는 것'으로 가득 차 있습니다. 그리하여 어떤 정서적인 감화를 받고 더 낫게 느낍니다.

그러나 이런 일은 세상이 행하는 일입니다. 세상은 음악을 도용하여 사람들로 하여금 유쾌한 노래를 부르게 만듭니다. 그리고 그런 분위기 속에서 분명히 잠시 더 나은 듯한 느낌에 사로잡히게 만듭니다. 그 모든 것이 매우 마귀적일 수 있습니다.

이러한 일들이 가치 있는지를 시험하는 시금석은 그것이 더 나은 느낌을 주느냐 주지 않느냐 하는 것이 아닙니다. 그 시금석은 바로 나에게 깨달음을 주느냐 하는 것입니다.

"그때에 내가 깨달았나이다."

성경의 메시지가 일차적으로 이지와 이해를 향해서 주어진다는 것을 잊지 마십시오. 복음은 바로 이 방면에 가장 큰 만족감을 줍니다.

복음은 단순히 어떤 체험을 제공하는 것이 아닙니다. 복음은 인생을 이해할 수 있게 해 줍니다. 그래서 지식과 깨달음_{이해}을 가지게 되며, 무언가 알게 됩니다. 이제 자신 속에 있는 '소망에 관한 이유'를 제시할 수 있습니다. 방법과 이유를 모른 채 그저 "전에는 내가 눈멀었는데 지금은 보나이다"라고 말하는 것만이 아닙니다. 나는 이제 내 속에 있는 소망의 이유를 말할 수 있습니다.

시편 기자는 정말 감사하게도 하나님의 성소에서 한 가지 이유를 발견하게 되었습니다. 그가 잠시 마음을 시원하게 만드는 어떤 것을 받았다는 것이 아닙니다. 난제는 여전히 남아 있는데도 단지 일종의 진통제 같은 것을 투약하여 잠시 고통을 잊게 한 것일 뿐이어서 집으로 돌아가자 다시 이전의 상태로 돌아오는, 그런 것이 아니었습니다. 전혀 그렇지 않습니다.

그는 하나님의 성전에서 곧고 바르게 생각하기 시작하였기 때문에, 집으로 돌아가서도 계속 곧고 바르게 생각하였습니다. 그리고 이 시편을 기록하는 열매를 맺게 되었습니다!

깨달음! 여러분은 여러분이 믿는 대상이 누구인지를 압니까? 여러분이 무엇을 믿었는지 압니까? 여러분은 기독교 교리에 관심이 있습니까? 여러분이 제일 소원하는 것이 무엇입니까? 행복해지는 것입니까, 아니면 진리를 아는 것입니까? 이러한 질문들은 그리스도인들에게 던질 수 있는 탐사적인 여러 가지 질문들입니다.

우리는 오락을 위하여 교회에 나오는 자들이 되어서는 결코 안 됩니다. 예배를 통하여 그런 것을 조달하는 이들이 되어서도 안 됩니다. 저는 이런 위험이 실제로 존재하기 때문에 이렇게 충고하는 것입니다.

저는 매우 유명한 성경연구 집회에 가서 강사로 말씀을 전하게 되었습니다. 거기서 나흘 동안 있었는데, 예배 때마다 가장 먼저 40여 분간 여러 가지 유형의 음악 순서가 들어 있었습니다. 그 성경연구 집회 시간 전부를 통틀어 한 번도 성경을 읽는 것을 본 적이 없습니다.

제 친구도 어떤 대륙의 유명한 교회에서 유사한 체험을 하였습니다. 여러 사람들이 그날 아침 선교사역을 위하여 헌신하고 있었습니다. 성찬식도 있었고, 두 번의 찬양대 찬양과 세 번의 독창과 짧은 기도가 있었습니다. 그러나 전혀 성경을 읽지 않았습니다. 그 교회가 복음적인 교회로 평판이 난 교회였는데도 말입니다.

그런 식으로는 깨달음을 얻지 못합니다. 음악적인 즐거움만을 줄 뿐 성경을 읽거나 강해하는 것은 과감히 잘라내 버리는 일을 통하여는 깨달음을 얻을 수 없습니다. 이것은 성경에서 말하는 교회의 모습을 아주 우스꽝스럽게 그려 놓은 격입니다.

"그때에야 내가 깨달았나이다."

많은 이들이 불만을 가지고 불평을 늘어놓는 것은 깨닫지 못하였기 때문입니다. 많은 이들이 우리가 살아가고 있는 시대를 진정으로 통찰하지 못하는 것도 바로 그 이유 때문입니다.

정말 그렇습니다. 이 시편 기자가 성소에 들어감으로써 얻은 가장 우선적인 것이 바로 깨달음입니다. 성소에 들어간 것이 깨달음을 주었습니다. 제 발로 일어서게 하였습니다.

전체를 바라보는 눈

그러나 우리는 더 나아가 보아야 합니다. 그가 어떻게 해서 그런 깨달음을 얻었습니까? 성소에서 그는 바르게 생각하는 법을 배웠습니다. 즉, 우리의 사고방식이 분위기에서만 바로잡힌 것만도, 그리고 단순히 이성적인 방식에서 영적인 방식으로 사고하게 된 것만도 아닙니다. 틀림없이 상세한 국면에서의 교정이 있었습니다. 이 사람에게 바로 그런 일이 일어난 것입니다.

우리는 그것을 다음과 같이 나누어 생각해 볼 수 있습니다. 가장 먼저 그의 생각 속에 있는 보편적인 결함이 수정되었습니다. 그런 다음에 자기 사고의 어떤 상세한 국면들이 바로잡혔습니다.

잠시 일반적인 측면을 다루어 보겠습니다. 여기서 가장 중요한 일은, 우리의 사고가 전체적이어야지 부분적이어서는 안 된다는 것입니다. 이 사람의 실족이 방지되었지만 여전히 그는 불안한 상태였습니다. 그는 마음의 고뇌 끝에 결국 하나님의 성소로 들어갔습니다.

"그때에야 그들의 종말을 내가 깨닫게 되었나이다."

그는 잊고 있던 것을 다시금 알게 되었습니다. 그의 생각이 완전해진 것입니다.

종합적으로 분석해 볼 때, 우리의 중요한 고통거리 가운데 하나는 우리의 사고가 부분적이기 쉬우며 철저하지 못하다는 사실입니다. 여러분은 매튜 아놀드의 주장을 기억할 것입니다. "누가 인생을 확고하게, 전체적으로 보았는가?" 그에게는 인생을 확고하고도 전체적으로 알았다고 말하는 것보다 더 큰 칭송이 없습니다.

옥스퍼드의 얼Earl과 애스퀴스Asquith는 사람이 가질 수 있는 가장 큰 은사를 애스퀴스가 '입방체적 사고思考'라고 부른 능력이라고 말하였습니다. 그 능력이란 한 주제의 모든 측면을 볼 수 있는 능력입니다.

진리는 입방체와 같습니다. 여러분은 모든 면을 다 보아야 합니다. 우리가 우리 자신을 분석해 보면 알겠지만, 진리의 모든 면을 다 보지 못하는 것이 우리 모두에게 고통거리입니다.

예를 들어 이 시편 기자를 생각해 봅시다. 바로 그것이 그의 모든 고통의 근원이었음에 틀림없습니다. 그는 한 부분만 보고 다른 것은 보지 않았습니다. 그리고 그것이 그를 사로잡고 꼼짝 못하게 하였습니다.

그런데 그가 성소에 들어갔을 때에 어떤 일이 일어났습니까? 그는 다른 모든 면들을 보기 시작하였습니다. 부분적으로만 보던 것에서 벗어나 전체를 보기 시작한 것입니다.

그것이 바로 선입관에 대한 모든 문제를 밝혀 주지 않습니까? 우리는 모두 선입견을 가진 존재로 이 세상에 태어났습니다. 가장 큰 오류는 궁극적으로 선입견의 차원에서 설명되어야 합니다. 선입견은 문제를 충분하게 고려하지 않고 미리 판단해 버리는 하나의 세력입니다. 선입견은 진리의 모든 국면들에 대하여는 문을 닫아버린 채 한 국면만을 보게 합니다. 그것은 사람으로 하여금 다른 부분들을 전혀 보지 못하게 합니다.

선입견의 잘못을 행하는 자들은 불가피하게 자기의 고통의 원천을 무심코 드러내고 맙니다. 그들은 "나는 언제나 이렇게 했다"라고 말합니다. 정말 그러합니다. 그들은 다른 그 어떤 면도 보지 않을 것입니다.

이와 같이 선입견은 여러분을 한 부분에만 잡아놓아 꼼짝 못하게 만들어 버립니다. 그리하여 다른 면에 대하여는 전혀 맹인이 됩니다. 이로써 세상의 많은 비극을 설명할 수 있습니다. 또한 우리 실수의 대부분의 진상을 확실히 알게 해 줍니다.

저는 그리스도인이 아닌 모든 사람은 사실상 그런 입장에 있다고 주장하는 바입니다. 그는 전체 상황을 보지 않습니다. 그것이 불신앙의 원인을 설명해 줍니다. 그리고 사람들이 살면서 저지르는 실수의 거의 대부분을 설명해 주기도 합니다.

예를 들어 물질주의를 생각해 봅시다. 지금은 물질주의 철학이 예전만큼 인기가 없습니다. 지난 세기 말엽에는 물질주의가 주도적인 철학이었습니다. 모든 것이 그 차원에서 설명되었습니다. 그러나 이제 물질주의 철학은 더 이상 인기가 없습니다. 사실상 새로운 핵물리학이 모든 물질주의 철학을 다 부수어 버리고 있습니다.

핵물리학은 물질적 대상들마저 그 속에는 움직임과 힘으로 가득하다고 말합니다. 핵물리학에 따르면, 고착적이거나 활동력 없이 정지된 것은 하나도 없으며, 어느 곳이든지 힘과 아주 강한 세력들이 있습니다. 그리고 우리가 물질이라고 부르는 것은 강력한 원자력이 여러 가지 것들을 함께 붙잡고 있는 것에 지나지 않는다고 말합니다.

만일 50년 전에 이런 말을 했다면, 과학을 모독하는 발언으로 여겨졌을 것입니다. 물질주의적인 사고방식이 주도적인 위치를 차지했던 것은 그들이 한쪽만 보았지 모든 사실들을 다 알지는 못하였기 때문입니다. 그러나 이제 물질을 물질주의적인 차원에서 보는 관점은 사라져 버렸습니다.

의학계에서도 같은 현상을 볼 수 있습니다. 의학계에도 유행이 있습니다. 오늘날 의학계에서 할 일은 정신신체의학Psychosomatic medicine에 관하여 이야기하는 것입니다. 마침내 그들이 환자 자신이 중요하다는 것을 발견한 것입니다. 그 전에 의료계에서는 환자 자신은 무시된 채 질병, 특히 사람의 몸의 부분들에 관심을 나타냈습니다. 사람이 의사에게 가면, 의사는 환자의 위胃에만 관심을 가졌습니다. 의사들은 위의 통증이 그 위의 국부적인 조건들 때문에 생기는 것이라고 설명하였습니다. 위산이 많다든지 하는 식으로 말입니다.

만약 제가 의학을 공부하던 시절에 위의 통증의 가장 보편적인 원인이 무엇이냐는 질문을 받고는 '근심, 걱정'이라고 대답하였다면, 다른 이들은 아마 저에게 무언가 잘못이 있다는 식으로 생각하였을 것입니다. 그리고 저의 대답을 비과학적인 것이라고 무시해 버렸을 것입니다. 그러나 오늘날에는 그 대답이 진정으로 옳다는 것이 발견되었습니다.

사람의 몸과 그 기능들은 단순히 물리적이고도 육체적인 문제만이 아닙니다. 건강의 문제에 있어서 사람의 마음도 중요합니다. 걱정과 불안 같은 모든 일들은 뇌에서 몸의 여러 부분에 메시지를 전달하게 만듭니다. 그래서 몸은 물질과 물리적인 차원의 문제만이 아닌 것입니다. 오늘날 마음의 중요성이 인식되고 있습니다. 물론 아직 영적인 요소와 요인들까지 인식되지는 않지만 말입니다. 하나님께서 의료계의 사람들로 하여금 영도 정신만큼 중요함을 곧 알게 하시기를 바랍니다.

또한 마찬가지로 사람을 경제적 단위로 보는 관점도 기만 위에 자리잡고 있습니다. 그들도 한 부분만을 봅니다. 그들은 선입견을 가지고 있기에 이것이 전부다 하고 말하면서 동등하게 중요한 다른 사실들을 망각하고 맙니다.

경제를 믿는 이들에게는 사람의 모든 문제가 경제의 문제로 보입니다. 또 어떤 이는 그것에 대해 '아니다. 경제가 아니고 생물학이다'라고 말합니다. 즉, 사람과 사람의 모든 행동을 전부 그 사람의 내분비선의 균형의 차원에서 설명할 수 있다는 식으로 말합니다.

또 다른 이들은 그 모든 것이 아주 잘못되었으며, 본질적으로 사람은 이지적인 존재라고 주장합니다. 그들이 볼 때 사람이란 진공 속에 순전한 이지가 앉아 있는 것입니다. 사람을 전적으로 이성적인, 그 외의 다른 구성요소는 전혀 없는 존재로 보는 것입니다!

여기서 이 문제를 더 상세하게 다루지는 않겠습니다. 다만 이것을 기억하십시오. 이러한 모든 이론들의 문제점은 한 면만 바라보고 있다는 것입니다. 그래서 그들의 설명은 부분적이고 불완전합니다.

많은 사람들은 인생 그 자체를 잊어버렸습니다. 그들은 여러 감각들이나 정서와 같은 요인들을 잊고 있습니다. 그러나 그러한 것들도 인생의 일부분입니다. 아니, 실로 그러한 것들이 중심에 있습니다. 정욕, 소욕, 죄와 악, 이러한 모든 것들이 우리에게로 들어와서 우리의 사람됨을 형성하고, 우리의 인생이 뜻하는 바를 이룹니다.

셰익스피어는 그것을 이렇게 표현하였습니다. "호라티오, 하늘과 땅에는 네 철학이 꿈꾸는 것보다 더 많은 것들이 있네."

우리가 현대인에게 말해야 하는 것이 바로 그것입니다.

브라우닝Browning은 그 점을 더 잘 표현합니다. 여러분은 '브로그램 감독의 변명Bishop Blougram's Apology'이란 시를 기억하십니까? 기독교에 불만을 가진 젊은 신문 기자와 그 늙은 감독 사이에 오간 대화 내용을 기억합니까?

젊은이는 인생을 그저 쉽게 생각하려 합니다. 자기가 배웠던 모든 것을 버리고, 스스로 사물들을 생각하고 새로운 철학을 만들려고 합니다. 그러자 늙은 감독은 이렇게 말합니다.

"자네도 알다시피 나에게도 젊었을 때가 있었네. 그때 나도 자네처럼 했었지. 나도 내가 모든 것을 완전히 이해하고 있으며 모든 부분을 다 모아서 완전한 체계와 인생철학을 갖고 있다고 생각했었네. 나는 그것을 전복시킬 것이 하나도 없다고 생각했지. 그러나 우리가 가장 안전할 때에는 석양이 지는 바로 그때이지."

현대의 말로 표현하자면, 우리가 인생 전체를 '간파하였을 바로 그때', 우리의 철학이 완전하다고 생각할 바로 그때가 '인생이 석양'에 걸려 있을 때라는 것입니다.

"우리가 가장 안전하다 생각했더니 석양이 지네.
꽃망울 보고 펼친 공상과, 어느 사람의 죽음
유리피데스의 합창은 끝나고
오십 가지 소망과 두려움 이것으로 족하이.
이제는 장엄한 미지수!"

여러분은 브라우닝이 뜻하는 바를 아시는지요? 우리는 합리적인 이지로 인생을 계획하면서 우리가 모든 것을 설명할 수 있다고 생각합니다. 그리고 우리가 모든 것을 다 모아 준비에 만전을 기하였다고 생각합니다. 그러나 우리가 그렇게 하고 나서 시골길을 산책하다가, 말로 표현하기 힘든 방식으로 우리 존재의 깊은 곳에까지 감동을 주는 영광스런 황금빛 석양을 봅니다. 또는 그것이 '꽃망울을 보고 펼친 공상'이거나 '어느 사람의 죽음' 일 수 있습니다.

우리의 철학은 어떻게 해도 그것을 다 다루거나 설명하지 못합니다. 그것과 마찬가지로 인생에는 우리가 깊이를 측량할 수 없는 비참이 있습니다. '장엄한 미지수!' 우리가 이해하는 모든 것 뒤에는 우리의 이해를 초월하는 어떤 다른 것이 있습니다.

"오십 가지 소망과 두려움 이것으로 족하이.
이제는 장엄한 미지수!"

테니슨Tennyson은 그것을 이렇게 표현합니다.

"우리의 작은 체계들 끝이 있고
끝이 나면 이제 그것들은 존재하지 않나이다.
그것들은 주님의 부서진 빛들에 불과하오니
오 주여, 그것들보다 더 부족하나이다."

하나님의 성소에 들어갈 때에 사람은 바로 그것을 봅니다. 그는 사물들을 전체로 보기 시작합니다. 자기가 잊고 무시하였던 것들을 상기하게 됩니다.

사도 바울은 이것을 놀라운 어구로 표현합니다. 그는 나사렛 예수의 이름을 미워하고 그의 백성들을 핍박하였습니다. 그는 그리스도인들을 죽임으로써 하나님을 섬기고 있다고 생각하였습니다. 그러나 그리스도를 뵙고 알게 되었습니다. 그러자 모든 것이 새로워졌습니다. 그리고 그는 자기의 옛 삶을 뒤돌아보면서 말했습니다.

"나도 나사렛 예수의 이름을 대적하여 많은 일을 행하여야 될 줄 스스로 생각하고"(행 26:9).

정말 그러했습니다. 그는 '스스로' 생각하였습니다. 그리스도와 함께 생각하지 못하였습니다. 그것은 선입견이었습니다.

"스스로 생각하고."

여러분과 제가 스스로 생각하는 동안에는 인생을 진정으로 알 수 없습니다.

이것이 오늘날 인생의 모든 고통거리가 아닙니까? 저는 인생을 어떻게 설계하고 영위해야 하는지를 알려 주려는 목적으로 영국에서 제작된 책을 읽은 적이 있습니다.

그 책은 아주 유용한 책입니다. 제가 느끼기로는 논증도 아주 확신에 차 있었습니다. 이 나라의 사회적, 경제적인 처신을 위한 구도가 아주 완벽해 보였습니다. 그러나 거기에 한 가지 결함이 있었습니다. 그 책을 쓴 사람은 죄의 교리에 대하여 아무것도 알지 못했습니다.

이 나라에 있는 모든 사람이 완벽하다면, 그 책이 말하는 구도는 완벽했을 것입니다. 그러나 저자는 사람들이 이상에 따라 살지 않고 소욕대로 살아간다는 것을 잊고 있었습니다. 우리가 하고 싶은 대로, 우리가 원하는 바대로 살고 있다는 것을 망각하고 있었습니다.

우리는 정욕과 탐욕을 가지고 있습니다. 우리는 시기와 탐욕의 존재요, 갈등과 감각의 존재입니다. 이러한 것들이 우리의 체질 속에 있습니다. 그런데 그 책에서는 사람의 본질이 어떠한지가 간과되어 있습니다. 그것은 궁극적인 기만입니다. 그러하기에 사람이 제시한 모든 이상주의적인 체계가 실패한 것입니다.

여러분도, 이 세상에 전쟁이 사라지고 평화로운 영구한 국가를 만들 계획을 세울 수 있습니다. 그러한 계획들이 이론적으로는 완전할 수도 있습니다. 그러나 그들은 인간의 탐욕을 미처 생각하지 못하였습니다. 인간의 본질, 사람의 생각 속에 존재하는 이러한 문제점들을 생각하지 않은 것입니다.

여러분이 완전한 계획을 세울 수도 있습니다. 그러나 그렇게 계획된 집회나 그러한 그룹의 어떤 구성원들이 갑자기 다른 것을 소원하여 결국 여러분이 계획한 완전한 구도가 아무 소용이 없어집니다.

우리는 모든 사실들을 바라보아야 합니다.

"그때에야 그들의 종말을 내가 깨달았나이다."

시편 기자가 생각하지 못한 사실들이 있습니다. 그가 고려하지 않은 요인들이 있습니다. 모든 사실들을 고려하십시오. 여러분 자신의 본성의 부패를 인식하십시오. 여러분은 단순히 육체적이기만 한 존재가 아닙니다. 인생에는 다른 요인들이 있습니다. 여러분이 그러한 것들을 생각하지 않는다면 인생을 참되게 알 수 없습니다.

여러분의 눈을 들어 '신비로 가득 찬 우주'를 바라보십시오. 그리고 그것을 설명하려고 해 보십시오. 여러분이 어떻게 그 우주와 조화를 이루는지 보십시오. 우주의 신비와 기이함을 보십시오. 그 모든 것을 단순히 물질적인 차원만으로 낮출 수 있습니까? 물론 그럴 수 없습니다. 과학자 자신도 그럴 수 없습니다.

아니면 역사에 관한 책 하나를 생각해 봅시다. 역사가 어떻게 작용하여 나가는지 그 과정을 주목하십시오. 진화의 차원에서 모든 역사를 진정으로 설명할 수 있습니까? 사실들을 바라보십시오.

오, 사람들이 자연적으로 갈수록 더 나아지고 있다고 말하는 어리석은 사람들이여! 여러분이 신문에서 끊임없이 읽는 것들에 비추어서, 사람은 완전을 향하여 나아지고 있으며 그 전보다 더 진보하고 있다고 말할 수 있습니까?

역사를 살펴보십시오. 전체적인 역사를 보십시오. 그러면 죄 안에 있는 사람은 언제나 여전히 같은 행동을 한다는 것을 알게 될 것입니다.

이제 그리스도를 보십시오. 그의 생애, 그가 행한 일에 대한 기록을 살펴보십시오. 십자가 앞에 서서 그것을 설명하려고 해 보십시오. 그리고 교회와 순교자들과 성도들의 역사를 살펴보십시오.

그 모든 것을 고려하십시오. 모든 것을 다 고려하지 않은 상태에 만족해서는 안 됩니다. 그런 다음에 궁극적인 높이에까지 올라가십시오. 만일 우리가 모든 국면들을 생각하지 않고 모든 사실들을 바라보지 않는다면, 우리는 불가피하게 갈피를 잃어버릴 수밖에 없습니다.

그러므로 만일 여러분이 인생과 하나님에 대하여 적대감을 가지게 될 때, 여러분 자신에 대하여 서글픈 생각이 들 때, 서둘러 성소로 나아가십시오. 모든 사실들을 고려하십시오. 여러분이 망각하고 있던 것을 기억하십시오.

미래를 바라보는 눈

한 가지 원리를 더 말씀드립니다. 이 시편 기자는 자기의 사고가 모든 사실들을 고려하지 않았음을 알았을 뿐만 아니라, 자기가 모든 일들을 끝까지 다 연장시켜 생각하지 못하였다는 것을 알았습니다. 오늘날 삶에 존재하는 많은 고통들은 사람들이 사물들을 끝까지 생각해 보지 않는다는 사실에서 기인합니다.

시편 기자는 경건하지 않은 악인들의 번영만을 바라보았습니다. 그러나 그가 하나님의 성소에 들어갈 때에 즉시 "그들의 종말을 내가 깨달았나이다"라고 말할 수 있었습니다.

이것이 성경의 위대한 주제 중 하나입니다. 야고보는 욥의 경우에 관하여 위대한 말을 하였습니다.

"보라 인내하는 자를 우리가 복되다 하나니 너희가 욥의 인내를 들었고 주께서 주신 결말을 보았거니와"(약 5:11).

욥은 역경을 겪었습니다. 그때 그는 무엇이 문제인지를 이해하지 못했습니다. 그는 주님이 주시는 '결말'까지는 생각하지 못했습니다. 그러나 욥기의 마지막 장에 기록된 이야기의 결말은, 모든 것을 다 빼앗겼던 욥이 결국 그 전보다 훨씬 더 많은 것을 가지게 되었다는 것입니다. 그것이 바로 주 하나님이 주신 결말입니다. 결말에까지 나아가십시오. 그 전에 멈추지 마십시오.

시편 37편의 '결말'도 그러합니다. 시편 기자는, 악인이 큰 세력을 가지고 잎 푸른 월계수같이 뻗어 나가는 것을 보았습니다. 그러나 끝이 이르렀을 때에 그는 지면에서 사라지고, 아무도 그를 만날 수 없게 되었습니다. 그래서 그는 "온전한 사람을 살피고 정직한 자를 볼지어다. 모든 화평한 자의 미래는 평안이로다"(37절)라고 고백합니다.

'미래'의 중요성은 성경에서 부단하게 강조됩니다. 우리 주님은 그 점을 산상설교에서도 가르쳐 주셨습니다.

"좁은 문으로 들어가라. 멸망으로 인도하는 문은 크고 그 길이 넓어 그리로 들어가는 자가 많고, 생명으로 인도하는 문은 좁고 길이 협착하여 찾는 자가 적음이라"(마 7:13,14).

여러분은 주께서 말씀하시는 것이 무슨 의미인지 아십니까? 넓은 길을 보십시오. 얼마나 멋지게 보입니까? 그 길로 떼를 지어가는 이들이 함께 있습니다. 다른 모든 이가 하는 일을 할 수도 있습니다. 그리고 서로 웃으며 농담을 주고받으면서 재미있게 갈 수도 있습니다. 그 길과 문은 넓고 평평합니다. 모든 것이 아주 멋지게 보입니다.

반면 다른 길, 좁은 길은 아주 비참하게 보입니다.

"생명으로 인도하는 문은 좁고 길이 협착하여."

또한 개인적인 결심을 해야 하며, 자신과 싸워야 하며, 십자가를 져야 합니다.

그래서 많은 사람들은 그 시작만을 보고 넓은 길로 갑니다. 그들에게 무엇이 문제입니까? 그들은 끝을 보지 않습니다.

"멸망으로 인도하는 문은 크고 그 길이 넓어 그리로 들어가는 자가 많고, 생명으로 인도하는 문은 좁고 길이 협착하여."

그러나 결국 그 좁고 협착한 길이 '생명으로 인도' 합니다.

한 사람의 미래는 멸망이요, 다른 한 사람의 미래는 생명입니다. 오늘날 인생의 고통은 사람들이 시작만 보는 데서 비롯됩니다.

그런 사람들의 인생관은, 마치 영화 속에 등장하는 영화배우를 보는 것과 같습니다. 그것은 언제나 매력이 있습니다. 그런 인생을 영위하는 자들은 다 겉으로는 놀라운 시간을 보내고 있는 것처럼 보입니다. 안타깝게도 많은 젊은이들이 바로 그런 것을 인생이라고 여기도록 유도당하고 있습니다. 그리하여 그러한 인생이야말로 최고의 행복에 이르는 것이 틀림없다고 생각하게 됩니다. 그러나 그런 이들의 미래를 보십시오.

가정법원에 들락거리는 자들을 살펴보십시오. 그들은 결혼을 매춘행위로 전락시킵니다. 그들의 이기심은 자녀를 가질 가치가 없는 것으로 여기게 만듭니다. 자녀들을 어떻게 양육하여야 하는지도 모릅니다. 그러나 사람들은 언뜻 보기에 좋은 그런 유의 인생관에 매력을 느낍니다.

그들은 피상적인 것만을 봅니다. 시작만을 봅니다. 그러한 유의 인생의 결말이 어떠한지를 모릅니다. 그들은 궁극적으로 어떤 결과가 올 것인지를 생각하지 않습니다. 오늘날에도 여전히 그러합니다. 그러나 성경은 언제나 이러한 것들의 미래가 '멸망'이라고 말합니다.

세상에서 비그리스도인의 인생관처럼 소망 없는 허상도 없습니다. 『종(種)의 기원』의 저자 찰스 다윈이 자기 인생을 마감할 즈음에는, 인생의 한 국면만 바라본 결과 시와 음악을 즐기는 힘을 잃고, 자연 자체를 감상할 힘마저 상실하였다는 것을 알고 있습니까?

그가 비록 젊었을 때에는 시를 즐기곤 했었지만 안타깝게도 노년에는 시에서 아무런 즐거움도 느끼지 못하였습니다. 음악도 그에게는 아무 의미가 없었습니다. 그는 인생의 한 부분의 자세한 것들에만 너무 관심을 집중시킨 나머지, 일부러 인생 전체의 영광스러운 파노라마를 거부하고 특정 부분만을 바라보았습니다.

웰스H.G. Wells도 그와 비슷합니다. 이지와 인간의 이해력을 높이 평가하여 많은 주장을 펼쳤던 그는 기독교의 죄와 구원 교리를 비웃었습니다. 그런데 그 인생의 마지막에는 자기가 전적으로 실패하여 어쩔 줄 모르게 되었다고 고백하였습니다. 그의 마지막 책의 제목 『한계에 이른 이지理智』Mind at the End of its Tether 자체가 경건하지 않은 이들의 종말의 비극에 대한 성경의 가르침을 웅변적으로 증거합니다.

또한 옥스퍼드 내의 어느 대학 학장이던 마렛Marrett 같은 합리론자의 자서전에서 한 어구를 찾아볼 수도 있습니다.

"그러나 내게 있어서 전쟁은 내 인생의 긴 여름을 갑작스럽게 끝내 버렸다. 그래서 서늘한 가을, 아니 더 추운 겨울을 내다보는 일 외에는 아무것도 할 수 없다. 그러나 나는 낙심하지 않으려고 무진 애를 쓸 것이다."

악인에게 죽음은 무서운 것입니다. 그들의 전기들을 읽어 보십시오. 그들의 눈부신 날들이 끝날 그때에 그들은 무엇을 가지고 있습니까? 그들은 아무것도 기대할 수 없습니다. 시몬 경과 같이 과거의 성공과 승리들을 되새겨 보면서 스스로 위안하려고 애를 쓰는 것 외에 아무것도 할 수 없습니다. 경건하지 않은 이들의 결국이 바로 그러한 것입니다.

언뜻 보기에 좁고 비참한 것같이 보이는 경건한 인생과 그것을 대조하여 보십시오. 심지어 삯을 받고 일하는 발람 선지자가 아무리 악하다 하더라도 그마저 그것에 관하여 무언가 이해하였습니다.

"나는 의인의 죽음을 죽기 원하며 나의 종말이 그와 같기를 바라노라"(민 23:10).

즉, "나는 이 경건한 의인들이 죽는 법을 안다. 나도 그 사람들같이 죽기를 바란다"라고 말하는 것입니다.

잠언서에서는 "악인의 길은 어둠 같아서"(잠 4:19), "의인의 길은 돋는 햇살 같아서 크게 빛나 한낮의 광명에 이르거니와"(잠 4:18)라고 말합니다. 이 얼마나 놀라운 영광입니까!

시편 37편으로 다시 돌아가 봅시다.

"온전한 사람을 살피고 정직한 자를 볼지어다. 모든 화평한 자의 미래는 평안이로다"(37절).

그리고 사도 바울의 말을 들어 보십시오. 그는 환난과 핍박과 시련과 낙담에도 불구하고 이 땅에서의 삶이 끝날 때가 이르자 이렇게 말합니다.

"전제와 같이 내가 벌써 부어지고 나의 떠날 시각이 가까웠도다. 나의 선한 싸움을 싸우고 나의 달려갈 길을 마치고 믿음을 지켰으니 이제 후로는 나를 위하여 의의 면류관이 예비되었으므로 주 곧 의로우신 재판장이 그날에 내게 주실 것이며 내게만 아니라 주의 나타나심을 사모하는 모든 자에게도니라"(딤후 4:6-8).

그것이 바로 죽는 방식입니다. 그것이 바로 인생의 끝에 이르는 길입니다. 요한 웨슬리는 초기 메소디스트들에 대하여, "우리 메소디스트들은 잘 죽는다"라고 자랑하였습니다.

성경은 어디서나 우리를 격려하여 우리의 '후일의 끝'을 생각하라고 말합니다. 단순히 현재의 조망을 숙고하기 위하여 교회로 가지 마십시오. 훗날의 끝을 생각하기 위하여 교회에 나아가십시오.

우리 모두 그 마지막에 이르러 사도 바울같이, "이제 후로는 나를 위하여 의의 면류관이 예비되었으므로 주 곧 의로우신 재판장이 그날에 내게 주실 것이며 내게만 아니라 주의 나타나심을 사모하는 모든 자에게도니라"라고 말할 수 있다면 얼마나 영광스러울까요! 여러분이 그 면류관을 받을 것이라고 확신하면서 그렇게 말할 수 있다면 얼마나 좋을까요!

먼저 두 가능성을 모두 다 살펴보고 나서 하나님께 즉시 나아가, 여러분의 눈멂과 선입견과, 자신의 지혜와 총명을 의뢰한 어리석음을 자백하십시오. 그리고 하나님께서 받아 주시기를 바라십시오.

여러분의 죄를 위해 죽으심으로 여러분을 구하러 오신 독생자 예수 그리스도에 관한 메시지를 받아들인다고 아뢰십시오. 그분에게 복종하고 그와 그 능력을 의지하십시오. 그리스도 안에서 여러분 자신을 하나님께 남김없이 드리십시오.

그러면 여러분이 전에는 알지 못했던 전체적이고도 복된 인생을 보게 될 것입니다. 그리고 그 미래가 영광스러울 것입니다. 세상이 아무리 어두워지고 결국 여러분이 사망의 그늘에 앉게 된다 하더라도 그 등불은 더욱더 밝아 광명한 낮의 빛과 같이 될 것입니다.

"하나님의 성소에 들어갈 때에야 그들의 종말을 내가 깨달았나이다"(시 73:17).

Chapter 5

하나님에 대한 깨달음

"주께서 참으로 그들을 미끄러운 곳에 두시며 파멸에 던지시니

그들이 어찌하여 그리 갑자기 황폐되었는가 놀랄 정도로

그들은 전멸하였나이다.

주여 사람이 깬 후에는 꿈을 무시함같이

주께서 깨신 후에는 그들의 형상을 멸시하시리이다"

시 73:18-20

이제 시편 기자는 전체를 생각하는 시점에 이르게 되었습니다. 그렇다면 이번에는 그가 어떤 특별한 국면들에 대하여 자기의 생각을 바로잡는 방식을 숙고하고자 합니다.

우리가 앞에서 살펴보았듯이, 그는 성소에 들어가서 악인들에 대한 자기의 생각이 아주 잘못되어 있었다는 것을 발견하였습니다.

하나님의 허용과 승리의 역사

그렇다면 성전의 기원은 무엇입니까? 이 질문은 그로 하여금 하나님의 백성들의 전체 역사를 숙고하고, 하나님의 백성들이 싸워 이겨야 했던 모든 대적들을 생각하게 만들었습니다. 그리고 그 일들을 통해 언제나 하나님께서 자신의 백성들은 건지고 그들의 원수들은 패하게 하셨음을 발견하게 되었습니다.

기독교회 역사도 우리에게 같은 일을 보여 줍니다. 마코레이 Macaulay는 언젠가 이런 이야기를 한 적이 있습니다.

"과거에 대하여 바른 정보를 가지고 있지 못한 사람은 누구든지 현재를 낙담스럽고도 침울한 관점으로 바라보려 하지 않을 것이다."

만일 그 말이 보편적인 진리라면 기독교 신앙의 영역에 있어서도 진리일 것입니다. 우리가 그렇게 자주 넘어지고 절망에 빠지는 것은, 기독교회 역사, 특히 성경에 기록된 역사를 모르기 때문입니다.

성경은 어떻게 가르칩니까? 먼저 우리는 성경이 우리에게 사실적인 역사를 제공한다는 것을 발견합니다. 우리가 노아의 홍수 사건과, 소돔과 고모라의 심판, 블레셋 사람들과 앗수르 사람들, 바벨론 사람들과 벨사살 등의 이야기를 아무리 자주 상기한다고 할지라도 지나치지 않습니다.

그러나 그 모든 것보다 더욱 영광스러운 사실은, 하나님께서 궁극적으로 마귀와 그 모든 세력들을 이기셨음을 보여 주는 위대한 부활의 사건입니다. 사도행전에서는 계속되는 승리를 어디서나 발견할 수 있습니다. 그리고 요한계시록에서는 미래에 대한 장엄한 예언을 발견합니다.

사도 시대 이후의 기독교회의 실제적인 역사는 바로 그런 줄거리의 연속입니다. 우리는 기독교회를 잔멸하려고 했던 유대인과 로마인 같은 모든 세력들에게 결국 어떤 일이 일어났는지를 압니다. 우리는 또한 순교자들과 신앙고백자들과 왈덴파 교회 사람들과 초기 프로테스탄트들과 청교도들과 언약도들의 역사적인 이야기들을 많이 알고 있습니다. 실로 우리가 살고 있는 이 세기는 더 많은 증거들을 우리에게 제공하였습니다.

그러나 성경은 단순히 역사가 기록된 책은 아닙니다. 성경은 우리가 역사의 의미를 이해하는 데 도움을 줍니다. 성경은 어떤 원리들을 매우 분명하게 가르칩니다.

첫째로, 모든 것들, 심지어 악한 세력들마저 하나님의 손아래 있다는 원리입니다. 시편 기자가 18절에 표현한 것과 같습니다.

"주께서 참으로 그들을 미끄러운 곳에 두시며 파멸에 던지시니."

그들은 독립적이고도 자유로운 사람들이 아닙니다. 하나님의 허락 없이 일어나는 일은 하나도 없습니다. "여호와께서 다스리신다", "나로 인하여 왕들이 통치한다"는 말들을 기억하십시오.

섭리에 대한 성경적인 교리를 포착하는 것은 대단히 중요합니다. 성경적인 섭리의 교리는 이렇게 정의될 수 있습니다.

"창조주가 자기의 모든 피조물을 붙잡고 계시는 신적 능력의 계속적인 역사는, 세상에서 있다가 사라지는 모든 일들 속에서 작용한다. 또한 그것은 모든 것들로 하여금 그것들 나름대로에게 정해 주신 목적을 따라 행하게 한다."

하나님은 우리를 다루십니다. 시편 76편 10절에서 읽는 바와 같습니다.

"진실로 사람의 노여움은 주를 찬송하게 될 것이요 그 남은 노여움은 주께서 금하시리이다."

이와 관련하여 우리는 하나님의 허용적인 뜻을 기억해야 합니다. 그것은 우리의 이해를 초월하는 것입니다. 그러나 하나님께서 자신의 정하신 뜻을 위하여 어떤 일들이 일어나게 허락하신다는 것은 분명한 진리입니다.

우리가 여기서 알게 되는 또 한 가지 사실은, 악인의 전체 입장이 위험천만하고 불확실하다는 것입니다. 그들은 '미끄러운 곳'에 있습니다. 그들이 가진 모든 것은 일시적인 것에 지나지 않습니다.

시편 기자는 갑자기 "(모세가) 하나님의 백성과 함께 고난받기를 잠시 죄악의 낙을 누리는 것보다 더 좋아하고"(히 11:25)라는 말씀을 깨달았습니다.

나이 들어 쇠약해지고, 죽어 심판을 받는 것은 명백합니다.

죄가 가진 가장 무서운 힘은, 죄가 사람들을 눈멀게 하여 이것을 인식하지 못하게 한다는 것입니다. 그들의 허풍스런 자랑과 영광이 한낱 잠시 누리는 것에 불과하다는 사실을 알지 못하는 것입니다.

"여호와께서 다스리시니 만민이 떨 것이요"(시 99:1).

시편 기자는 하나님의 성소에서 이것을 너무나 명백하게 알게 되었습니다. 그래서 그는 악인들을 시기하는 것을 멈추었습니다. 뿐만 아니라 그들에 관한 진상을 인식하고는 그들을 불쌍히 여기기 시작하였습니다. 악인들에 대한 그의 생각이 바르게 된 것입니다.

바로 이것이 우리의 기독교 신앙고백을 시험하는 가장 좋은 시금석입니다. 우리는 눈멀어 있는 사람들을 불쌍히 여깁니까? 그들을 목자 없이 방황하는 양같이 여기는 긍휼이 우리에게 있습니까?

하나님의 성품에 대한 깨달음

이제 다음 단계를 생각해 봅시다. 하나님에 관한 이 사람의 생각이 어떤 방식으로 바로잡혔는지를 살펴보겠습니다.

그는 자신이 가지고 있던 하나님에 관한 생각이 얼마나 잘못되어 있었는지를 알았습니다. 그는 경건하지 않은 이들에 관한 그릇된 생각에서 출발하여 결국 하나님을 의심하고 무언가 석연치 않아 하는 입장에까지 나아갔습니다. 그는 말합니다.

"내가 내 마음을 깨끗하게 하며 내 손을 씻어 무죄하다 한 것이 실로 헛되도다"(시 73:13).

즉, 이 말은 이런 뜻입니다.

"나는 하나님께 순종하려고 노력해 왔다. 그러나 그렇게 해도 사실 보람이 없는 것 같다. 하나님은 정말 스스로 말씀하신 대로 그런 분인가?"

이제 그것은 생각하기조차 두려운 일이 되었습니다. 그러나 그것이 바로 우리가 특별하게 관심을 집중시켜야 하는 점입니다. 이 사람은 하나님에 관한 자기의 생각이 어떻게 해서 바로잡혔는지를 우리에게 보여 줍니다.

"주께서 참으로 그들을 미끄러운 곳에 두시며"(시 73:18).

그가 '주께서'라고 말하는 순간, 누구나 그의 전체 입장이 변하기 시작하였음을 느끼게 될 것입니다.

그가 하나님에 관하여 바르게 생각하기 시작하였을 때에 무엇이 바르게 되었습니까?

가장 먼저, 저는 하나님의 성품에 대한 그의 자세가 변화되었다고 생각합니다. 왜냐하면 결국 이 사람이 의심하기 시작하였던 것이 바로 하나님의 성품이었기 때문입니다.

시편 기자들은 매우 정직하게 고백하기를, 자기들이 그렇게 시험받았다고 합니다. 예를 들어서 시편 77편에는 이것이 아주 분명하게 표현되어 있습니다.

"주께서 영원히 버리실까, 다시는 은혜를 베풀지 아니하실까, 그의 인자하심은 영원히 끝났는가, 그의 약속하심도 영구히 폐하였는가, 하나님이 그가 베푸실 은혜를 잊으셨는가, 노하심으로 그가 베푸실 긍휼을 그치셨는가 하였나이다(셀라)"(시 77:7-9).

그것이 바로 시편 기자들이 던졌던 질문의 유형이었습니다. 제가 처음에 지적한 것처럼, 가장 위대한 성도들도 때때로 일들이 자기들을 거슬러 잘되지 않을 때에 이렇게 질문하고 싶은 유혹을 받곤 하였습니다.

'하나님께서 진정 돌보시는가? 하나님께서 돌보신다면 어째서 이러한 일들을 멈추지 못하시는가? 하나님은 그러한 일을 하실 수 없는 것인가?'

이러한 하나님의 성품에 관한 의심들은 하나님의 능력에 대한 의심으로 발전합니다.

사람들은 얼마나 쉽게 이러한 질문을 던지는지요! 지난 2차

대전 중에 사람들은 이러한 질문들을 얼마나 자주 던졌는지요! '어째서 하나님께서는 히틀러 같은 사람을 살려 두시는가? 하나님이 만일 정말 전능하신 하나님이라면, 어째서 그를 꼬꾸라지게 하지 않으시는가?'

질문 자체가 그 의도를 드러냅니다.

'하나님에 관한 우리의 생각들이 잘못된 것은 아닌가? 하나님의 자비하심과 긍휼하심과 선하심에 대한 우리의 생각들이 잘못된 것인가? 하나님께서는 어찌하여 하나님과 자기 백성들을 대적하는 자들을 멸하지 않으시는가?'

그러한 질문들이 일어나 마음을 격동시킵니다. 여기 시편 기자도 바로 그러한 질문들의 공격을 받았습니다. 그러나 그는 그 질문에 대한 해답을 얻었습니다. 하나님의 위대하심과 능력을 기억하자 그의 생각들이 바로잡혔습니다.

그 외에도 시편 50편 등의 많은 시편들이 그 점을 표현합니다. 이것이 성경의 위대한 주제들 중 하나입니다. 하나님의 능력에는 제한이 없습니다. 하나님께서는 모든 권능과 속성을 가지고 영원히 존재하시는 분입니다.

"하나님이 말씀하시면 그대로 되었습니다." 그분은 아무것도 없는 데서 모든 것을 창조하셨습니다. 그분은 공간 속에 우주를 매달아 놓으셨습니다. 그것이 근본적인 명제입니다. 성경은 모든 곳에서 그 점을 역설합니다.

세상에서 일어나는 모든 것을 어떻게 설명한다 하더라도, 하나님을 그것을 멈추지 못하시는 분으로 여겨서는 안 됩니다. 하나님의 권능은 제한이 없기 때문입니다. 그러므로 하나님이 이러한 일들을 바로잡으실 수 없다는 식으로 말하지 마십시오.

하나님은 절대적입니다. 하나님은 영원하며 영존하시는 분입니다. 그분에게 지상의 모든 것은 아무것도 아닙니다. 그분은 모든 것을 다 소유하고 계십니다. 그리고 모든 것을 다스리고 통제하십니다. 모든 것들이 다 그 발아래 있습니다.

"주가 왕 노릇 하시도다."

시편 기자는 가장 먼저 이 점에 대하여 바르게 생각하기 시작하였습니다. 그것이 아주 분명하게 나타났습니다.

둘째, 그는 하나님의 정의와 의에 대한 의문을 풀었습니다. 그런 순서로 문제들이 제기됩니다.

'만일 하나님께서 능력을 가지고 계시다면, 어째서 하나님은 그 능력을 행사하시지 않는가? 만일 하나님께 모든 원수들을 멸하실 수 있는 능력이 있다면, 어째서 그들이 악한 일을 해도 가만히 두시는가? 경건하지 않은 악인들을 왜 잘되게 내버려 두시는가? 하나님의 정의와 의는 어떠한가?

옛 아브라함의 말 속에 그 해답이 들어 있습니다.

"세상을 심판하시는 이가 정의를 행하실 것이 아니니이까"(창 18:25).

이것 역시 하나님의 크심과 능력과 위엄만큼 전제적인 명제입니다. 하나님께서는 영원토록 공의롭고 정당하십니다. 하나님은 결코 변하실 수 없습니다. 경외하는 심정으로 말씀드립니다. 하나님께서는 결코 불의하실 수 없습니다. 그것이 하나님의 거룩한 진리의 일부입니다. 하나님께서 불의하시다는 것은 절대 불가능한 일입니다.

야고보는 그것을 다음과 같이 표현합니다.

"사람이 시험을 받을 때에 내가 하나님께 시험을 받는다 하지 말지니 하나님은 악에게 시험을 받지도 아니하시고 친히 아무도 시험하지 아니하시느니라……그는 변함도 없으시고 회전하는 그림자도 없으시니라"(약 1:13,17).

하나님이 변화하시거나 개혁되어야 한다면, 그분은 더 이상 하나님이 아니실 것입니다. 하나님은 우리에게 자신을 계시하실 때와 마찬가지로 언제나 동일하고 여상하십니다. 결코 달라지지 않습니다. 결코 수정하는 일이 없습니다.

그러므로 "세상을 심판하시는 이가 정의를 행하실 것이 아니니이까"(창 18:25)라고 하는 아브라함의 말은 아주 옳습니다. 하나님은 정의가 아닌 일을 하실 수 없습니다.

우리는 이 점을 반드시 인식해야 합니다. 그리하여야 우리가 자신의 곤경으로 인하여 또는 마귀의 시험으로 인하여 하나님의 의로우심을 의심하게 되는 것이 사실상 하나님이 변하거나 바뀔 수 있음을 함축하고 있다는 것을 이해할 수 있습니다.

기억하십시오. 하나님은 하나님이시기에 변하실 수 없습니다. 하나님의 존재의 본질 때문에 변하실 수 없습니다. 그러므로 하나님의 정의와 의에도 아무런 변화가 있을 수 없습니다. 하나님은 불의하거나 불공정하실 수 없습니다.

그러나 우리는 그 이상 더 나아가야 합니다. 시편 기자는 한 걸음 더 나아가 하나님의 언약, 하나님의 약속이 언제나 신실하고 확실함을 발견하는 지점에 이르렀습니다. 하나님께서는 의롭고 공의로우실 뿐만 아니라, 사람에게 어떤 약속들을 주셨습니다.

그러므로 성경의 위대한 다음 교리는, 하나님의 약속이 언제나 확실하고 분명하다는 것입니다. 하나님께서는 약속하신 것을 친히 분명하고도 확실하게 이행하실 것입니다.

바울이 디도에게 한 말을 여러분도 기억하실 것입니다. 그는 하나님을 가리켜 '거짓이 없으신 하나님'(딛 1:2)이라고 하였습니다. 하나님께서는 거짓말을 하실 수 없습니다. 하나님께서 하나님이시기 때문입니다.

하나님께서는 자신의 약속을 확실하게 지키십니다. 하나님의 모든 약속들은 절대적인 약속들입니다. 그분이 뭐라고 말씀하셨든지 틀림없이 그것을 행하실 것입니다.

"하나님의 자비하심 언제나 변함없고
언제나 신실하고 확실해."

바로 이 점이 시편 기자에게 있어서 대단히 중요한 요점이었습니다. 그도 하나님의 백성의 한 사람으로서 하나님의 언약에 대하여 알고 있었습니다. 그는 하나님께서 백성들에게 하신 언약을 알았습니다. 또한 하나님께서 그 백성들에게 어떻게 맹세하셨는지도 알았습니다.

"너희는 나의 특별한 '소유된' 백성들이다. 나는 너희에게 특별한 관심을 기울이고 있다. 나는 너희를 사랑하며, 너희의 잘됨과 복에 관심을 기울이고 있다. 내가 너희를 항상 지켜보고 복 주어서 결국 너희를 내게로 영접하여 들이겠노라."

우리가 보았듯이, 시편 기자는 "그러하다면 어째서 난 이 모양인가?"라고 질문하고 싶어했습니다. 그러나 하나님의 성소에 들어갔을 때 그는 자신의 태도가 잘못되었음을 발견합니다. 하나님께서는 직접적인 방법을 통해서뿐만 아니라 간접적으로도 일하신다는 것을 알았습니다. 바로 하나님의 성소 가운데서 말입니다.

만일 여러분이 다음에 나오는 구절들을 읽어 본다면, 그가 그 점을 얼마나 섬세하게 상술하고 있는지를 발견하게 될 것입니다.

"내가 항상 주와 함께하니 주께서 내 오른손을 붙드셨나이다. 주의 교훈으로 나를 인도하시고 후에는 영광으로 나를 영접하시리니"(시 73:23,24).

그는 그 모든 것을 알게 되었습니다. 너무나 확실히 안 나머지, 이 시편을 쓰기 시작하면서 "하나님이 참으로 이스라엘 중 마음이 정결한 자에게 선을 행하시나"(시 73:1)라고 고백하였던 것입니다. 외면적으로 볼 때에는 전혀 그렇지 않은 것 같을지라도, 하나님은 언제나 이스라엘을 향하여 선하며 결코 약속을 어기지 않으심을 분명하게 알게 된 것입니다.

우리는 이 요점들을 하나님과의 관계에서 항상 근본적인 명제들로 삼아야 합니다. 그 어느 것에라도 의심하거나 의문을 제기하고 싶은 유혹을 받아서는 안 됩니다.

이와 같이 시편 기자는 다시금 하나님에 관한 자기의 생각을 올바르게 세웠습니다. 무엇보다 먼저 하나님의 성품에 대하여 바른 생각을 가지게 되었습니다.

왜 이런 일을 허용하시는가

그런데 우리는 중요한 문제를 만납니다. 하나님께서 모든 권능을 가지고 계시며 그 능력을 제한할 것이 하나도 없음을 나는 알고 있습니다. 하나님께서는 항상 의롭고 공의로우십니다. 언제나 자신의 언약과 약속들에 대하여 신실하십니다. 그렇다면 왜 악인들은 이렇게 잘되고 번성하는데도 경건한 자들은 그렇게 자주 고통에 빠지게 되는 것입니까?

바로 여기에 언제나 인류를 괴롭혔던 문제의 핵심이 있습니다. 이 시간 세계 여러 다른 지역에 있는 수백만의 사람들이 아마 그 질문을 던지고 있을 것입니다. '왜 하나님께서는 이러한 일이 일어나도록 허락하시는가?'

시편 기자는 하나님의 집에서 그 해답을 발견하였습니다. 그는 이것을 매우 흥미로운 방식으로 표현합니다. 그리고 그와 똑같은 해답을 다른 많은 시편들 속에서도 발견할 수 있습니다.

여기서는 매우 담대한 신인동형론적神人同形論的인 표현들로 묘사되어 있습니다. 시편 기자는 하나님께서 지금 주무시는 것처럼 보인다고 말합니다.

"주께서 깨신 후에는 그들의 형상을 멸시하시리이다"(시 73:20).

이 말은 신인동형론적인 진술입니다. 즉, 그는 하나님의 성소에서 발견한 것을 전달하기 위하여 인간적인 차원에서 그 점을 표현합니다. 우리의 생각이나 언어의 한계 때문에 시편 기자는 우리 인간적인 차원에서 그림을 그리는 듯한 표현법을 사용하는 것입니다.

하나님은 주무시지 않습니다. 그러나 시편 기자는 하나님을 주무시는 분으로 표현합니다. 하나님께는 능력이 있습니다. 비록 그분이 잠시 잠들어 계시는 것으로 묘사되지만, 하나님은 절대 은혜로 오실 것을 잊고 잠들어 있는 것이 아닙니다. 이것이 그의 논증입니다.

시편 74편 22절에도 유사한 질문이 등장합니다. 시편 기자는 원수들이 들어와 교회를 거의 도살장으로 만들어 버린 방식과 교회의 파멸을 묘사하고 난 뒤에 기도로 끝을 맺습니다.

"하나님이여 일어나 주의 원통함을 푸시고 우매한 자가 종일 주를 비방하는 것을 기억하소서."

시편 44편 23절에서는 그 점이 더욱 분명하게 드러납니다.

"주여 깨소서. 어찌하여 주무시나이까? 일어나시고 우리를 영원히 버리지 마소서."

이 사람은 절망에 빠져 있습니다. 그는 원수가 가져온 파멸을 보고 있습니다. 경건하지 않은 악인들의 성공과 경건한 사람들의 고난을 보고 있습니다. 그러고는 하나님이 의롭고 능력이 한량없으신 분임을 알고 하나님을 향하여 말합니다.

"주여 깨소서. 어찌하여 주무시나이까? 어찌하여 하나님께서 자신을 나타내지 않으십니까?"

이 모든 질문들 역시 같은 의미를 내포하고 있습니다. 우리는 그 의미를 상세하게 살펴보아야 합니다. 어째서 하나님께서 그렇게 주무시는 것처럼 보입니까? 우리가 그 문제에 대한 영적인 해답을 얻기 전에 잠시 침울해할 수도 있습니다.

여기서 잠시 입심 좋게 하나님의 성품과 능력에 대해서 의심하는 사람들의 논증 속에서 발견되는 굉장한 무일관성을 살펴보겠습니다.

'하나님께서 정말 능력있고도 공의로우며 자비로우신 하나님이라면, 왜 히틀러 통치 초기에 그를 멸하지 아니하셨는가? 왜 그와 그 모든 형제를 다 쓸어 버림으로써 고통당하는 자를 구원하지 아니하셨는가? 하나님께서는 왜 일찍 그에게 개입하지 아니하셨는가? 하나님께서 어째서 자신을 나타내지 아니하셨는가?

이런 의문들을 논거로 하나님의 성품과 능력을 의심하는 것입니다. 그러면서도 이들은 인간의 자유 의지를 강하게 주장합니다.

만일 여러분이 그들에게 은혜의 교리에 관해서 설교하거나, '예정'이나 '선택'과 같은 하나님의 주권적인 작정에 관하여 언급한다면, 그들은 대번에 이렇게 말할 것입니다. "나는 자유 의지를 가지고 있습니다. 나에게는 내 자신의 삶을 영위할 때에 내가 하고 싶은 대로 할 권리가 있습니다." 그러면서도 다른 사람들에 대하여는 하나님이 권능과 능력을 행사해야 한다고 주장하는 것입니다.

우리는 그것을 모두 다 취할 수 없습니다. 만일 하나님께서 어떤 일들에 대해 능력을 행사하시기 원한다면, 우리가 선택한 일만이 아니라 모든 일에 하나님의 권능과 능력을 나타내셔야 합니다.

그러나 이들은 다른 사람들에 대하여 생각할 때에는 하나님께서 그 사람들을 통제하시기를 기대하지만, 자기 자신들에 대해서는 그렇지 않습니다. "하나님께서 나를 통제하시는 것은 매우 그릇되다. 나는 자유인이다. 내가 하고 싶은 대로 내버려 두어야 한다. 나는 자유로운 인격이다. 나는 내 자유를 가져야 한다"라고 말하는 것입니다. 자기는 자유를 가져야 하지만 다른 사람들은 자유를 가져서는 안 된다는 식입니다. 그러하기에 이들의 논증은 전혀 앞뒤가 맞지 않는 것입니다.

다시 본론으로 돌아가, 하나님께서 왜 주무시는 것 같은 모습을 보이시는지에 대하여 매우 심각하게 생각해 본 적이 있습니까? 하나님께서 왜 경건하지 않은 악인들이 잘되는 것을 허락하시는 것일까요? 이 두 질문에 대한 답들이 성경에 매우 분명하게 나타나 있습니다.

첫째로, 하나님께서 그러한 일들을 허락하시는 것은 죄가 그 진정한 모습을 드러내게 하려는 것입니다. 즉, 그 죄의 모든 추함을 나타내려는 것입니다. 그것이 여러 이유들 가운데 하나임이 틀림없습니다.

만일 여러분이 그에 대한 역사적인 진술을 원한다면, 로마서 1장 하반부를 읽어 보십시오. 거기서 바울은 인류 역사의 기울어짐과 몰락을 추적해 나가고 있습니다. 그는 자기 당대의 문명이나 사회에 대해서 쓰면서 죄의 더러운 성향과 악하고도 추함과 어리석음을 묘사합니다. 그리고 가공스러운 죄악의 목록들을 제시합니다. 성적인 왜곡과, 그 당시 인생의 두드러진 특징들을 묘사합니다.

그리고 그 모든 것에 대하여, 인류가 창조주와 피조물을 서로 바꾸고 하나님의 거룩한 율법을 배역하였기 때문에 '하나님께서 그들을 그 상실한 마음대로'(28절) 내버려 두셨다고 말합니다. 하나님께서는 죄가 더 발전하여 결국 그 진정한 모습이 어떠한지를 드러내도록 내버려 두셨습니다.

오늘날의 우리도 이 사실을 분명히 상기할 필요가 있습니다. 영국은 지금 도덕적인 모든 상태에 대해서 지대한 관심을 기울이고 있습니다. 물론 그것은 매우 옳은 일입니다. 그것이 왜 필요한 일입니까?

제 생각에는 이에 대한 대답 역시 똑같다고 봅니다. 우리 조상들과 선조들은 갈수록 하나님께 등을 돌렸습니다. 그들은 성경의 권위를 의심했습니다. 강단에서마저 그런 일이 일어났습니다. 사람이 대신 그 권위를 차지해 버렸습니다. 사람이 성경에 대해서, 하나님에 대해서, 도덕에 대해서 생각하고 판단하는 원칙이 되었습니다. 사람은 자신의 권위를 높이고, 하나님의 권위를 격하시켰습니다.

오늘날 우리는 그 열매들을 거두고 있는 것입니다. 말하자면, 하나님께서는 인류를 향해서 "그래, 좋다. 나는 너희의 관점과 철학들이 어떤 결과를 가져오는지를 보여 줄 것이다"라고 말씀하시는 것입니다.

오늘날 우리는 죄가 진정으로 무엇인지를 보기 시작하였습니다. 그 죄는 추악한 모습을 드러냅니다. 우리는 정말 그 죄의 두렵고도 어리석으며 악의에 찬 모습을 보고 있습니다.

하나님께서 때때로 제어하는 능력을 행사하지 않으시고 악인들이 날뛰도록 내버려 두시는 것은, 인류에게 죄의 지극히 죄 됨을 가르치기 위한 것이 틀림없습니다. 하나님께서는 그들이 제멋대로 하도록 내버려 두심으로써 일들의 전체적인 상태가 그 참 모습을 드러내도록 하시는 것입니다.

철학자들은 죄를 무시합니다. 심리학자들은 죄를 적당히 설명하려고 노력합니다. 그러나 우리는 죄를 보고 있습니다. 이 두렵고도 어리석은 부패와 탐욕을 봅니다. 그 죄는 많이 배우지 못한 사람들의 마음뿐만 아니라 많이 교육받은 자들의 마음에도 존재합니다. 사회의 모든 계층과 모든 부류의 사람들 속에 죄가 존재합니다.

물론 그 이유만 있는 것은 아닙니다. 의심할 여지 없이 하나님께서는 죄에 대한 심판으로 경건한 사람들의 고난을 허락하시기도 합니다. 로마서 1장에는 이 요점도 드러나 있습니다. 즉, 때로 하나님께서 제어하시는 능력을 사용하지 않으시고 사람들로 하여금 자기의 죄의 결과를 거두게 하십니다. 그렇게 함으로써 사람들을 심판하시는 것입니다.

우리는 모두 본질적으로 죄의 결과만 아니라면 죄의 즐거움을 누리고 싶어합니다. 죄를 짓고도 죄 때문에 고통당하지 않기를 바라는 것입니다. 그러나 그럴 수 없습니다.

"여호와께서 말씀하시되 악인에게는 평강이 없다 하셨느니라"(사 48:22).

하나님께서는 사람을 그렇게 지으셨습니다. 그러하기에 우리는 죄로 인하여 고통을 당할 것입니다.

때때로 하나님께서는 세상이 경건하지 않은 상태에 빠지는 것을 내버려 두심으로써 심판하십니다.

지난 두 번의 세계대전도 이렇게밖에 설명할 수 없다고 수없이 말씀드립니다. 하나님께서는 지난 200년 동안 인류가 하나님을 무시한 데 대하여 심판하고 있는 것입니다. 하나님께서는 결국 인류가 심은 것의 열매들을 거두도록 하십니다. 만일 우리가 '바람을 심는다면' '회리바람'을 거둘 것입니다. 우리는 우리의 삶을 통하여 그것을 경험하였습니다.

또 다른 이유는 무엇입니까? 하나님께서는, 악한 자 마귀와 악행을 행하는 자들이 제멋대로 날뛰고 방종하도록 내버려 두심으로써 그들의 엎드러짐을 더욱더 철저하고 확실하게 만든다고 선언하셨습니다. 성경 역사는 사실상 이 원리를 파헤쳐 주고 있습니다.

하나님께서 잠드신 것 같고, 원수가 일어납니다. 그 원수가 하나님의 이름을 모독합니다. 앗수르 사람들을 생각해 보십시오. 그들은 이스라엘의 하나님을 대적하여 일어났습니다. 그러나 하나님께서는 그 모든 일이 일어나도록 내버려 두셨습니다.

그들은 거의 하늘에까지 올라갈 기세로 자신들을 높이면서, "그 어느 것도 우리들을 멈추게 할 수 없다"라고 말했습니다. 그런데 하나님께서 갑자기 그들의 허상을 깨뜨려 버리고, 그 나라 전체를 붕괴시키셨습니다. 그들이 당한 최종적인 패배는 참으로 대단한 것이었습니다.

그 큰 거인 장수가 떠들며 자랑하다가 넘어뜨림을 당하였습니다. 만일 하나님께서 처음에 그를 넘어뜨리셨다면, 그리 놀라워 보이지 않았을 것입니다. 그래서 하나님께서는 악과 악한 세력들이 세상을 깜짝 놀라게 할 만한 일을 하도록 내버려 두셨습니다. 그리하여 심지어 경건한 의인들마저 '하나님께서 그것을 멈추게 할 수 있을까?'라고 묻기 시작할 지경에 이릅니다.

그런 다음 거의 끝이 이르렀을 때에 하나님께서 일어나고 그들은 쇠하여 넘어집니다. 원수의 무서운 패배는 그때 더 크고도 철저해집니다.

또한 하나님께서 원수의 잘됨을 허락하시는 것은, 그처럼 크고 대단하던 원수가 결국 패배하는 것을 통해서 하나님의 크심과 영광을 더욱 과시하기 위함입니다. 하나님께서 일어나 원수를 멸하시는 것을 보는 모든 자들이 이 전능하고도 영광스러운 하나님을 두려워하게 되는 것입니다.

사도행전 12장 끝부분에 그것이 아주 잘 나타나 있습니다. '헤롯이 날을 택하여 왕복을 입고 단상에 앉아 백성에게 연설하니'(21절), 사람들은 "이것은 신의 소리요 사람의 소리가 아니라"(22절)라고 외쳤습니다. 그런데 바로 그때 하나님께서 천사들을 보내어 그를 치게 하셨습니다. 그가 '영광을 하나님께로 돌리지 아니하였기' 때문입니다(23절 참고).

"주의 사자가 곧 치니 벌레에게 먹혀 죽으니라. 하나님의 말씀은 흥왕하여 더하더라"(행 12:23,24).

여러분은 여기서 희비가 엇갈리는 것을 발견합니다. 그 사람의 거만함과 대단한 모습이 무너졌습니다. 반면 어리석은 왕이 무너뜨리고자 했던 하나님의 말씀은 더 흥왕하여 세력을 더하였습니다. 그리하여 하나님의 영광이 드러나는 것입니다.

이제 마지막 이유를 살펴보겠습니다. 의심할 것도 없이 하나님께서는 자신의 백성들을 연단시키기 위해서 악인들을 번성하게 하십니다.

그리 좋은 말은 아니지만, 우리는 연단 받을 필요가 있습니다. 하나님께서는 매우 자주 이스라엘 사람들을 연단하시기 위하여 원수들을 일으켜 그들을 대적하게 만드셨습니다. 하나님의 백성들이 나태해져 하나님을 망각하게 되었습니다. 하나님께서 그들에게 호소하고 선지자들을 보내셨지만 그들은 주목하지 않습니다. 그래서 하나님께서는 앗수르나 갈대아 사람들을 일으켜서 자신의 백성들을 징계하고 바로잡아 주셨습니다.

저는 우리가 금세기에 당해야 했던 일들 가운데 많은 부분이 적어도 하나님의 백성들이 징계를 받아야 했기 때문이라고 서슴없이 말씀드리는 바입니다.

하나님의 말씀을 믿는 사람들의 믿음이 무너진 데 대한 큰 책임이 교회에 있습니다. 지금의 사회가 이런 것도 전혀 놀라운 일이 아닙니다. 우리 자신이 겸비해지고 낮아져서 우리가 하나님의 백성임을 인식하고 하나님께 복종하며 하나님만 의뢰하게 되기 위해서는 더 많은 어려움을 겪어야 할지도 모릅니다.

제가 볼 때에 하나님께서 때로 잠든 것처럼 보이는 이유에 대하여 성경은 몇 가지 답변들을 제시합니다. 그러나 시편 기자는 여기에서 그런 하나님의 방식들에 관하여 자세하게 표현하지는 않습니다.

주께서 깨신 후에는

그는 하나님의 성품에 대하여 바른 생각을 가지게 되었습니다. 그리고 하나님께서 그저 잠들어 계시는 것처럼 보일 뿐이라는 것을 알았습니다. 그래서 그는 하나님께서 깨실 때에 어떤 일이 일어날 것인지에 대한 내용으로 끝을 맺습니다.

"그들이 어찌하여 그리 갑자기 황폐되었는가 놀랄 정도로 그들은 전멸하였나이다. 주여 사람이 깬 후에는 꿈을 무시함같이 주께서 깨신 후에는 그들의 형상을 멸시하시리이다"(시 73:19, 20).

그가 뭐라고 말합니까? 첫 번째로 하나님께서 깨신다고 말합니다.

"주께서 깨신 후에는."

하나님은 영원히 잠들어 계시지 않습니다. 때가 옵니다. 하나님께서 악인들이 횡행하도록 내버려 두시는 데에도 한계가 있습니다. 그분은 분명히 그 원수들이 어느 정도 마음대로 행하도록 내버려 두십니다. 그러나 그렇게 제멋대로 하게 허락하신 그 방종에도 한계가 있는 것입니다.

"내 마음이 산란하며 내 양심이 찔렸나이다"(시 73:21).

그런 일이 얼마나 더 오래 지속될까요? 하나님께서 그 질문에 대하여 역사의 초기에 주신 해답의 열쇠는, 경건한 사람들은 아무리 사람들의 죄악이 횡행하더라도 하나님께서 관여할 때까지 참아야 한다는 것입니다. 한계가 있습니다. 하나님께서 깨실 것입니다.

하나님께서 깨실 때에 어떤 일이 일어날까요? 시편 기자는 우리에게 그때 경건하지 않은데도 성공하고 있던 악인들에게 일어날 일을 분명하게 말해 주고 있습니다.

"사람이 깬 후에는 꿈을 무시함같이 주께서 깨신 후에는 그들의 형상을 멸시하시리이다."

얼마나 놀라운 광경입니까! 그처럼 대단하고 기이해 보이던 악인의 모든 것들이 하나님께서 깨실 때에 꿈처럼 사라져 버립니다. 마치 그것이 어떤 환영이나 형상이나 그림자에 불과할 뿐 전혀 실체가 아니었던 것처럼 된다는 것입니다.

하나님께서 일어나실 때에, 그처럼 강하고 자기만족에 빠져 있으며 거의 망하지 않을 것처럼 보이던 악인들이 섬광처럼 사라져 버립니다. 성경에는 그에 대한 말씀이 가득합니다.

이사야 40장에서는 하나님께서 보실 때 열방이 '통의 한 방울 물과 같고 저울의 적은 티끌'(사 40:15)과 같다고 말합니다. 원자폭탄과 수소폭탄을 가진 대국들, 이러한 강력한 나라들도 그러합니다! 그들은 통의 한 방울 물에 지나지 않으며, 저울의 적은 티끌에 불과합니다.

그뿐만이 아닙니다. 그들을 비웃는 말씀을 들어 보십시오. 세상의 모든 열방은 '메뚜기'에 불과합니다. 대영제국이나 미국이나 소련도 그러합니다! 예전에도 다른 대제국들이나 열방들이나 나라들이 존재하였습니다. 그러나 그들이 하나님께 복종하지 않았기 때문에 다 사라지고 말았습니다. 세상의 모든 열국들은 메뚜기에 불과합니다. 하나님께서 깨실 때에 말입니다.

저는 또 하나의 실례를 들려 드리겠습니다. 이것은 가장 주목할 만한 예 중 하나입니다. 알렉산더 대제라고 불리는 사람에 대한 이야기를 여러분도 읽었을 것입니다. 그 사람은 역사상 가장 능란한 장군들 가운데 한 명이며, 대단한 임금이요 능한 전사戰士였습니다. 그는 그 당시 알려진 전 세계를 장악하였습니다.

그러나 성경이 그를 뭐라고 부르는지 아십니까? 성경을 통독하여 내려가 보아도 알렉산더 대제의 이름은 발견되지 않습니다. 그 이름은 언급되지 않았습니다. 그러나 알렉산더 대제는 성경에서 거론이 되었습니다. 다니엘서 8장에서 하나님께서는 그를 가리켜 '수양'이라고 말씀하십니다.

월터 루디 Waler Luthi가 지적한 바와 같이, 세상적인 알렉산더 대제는 하나님이 보시기에 '수양'에 지나지 않습니다! 하나님께서 깨실 때에 알렉산더 대제는 수양이 됩니다! 하나님께서 깨실 때에 열방과 제국들과 개인들 모두에게 바로 이러한 일이 일어납니다.

"주께서 깨신 후에는."

그가 깨어 일어나셨습니다. 성경에 기록된 역사를 읽어 보면, 하나님께서 일어나실 때에 하나님의 원수들이 흩어지고 아무것도 아닌 것이 되어 버린다는 것을 발견할 수 있습니다.

이러한 모든 사실들을 통하여 우리에게 주는 최종적인 메시지는, 이미 일어났던 역사 속의 큰 사건들은 앞으로 일어날 일에 대한 희미한 표증이요 그림자라는 것입니다.

세상은 경건하지 않습니다. 그리스도를 믿지 않습니다. 하나님의 은혜를 비웃고 구주를 멸시합니다. 특히 그리스도의 십자가의 거룩한 피를 멸시합니다. 세상은 거만하여 자기의 죄를 떠벌리며 자랑합니다. 그러나 크게 핍박받은 사도 바울은 데살로니가후서를 쓰면서 앞으로 일어날 일에 대하여 우리에게 경고합니다.

"형제들아 우리가 너희를 위하여 항상 하나님께 감사할지니, 이것이 당연함은 너희의 믿음이 더욱 자라고 너희가 다 각기 서로 사랑함이 풍성함이니, 그러므로 너희가 견디고 있는 모든 박해와 환난 중에서 너희 인내와 믿음으로 말미암아 하나님의 여러 교회에서 우리가 친히 자랑하노라. 이는 하나님의 공의로운 심판의 표요 너희로 하여금 하나님의 나라에 합당한 자로 여김을 받게 하려 함이니 그 나라를 위하여 너희가 또한 고난을 받느니라. 너희로 환난을 받게 하는 자들에게는 환난으로 갚으시고, 환난을 받는 너희에게는 우리와 함께 안식으로 갚으시는 것이 하나님의 공의시니, 주 예수께서 자기의 능력의 천사들과 함께 하늘로부터 불꽃 가운데에 나타나실 때에 하나님을 모르는 자들과 우리 주 예수의 복음에 복종하지 않는 자들에게 형벌을 내리시리니, 이런 자들은 주의 얼굴과 그의 힘의 영광을 떠나 영원한 멸망의 형벌을 받으리로다. 그날에 그가 강림하사 그의 성도들에게서 영광을 받으시고 모든 믿는 자들에게서 놀랍게 여김을 얻으시리니"(살후 1:3-10).

이는 이 시점에서 우리가 도달한 사실만큼 확실합니다. 주께서 하늘 구름을 타고 오셔서 모든 원수들을 흩으시고 뿌리째 뽑으실 것입니다. 사탄과 하나님을 대적하는 모든 것들이 지옥과 불 못에 던져지고, '주의 낯을 떠나 영원한 멸망'으로 들어가게 될 것입니다. 그것이 악인들의 결과입니다. 그것이 바로 우리가 사랑하고 경배하고 섬기는 하나님의 능력과 영광입니다.

만일 여러분이 지금 일어나고 있는 일을 이해하지 못한다면, 그 일을 이러한 맥락 속에 넣어 보십시오. 하나님은 참으로 하나님이십니다. 하나님은 거룩하고 의로우십니다. 그분은 약속하신 것들을 틀림없이 이행하실 것입니다. 이러한 일들을 허락하신 것은 자신의 목적을 이루기 위함입니다. 하나님께서 자신의 원수들을 흩으시고, 주 예수 그리스도의 나라가 '땅 끝까지' 이르게 될 날이 올 것입니다.

"(그때에) 하늘에 있는 자들과 땅에 있는 자들과 땅 아래에 있는 자들로 모든 무릎을 예수의 이름에 꿇게 하시고 모든 입으로 예수 그리스도를 주라 시인하여 하나님 아버지께 영광을 돌리게 하셨느니라"(빌 2:10,11).

바로 그날에 그와 같은 일이 일어나게 될 것입니다. 하나님의 약속들이 언제나 확실하다는 것을 생각하면서 하나님께 감사합시다. 하나님께서 은혜를 내리시어 우리 모두가 하나님의 방식을 알고 이해할 수 있게 되기를 바랍니다. 그리고 가치 없는 의문과 모든 죄악된 의심을 온전히 제거하시기를 바랍니다.

Chapter 6

자기 점검

"내 마음이 산란하며 내 양심이 찔렸나이다.
내가 이같이 우매 무지함으로 주 앞에 짐승이오나"

시 73:21,22

지금 우리는 시편 기자가 자기 영혼과 그 거룩한 공포 속에서 겪는 위기에 대한 진실을 살펴보고 있습니다. 그는 경건하지 않은 악인들과 하나님에 관하여 바른 생각을 가지게 되었습니다. 이제 한 걸음 더 나아가 세 번째 국면, 곧 자신에 관한 생각이 어떻게 바로잡혔는지를 살펴보겠습니다.

그는 21, 22절에서 그것을 아주 독특하고도 냉정하게 묘사합니다. 특히 이 두 구절과, 13, 14절에서 자신에 관하여 말했던 것이 얼마나 두드러지게 대조되는지를 주목하십시오.

"내가 내 마음을 깨끗하게 하며 내 손을 씻어 무죄하다 한 것이 실로 헛되도다. 나는 종일 재난을 당하며 아침마다 징벌을 받았도다"(13, 14절).

그는 대단히 유감스럽게 생각합니다. 그는 자신의 삶에 잘못된 것이 없으며 자신이 매우 선하다고 생각합니다. 그런데도 그는 매우 어려운 고난을 당하고 있습니다. 매우 불공정하게 취급 당하고 있습니다. 심지어 하나님께서도 그에게 불공정하게 대우하시는 것처럼 보입니다. 성소 밖에 있을 때에 그는 자신에 관해서 그런 식으로 생각했던 것입니다.

그러나 성소 안에서 그 모든 것이 바뀌었습니다.

"내 마음이 산란하며 내 양심이 찔렸나이다. 내가 이같이 우매 무지함으로 주 앞에 짐승이오나."

얼마나 놀라운 변화입니까! 자신을 바라보는 관점이 얼마나 철저하게 달라졌습니까! 그 모든 것은 그의 생각이 영적으로 바르게 된 결과입니다.

이것은 이 시편의 교훈 전체에서 정말 중요한 문제입니다. 우리는 이 지점에 미처 이르지 못한 채 멈추어 버리기가 매우 쉽다는 것을 솔직하고도 정직하게 인정해야 합니다. 우리는 악인들에 관해 읽고 매우 즐거워합니다. 악인들이 미끄러운 곳에 서 있다는 설교를 뒤엎을 사람은 없습니다. 여기에는 하나님에 관한 위대하고도 뛰어난 교리가 있습니다.

"주께서 통치하시나니."

우리는 모두 그것에 관해서 듣기를 좋아합니다. 우리는 악인들의 심판에 관한 교훈을 받아들입니다. 그리고 하나님의 영광과 위엄에 관해서 읽고 싶어합니다. 왜냐하면 그러한 것을 통해 우리는 모든 것이 다 잘되어 간다고 생각하게 되기 때문입니다. 그런데 바로 그 시점에 머물러 있을 뿐 더 이상 나아가지 못하는 것은 위험합니다.

시편 기자는 계속 나아갑니다. 그리하여 자신의 정직성과 신실성을 드러내 보여 줍니다. 그것이야말로 그의 인격의 매우 본질적인 한 부분입니다. 뿐만 아니라 자신이 영적 생활의 본질을 이해하고 있음을 보여 줍니다. 제가 강조하고 싶은 요점이 바로 이것입니다.

시편 기자는 이 두 구절을 통해 회개하고 있는 자신의 모습을 묘사합니다. 우리는 그가 자기 자신에 관하여, 그리고 최근 자기의 행동에 관하여 어떻게 말하고 있는지를 봅니다. 실로 이것은 정직한 자기 검증의 전형적인 실례입니다. 저는 여러분에게 바로 그 점을 숙고하자고 요청하는 바입니다. 그 점이 그리스도인의 훈련에 있어서 매우 중요하기 때문입니다.

이 사람이 회개하는 모습, 멈추어 서서 자신을 바라보면서 자신에 관하여 스스로에게 말하는 이 상태야말로, 통상 그리스도인의 생활의 훈련이라고 불리는 아주 본질적이고도 지극히 중요한 국면들 중 하나입니다. 제가 다시 이 점을 강조하는 데 겸

연쩍은 생각이 전혀 들지 않습니다. 왜냐하면 이 시점에서 심각하게 소홀히 여기고 있는 문제가 바로 그것이기 때문입니다.

오늘날 그리스도인의 생활의 훈련(연단)에 관해서 얼마나 자주 듣습니까? 그것에 관해서 우리는 얼마나 자주 이야기합니까? 우리의 복음적인 삶의 핵심에서 그러한 것이 사실 얼마나 자주 발견됩니까? 이 문제가 중심에 있던 기독교회의 시대가 있었습니까?

교회가 지금 이와 같은 입장에 처해 있는 것은 이런 훈련을 게을리 한 결과라고 저는 깊이 확신하고 있습니다. 우리가 회복되기 전에는 진정한 영적 부흥이나 영적 재각성을 전혀 기대할 수 없다고 확신 있게 말씀드리는 바입니다.

자기 점검과 관련된 두 극단

우리가 이 위대한 주제에 접근함에 있어서, 저는 무엇보다 먼저 그것과 관련하여 중요한 두 가지 위험 요소가 있다는 것을 말씀드립니다. 통상적으로 말해서 그 두 가지 위험 요소는 두 극단으로 나타납니다.

우리는 극단에 빠지기 쉬운 존재라서 우리의 입장을 이쪽 끝 아니면 저쪽 끝에 둡니다. 모든 과격한 반작용을 피하면서 바른 위치에 서는 것은 어려운 일입니다. 그러나 그리스도인이 서야 할 참된 위치는 보편적으로 두 극단 사이, 중간입니다.

자기 점검과 관련된 가장 일반적인 한 가지 위험은, 병적인 자기 성찰입니다. 이것이 오늘날 그리스도인들에게 가장 보편적인 위험은 아니지만, 그럼에도 불구하고 어떤 그리스도인은 틀림없이 그 위험에 빠지고 맙니다.

예를 들어서 스코틀랜드 북부 고지대 등과 같이 대영제국의 어떤 지역에서는 이러한 위험을 여전히 발견할 수 있습니다. 이것이 그곳에 사는 사람들에게 매우 통상적인 위험이었던 때가 분명히 있었습니다. 또 다른 지역에 사는 길트족 사람들에게서도 그것이 보편적인 위험거리였습니다.

저 자신도 이러한 성향이 강한 종교적인 분위기 속에서 자라났습니다. 모두 다 그런 것은 아니겠지만, 그러한 종교적인 분위기에 있는 사람들은 대부분 자신을 분석하고 정죄하는 데 너무 많은 시간을 허비합니다. 자신의 무가치함과 부족함만 생각하느라고 시간을 보내는 것입니다.

그래서 사람들은 내성적이게 되며, 시선을 자기에게로 돌려 자기 자신만 바라보게 됩니다. 그들은 언제나 자기 자신의 영적인 맥박과 영적인 체온을 느낍니다. 그리고 자기를 정죄하는 일에 거의 파묻혀 있습니다.

제가 목격한 아주 애처로운 일을 소개하겠습니다. 제가 만났던 사람 중에서 가장 성도답고 경건하다고 생각되는 사람이 숨을 거두려 하는 때에 저는 그 곁에 있었습니다. 방에는 그의 두 딸도 있었습니다. 그녀들은 둘 다 중년을 넘겼습니다.

그 아버지는 자기가 죽어 간다는 것을 알았습니다. 그때 그는 자신의 두 딸 모두가 교회의 지체가 아니며, 성찬식에 전혀 참여한 적이 없다는 사실 때문에 불안해했습니다. 그 사실은 참으로 놀라운 것이었습니다. 왜냐하면 그녀들 모두가 그들이 출석하는 교회에서는 그녀들보다 더 경건하고 활동적인 사람을 찾아보기 힘들다고 여겨지는 사람이었기 때문입니다. 그러나 그들은 교회의 지체들이 아니었습니다.[1]

왜 그들은 교회의 지체가 되어 성찬에 참여하는 교제를 하지 않았을까요? 자신들이 성찬에 참여할 만한 가치가 전혀 없다고 느꼈기 때문입니다. 그들은 자신에게 성찬식에 앉을 만한 자격이 전혀 없다고 느꼈습니다. 자기의 실패와 죄와 부족함을 너무 의식한 나머지 그런 자세를 취하게 된 것입니다.

---

[1] 역자주 – 교회에 정식으로 등록하여 당회의 허락을 받아 입교한 사람이 아니라는 의미입니다.

이들은 참으로 훌륭한 그리스도인이었습니다. 그러나 이 지나친 자아 성찰적인 성향 때문에, 자신만을 바라본 것 때문에 교회의 내적 생활에 참여할 권리가 전혀 없다고 생각했던 것입니다.

이러한 현상은 한때 매우 보편적으로 나타났습니다. 사람들은 교회 집회에서 갑자기 일어나 자기는 참으로 무서운 죄인이라고 말하기도 하였고, 자기가 얼마나 많이 넘어졌는지를 강조하기도 하였습니다. 그들 역시 천국에 가기를 소망하였습니다. 그러나 자신이 그렇게 무가치한 존재이기에 천국에 갈 수 있는 길을 전혀 알 수 없다고 생각했습니다.

책을 통해서 여러분도 그러한 자세에 익숙해져 있을지 모르겠습니다. 존 플레처John Fletcher와 헨리 마틴Henri Martyn 같은 성자다운 사람들의 삶 속에는 확실히 그런 성향이 드러났습니다. 그들이 비록 극단적인 것은 아니었지만, 그러한 성향을 분명히 가지고 있었습니다. 그것이 그 시대의 경건의 한 특징이기도 하였던 것입니다.

이렇게 말해도 될지 모르겠지만, 오늘날에는 그런 위험이 존재하지 않습니다. 런던이나 우리 모두가 활동하고 있는 영역 내에서 특히 그러합니다. 사실 우리 가운데 존재하는 위험은 그와는 전혀 다릅니다. 오늘날 우리 가운데 존재하는 위험은, 예레미야 선지자가 예레미야서 6장에서 언급한 위험입니다.

"그들이 내 백성의 상처를 가볍게 여기면서 말하기를 평강하다 평강하다 하나 평강이 없도다"(렘 6:14).

그것은 우리 자신들을 아낀 나머지 자신과 자신의 죄와 부족과 실패를 아주 가볍게 보게 되는 경향을 의미합니다.

저는 그것을 좀 더 무섭게 표현하고자 합니다. 어떤 사람들, 특히 복음적인 사람들 속에, 구원의 교리를 잘못 사용하고 이신칭의의 위대한 교리나 구원의 확신 교리를 남용하여 하나님이 보시기에 죄가 진정 어떠한 것인지를 인식하지 못하고, 하나님의 자녀에게 있어서 그 죄가 진정 무엇을 의미하는지를 전혀 깨닫지 못하는 매우 실질적인 위험이 존재한다고 저는 믿습니다.

왜 그런지는 잘 모르겠지만, 그들은 그리스도인의 삶에서 회개에 대하여 말하는 것이 잘못되었다고 생각하는 것 같습니다. 자기가 죄를 지었음을 아는 순간에 그 죄를 '보혈 아래' 가져다 놓기만 하면 모든 것이 다 잘된 것이라고 그들은 주장합니다. 멈추어 서서 죄에 대해서 생각하고 자기 자신을 정죄하는 것은, 믿음이 부족하다는 것을 의미한다는 것입니다. '예수를 바라보기만 하면' 그 순간 모든 것이 다 잘된다는 식입니다.

우리는 우리 자신을 너무 쉽게 치료합니다. 서슴없이 말씀드리지만, 거의 모든 사람에게 있어서 문제는, 어떤 의미에서 영적으로 너무 '건강하다'는 것입니다. 제가 뜻하는 바는, 우리가 너무 입심이 좋고 피상적이라는 말입니다.

우리는 이러한 문제들에 대해서 전혀 수고하지 않습니다. 시편 기자가 이 두 구절에서 말하는 것과는 달리, 우리는 너무 좋은 어휘만을 사용합니다. 우리는 성경에서 묘사된 사람들과는 너무나 다릅니다. 제가 생각하기로는, 그래서 우리가 이 시편 기자가 취하고 있는 단계로 더 나아가는 데 실패하는 것입니다.

참된 자기 점검

시편 기자는 성소에서 경건하지 않은 악인들과 하나님에 관해서 바른 생각을 가지게 되었습니다. 그리고 나서 그가 자기 자신을 어떻게 다루는지 주목하십시오. 우리는 오늘날 그러한 일을 하지 않는 것 같습니다. 그 결과 거짓으로 건강한 척하면서 마치 우리의 모든 것이 다 잘되어 있는 듯한 모습을 보입니다. 굵은 베옷을 입고 재를 무릅쓰는 일이 거의 없습니다. 또한 죄에 대한 경건한 슬픔도 거의 없습니다. 그러하기에 참된 회개의 증거도 거의 찾아볼 수 없습니다.

그러나 성경은 어느 곳에서든지 회개의 필요성과 중요성을 가르칩니다. 저는 지금 여러분에게 그것을 보여 드리고자 합니다. 물론 그 교훈에 대한 전형적인 실례는 탕자의 비유에서 발견할 수 있습니다. 그것은 고향을 떠나 죄를 짓고 어리석게 살다가 자기에게 모든 일들이 다 잘못되었음을 발견하는 한 사람의 이야기입니다.

그에게 어떤 일이 일어났습니까? 그는 자기 자신을 돌아보면서 어떻게 행했습니까? 자신을 정죄하면서, 자기 자신이 누구인가에 대해서 스스로에게 말했습니다. 그는 아주 엄중하게 자기 자신을 다루었습니다. 그런 후에야 일어나서 아버지께로 돌아갔습니다.

또한 고린도후서 7장 9-11절에 기록된 놀라운 진술을 들어보십시오. 고린도에 있는 그리스도인들은 한 가지 죄를 지었습니다. 그래서 바울은 그 죄에 대하여 그들에게 편지를 썼고, 디도를 보내 그것에 관해서 설교하도록 하였습니다.

그 후에 보인 그들의 행동은 참된 회개의 영이 무엇인지를 분명하게 정의해 주고 있습니다. 위대한 사도 바울은 그들이 자기 자신들을 다룬 방식 때문에 그들을 생각하면서 기뻐할 수 있었습니다. 그는 그것을 아주 구체적으로 지적합니다.

"내가 지금 기뻐함은 너희로 근심하게 한 까닭이 아니요 도리어 너희가 근심함으로 회개함에 이른 까닭이라. 너희가 하나님의 뜻대로 근심하게 된 것은 우리에게서 아무 해도 받지 않게 하려 함이라. 하나님의 뜻대로 하는 근심은 후회할 것이 없는 구원에 이르게 하는 회개를 이루는 것이요 세상 근심은 사망을 이루는 것이니라. 보라 하나님의 뜻대로 하게 된 이 근심이 너희로 얼마나 간절하게 하며 얼마나 변증하게 하며 얼마나 분하게 하며 얼마나 두렵게 하며 얼마나 사모하게 하며 얼마나 열심 있게 하며 얼마나 벌하게 하였는가? 너희가 그 일에 대하여 일체 너희 자신의 깨끗함을 나타내었느니라."

이 그리스도인들은 자기 자신을 아주 엄중하게 다루었고, 자기 자신을 비난하였습니다. 그들은 '하나님의 진리 안에서' 경건하게 슬퍼하였습니다. 그러하기에 바울은 그들이 다시 복된 자리에 서게 되었다고 말해 줍니다.

욥기에도 이에 대한 놀라운 실례가 있습니다. 욥은 그 책에서 자신의 정당성을 설명하며 자신을 변호하고, 낙심하였습니다. 그러나 그가 하나님의 면전에 진실로 서게 되었을 때, 즉 그가 하나님과 만나는 장소에 들어가게 되었을 때, 그는 이렇게 말하였습니다.

"그러므로 내가 스스로 거두어들이고 티끌과 재 가운데에서 회개

하나이다"(욥 42:6).

이 세상에서 욥보다 더 정직하고 신앙적이며 경건한 사람이 없었습니다. 그런 그가 역경 때문에 더 이상 자기에게 있었던 좋은 일들과 자기가 누렸던 모든 복락들을 잊어버리고 맙니다. 욥은 이 시편 73편 기자처럼 하나님에 대해서 의심하고 싶은 유혹을 받습니다. 그래서 그는 해서는 안 되는 말을 하고 맙니다. 그러나 하나님을 뵈었을 때에 그는 입을 가리고 "내가 스스로 거두어들이고 티끌과 재 가운데에서 회개하나이다"라고 고백합니다.

우리는 과연 그러한 체험을 하였습니까? 우리 자신을 검증하는 것이 무엇인지 알고 있습니까? 먼지와 재 가운데 앉아서 회개하는 것이 무엇인지 알고 있습니까?

우리 시대에는 그것이 인기 있는 교리가 아닌 것 같습니다. 왜냐하면 오늘날에는 우리가 로마서 7장을 벗어나야 한다고 가르치기 때문입니다. 죄를 슬퍼하는 것은 그리스도인의 삶의 아주 초기 단계에 머물러 있음을 뜻하는 것이므로 죄를 슬퍼해서는 안 된다는 것입니다. 그래서 로마서 7장에서 로마서 8장으로 빨리 넘어가야 한다는 것입니다.

그러나 우리가 진정으로 로마서 7장의 상태에 있었던 적이 있었습니까? 진실로 우리 마음으로부터 "오호라 나는 곤고한 사람이로다. 이 사망의 몸에서 누가 나를 건져 내랴"(롬 7:24)라고 말한 적이 있습니까? 우리는 자신을 혐오하고 티끌과 재 가운데에서 회개하였습니까? 이것이야말로 그리스도인의 삶의 훈련에서 아주 중요하기 그지없는 부분입니다.

여러 세대에 걸친 성도들의 삶을 살펴보십시오. 그러면 그들이 그런 일을 매우 자주 행했음을 발견할 수 있을 것입니다. 헨리 마틴으로 거슬러 올라가 보십시오. 또한 누구든지 하나님의 능한 사람들에게로 가 보십시오. 그러면 그들 역시 자주 자신을 혐오하였음을 여러분은 발견할 것입니다. 그들은 이 세상에서 살아가는 자기의 삶을 미워했습니다. 그런 의미에서 그들은 자신을 미워했습니다. 그래서 그들이 하나님께 그렇게 큰 복을 받은 것입니다.

그러므로 시편 기자처럼 자신이 행한 바를 정확히 아는 것보다 더 중요한 것이 없습니다. 우리는 우리 자신에게로 시선을 돌려 신실하게 우리 자신을 살펴보아야 합니다. 그것은 그리스도인의 삶에 있어서 중차대한 문제입니다.

그렇다면 우리가 밟아야 하는 여러 단계들은 무엇들입니까?

자기 점검의 단계

무엇보다 먼저, 우리는 우리가 행한 일을 진실로 자백해야 합니다. 지금 우리는 그 일을 좋아하지 않습니다. 우리는 자신이 행한 일을 알면서도, "나는 그리스도를 바라보고 있다. 그래서 내가 즉시 용서받았고, 모든 것은 다 잘되었다"라고 말하려고 합니다. 그러나 그것은 실수입니다. 우리가 행한 일을 자백해야 합니다.

시편 기자는 자신을 가엾게 생각하면서 다른 사람들을 바라보며 그들을 시기하느라고 많은 시간을 허비하였습니다. 그리고 하나님과 그 방식에 관해서 쓸데없는 생각을 하면서 또 많은 시간을 보냈습니다. 그러나 그가 성소에서 회복된 다음에 자신에게 이렇게 말합니다. "나는 나 자신과 내가 행한 일을 바라보는 데도 똑같은 분량의 시간을 보내야 한다."

우리는 우리 자신을 아껴서는 안 됩니다. 우리가 행한 것을 진실로 자백해야 합니다. 즉, 우리가 일부러 우리 자신 앞에 이러한 것들을 들추어내야 한다는 말입니다. 우리는 어떤 방식으로도 우리 자신을 방어해서는 안 됩니다. 우리의 죄를 슬쩍 덮어 놓으려고 해서도 안 됩니다. 그저 단지 우리의 죄를 잠깐 바라보는 정도만으로도 안 됩니다. 우리는 자신 앞에 일부러 죄를 들추어내면서, "이것이 바로 내가 행한 일이다. 내가 생각하고 말했던 것이 이것이다"라고 말해야 합니다.

그뿐만이 아닙니다. 우리는 이 일들을 분석하고, 아주 상세하게 파헤치며, 거기에 수반되고 함축되어 있는 모든 것을 생각해야 합니다. 이것은 우리가 자기 훈련을 통해서 아주 기탄없이 결의에 차서 행해야 하는 일입니다.

시편 기자는 의심할 여지 없이 그렇게 행했습니다. 그러하기에 그는 "내가 짐승이오니"라는 말로서 끝맺고 있는 것입니다. 그는 "오, 하나님! 나는 사실상 주님에 대해 생각하면서 그렇게 말하는 지점에 이르렀습니다. 제가 진정 그런 일을 했습니다"라고 자백하였습니다. 그는 그것을 자기 앞에 들추어내어 땅바닥에 기면서 스스로를 '짐승처럼' 생각하기까지 그렇게 행했습니다.

그렇게 하기까지는 자신을 진실로 미워하는 것이 아닙니다. 우리가 그것이 무엇인지를 진정으로 알 때까지는 우리의 죄를 들고 서 있어야 합니다.

우리는 그 문제를 더욱 상세하고도 철저하게 파헤쳐야 합니다. 이런 일이 매우 고통스러운 일임을 저는 압니다. 그럼에도 우리는 그것을 상세하게 다루어야 합니다. 즉, 하나님께 나아가서 "하나님, 내가 죄인입니다"라고 말하는 것만으로는 충분하지 않다는 뜻입니다. 우리는 그것을 아주 세밀하게 아뢰어야 합니다. 우리 자신과 하나님에 대하여 우리가 행한 바를 상세하게 자백해야 합니다.

"저는 말하지 말아야 할 것을 말했고, 생각하지 말아야 할 것을 생각했나이다" 또는 "저는 부정한 생각을 하기 시작했습니다"라고 말하는 것이, "나는 죄인입니다"라고 말하는 것보다 훨씬 더 어렵습니다.

이 일의 진수는 더 자세하게 그것을 분석하고, 종이에 그 모든 것을 기록하고, 여러분 자신 앞에 그 모든 상세한 국면들을 적어 놓고, 자신을 분석하고 죄의 구체적인 두려움을 대면하는 일입니다. 영적인 대가들은 언제나 그렇게 행했습니다. 그들의 가르침을 읽어 보십시오. 교회를 빛냈던 가장 성도다운 사람들의 일기들을 읽어 보십시오. 그러면 여러분은 그들이 언제나 그렇게 행했음을 발견할 수 있을 것입니다.

저는 여러분에게 존 플레처에 대하여 말씀드린 바 있습니다. 그는 매일 밤 잠들기 전에 자신에게 열두 가지 질문을 하였습니다. 뿐만 아니라 자기 회중들에게도 그렇게 하라고 권면하였습니다. 그는 일반적이고도 감정적으로 서투르게 이 일을 하는 것에 만족하지 않았습니다. 그는 다음과 같은 질문들을 던져 보면서 상세하게 자신을 검증했습니다.

'내가 화를 내는가? 내가 화를 낸 적이 있는가? 나의 인상이 다른 어느 누구보다 더 나쁘지는 않았는가? 마귀가 내 마음속에 집어넣은 그 부정한 생각을 청종하였는가? 내가 그것을 붙잡았는가 아니면 즉시 물리쳤는가?'

여러분도 하루의 일과를 마치고 그 모든 질문들을 여러분 자신에게 던져 보십시오. 그것이 바로 진정한 자기 점검입니다.

그런 다음에 그 모든 것이 하나님 보시기에는 어떠한지 생각해 보십시오.

"주 앞에."

우리는 이 모든 것과 자신을 하나님 앞으로 가지고 가야 합니다. 그리고 하나님께 아뢰기 전에 스스로 책망해야 합니다. 고린도후서 7장 11절에서 바울이 어떻게 말하는지 주목하십시오.

"얼마나 분하게 하며."

그들은 자기 자신에 대하여 분을 냈습니다. 우리의 고통거리는, 우리 자신에 대해서 분내지 않는다는 것입니다. 마땅히 분내야 합니다. 우리의 모든 죄를 지은 책임이 우리 자신에게 있기 때문입니다.

그러한 것들은 하나님 보시기에 끔찍한 일들입니다. 그런데도 우리는 분내지 않습니다. 그리고는 우리 자신에 대해서 좋은 말을 계속합니다. 그러나 그렇게 되면 우리의 점검이 아무런 효력이 없는 것입니다.

우리는 자신을 낮추는 법을 배워야 합니다. 자신을 겸비하게 하고, 자신을 쳐서 복종시키는 법을 배워야 합니다. 고린도전서 9장 27절에서는 "내가 내 몸을 쳐"라고 말합니다. 비유적인 의미에서 그는 자기 몸을 쳤고, 멍이 시퍼렇게 들 때까지 쳤습니다. "쳐 복종하게"라고 번역된 이 말이 바로 그러한 의미에서 파생된 것입니다. 우리도 그렇게 해야 합니다. 그것이 훈련의 진수입니다.

의심할 여지 없이 이 시편 기자는 그렇게 했습니다. 그는 "내가 이같이 우매 무지함으로 주 앞에 짐승이오나"라고 말합니다. 오직 이러한 자기 점검을 철저하게 거친 사람만이 이런 관점을 가질 수 있습니다.

그러므로 우리가 그 지점에 이르려면, 제가 지시한 방식을 꾸준히 계속 행하십시오. 우리가 진정 어떠한 사람인지를 알기 위하여 우리는 자신을 진실하게 점검해야 합니다.

마음을 지키라

우리가 생각할 다음 요점은 이것입니다. 우리가 그 모든 일을 할 때에 무엇을 발견하게 됩니까? 의심할 여지 없이 그 대답이 여기 이 시편에 주어져 있습니다. 이 사람이 자기 자신을 검증하고 자신에 관해서 올바로 생각하기 시작했을 때, 그는 자기의 모든 고통의 큰 이유가 바로 '자기 자신'이라는 것을 깨달았습니다. 큰 이유는 아니라 하더라도 그것이 오직 유일한 이유이기는 합니다.

언제나 그것이 고통거리입니다. 자아는 마지막까지 우리를 부단하게 괴롭히는 원수입니다. 그것이 우리의 모든 불행의 가장 큰 원인입니다. 우리는 언제나 이기적이고, 자신을 보호하려고 하며, 범죄할 것을 생각할 준비가 되어 있으며, 항상 부당하고도 불공정하게 대접받고 있다고 말할 준비가 되어 있습니다.

제가 처음으로 그렇게 말하고 있는 것은 아닙니까? 우리는 하나님께서 우리에게 긍휼을 베풀어 주시기를 원합니다. 그것이 우리 모두의 진상입니다. 자아, 이 원수는 심지어 사람으로 하여금 자신의 겸손마저 자랑하게 만듭니다.

시편 기자는 그것이 바로 자기의 모든 고통의 진정한 원인이었음을 발견했습니다. 악인들에 대한 생각이 잘못되었으며 하나님에 관한 생각도 잘못되어 있었습니다. 그러나 자기의 모든 고통의 궁극적인 원인은, 자기 자신에 대한 생각이 빗나갔다는 것입니다. 다른 모든 것이 그처럼 무섭게 잘못되어 있고 매우 불공정한 것처럼 보이는 것은, 언제나 자기 자신을 감싸고돌기 때문입니다.

저는 여기에서 볼 수 있는 심리학을 여러분에게 소개하고자 합니다. 여러분이 그것을 볼 수 있는지 모르겠지만, 이것이 참된 성경적인 심리학입니다. 자아가 우리를 다스릴 때 틀림없이 일어나는 일들이 있습니다. 우리의 마음이 우리의 머리를 다스리기 시작합니다.

이 사람의 말을 들어 보십시오. 그는 하나님의 집에서 회복되어 악인들과 하나님에 관하여 바른 생각을 갖게 되었습니다. 이제 그는 자신을 살피면서 아주 감상적으로 말하기를, "내 마음이 산란하며 내 양심이 찔렸나이다"(시 73:21)라고 합니다. 그리고 이어서 이렇게 말합니다.

"내가 이같이 우매 무지함으로 주 앞에 짐승이오나"(시 73:22).

그 순서를 주목하십시오. 그는 머리보다 마음을 앞에 놓고 있습니다. 그는, 자기의 머리가 잘못을 하기 전에 먼저 그 마음이 산란하게 되었음을 지적합니다. 마음이 먼저요, 머리는 그다음입니다.

바로 그것이 여러분이 항상 붙잡을 수 있는 가장 심오한 심리학입니다. 자아가 들고 일어나면 이 참된 순서를 바꿔 놓고, 잘못에 대한 바른 의식을 망가뜨려 놓습니다. 이것이 진정한 고통입니다. 우리의 모든 골칫거리는 궁극적으로 우리가 감정과 마음과 감성의 지배를 받지, 논리적 사고나 하나님 앞에서 모든 일들을 정직하게 대면하는 것의 지배를 받지 않는다는 사실에서 기인합니다.

마음은 우리 속에서 작용하는 가장 강력한 기능입니다. 마음이 다스릴 때에 그것은 사람을 억지로 위협합니다. 그것은 우리를 바보로 만듭니다. 그것이 우리를 장악하면, 우리는 이치에 맞지 않게 되고 분명하게 생각할 수 없게 됩니다. 그것이 바로 이 시편 기자에게 일어난 일입니다.

그는 그것이야말로 순전한 사실의 문제라고 생각하였습니다. '저 악인들을 보고 나를 보라!' 그는 자기가 합리적이라고 생각했습니다. 그러나 그는 성소에서 자기가 전혀 합리적이지 못했고 자기의 사고가 감정의 지배를 받았음을 발견했습니다.

이것이 우리 모두의 고통거리가 아닙니까? 사도 바울은 빌립보서 4장 6,7절의 위대한 말씀을 통해서 그 문제 전체를 지적하고 있습니다. 그 말씀의 순서를 주목해 보십시오.

"아무것도 염려하지 말고(그 어떤 것에 관해 지나치게 걱정하지 말고) 다만 모든 일에 기도와 간구로, 너희 구할 것을 감사함으로 하나님께 아뢰라"(6절).

그리하면 어떠한 일이 일어날 것입니까? 그다음 구절이 우리에게 말합니다.

"모든 지각에 뛰어난 하나님의 평강이 그리스도 예수 안에서 너희 마음과 생각을 지키시리라"(7절).

"모든 지각에 뛰어난 하나님의 평강이 너희 생각과 마음을 지키시리라"입니까? 결코 아닙니다! 마음이 먼저이며 생각이 그다음 문제입니다. 왜냐하면 여기에서의 문제는 주로 느낌의 영역에 속한 것이기 때문입니다. 그것은 심오한 심리학입니다.

사도 바울은 영혼의 질병을 치료하는 데 있어서 능숙한 의사였습니다. 그는 마음이 바로잡히기 전에는 생각을 다루어 봤자 아무 소용 없는 일이라는 것을 알았습니다. 그래서 그는 마음을 먼저 놓습니다.

이러한 조건 속에서 자기가 어려움을 겪고 있으며 일들이 바로 되어 가지 않는다고 느끼는 모든 사람의 문젯거리는, 하나님을 의심하기 시작한다는 것입니다. 그러나 이러한 문제의 뿌리는, 그 마음이 산란해져 있으며 그가 마음의 지배와 통제를 받는다는 데 있습니다. 그의 느낌들이 그를 장악하여 다른 모든 것을 보지 못하도록 만드는 것입니다.

인생에 있어서 모든 고통거리와 다툼과 논박들이 궁극적으로 거기에서 기인하는 것입니다. 모든 가정 내의 다툼, 부부 간의 논쟁, 친척들 사이의 모든 다툼, 계층과 그룹들 간의 모든 싸움들, 나라와 나라 사이의 다툼들, 이 모든 것의 원인은 바로 자아가 감정의 지배를 받고 있다는 사실입니다.

우리가 더 이상 생각할 수 없다면, 우리는 그것이 어떻게 해서 잘못되었는지를 알아야 합니다. 우리는 자신은 절대적으로 완전하고 다른 사람은 다 잘못되었다고 말합니다. 그러나 분명히 그것은 진리가 아닙니다. 다른 모든 사람도 다 그렇게 말하기 때문입니다.

우리는 모두 자신에 대하여 이러한 감정의 지배를 받습니다. 그래서 우리 모두는, "사람들이 나에게 공정하지 못하다. 나는 언제나 오해를 받고 있다. 사람들은 언제나 나를 부당하게 대한다"라는 식으로 말하려는 경향을 가지고 있습니다. 다른 사람들도 모두 똑같이 말합니다.

이 모든 문제는, 우리가 자아의 통제를 받고 있다는 데서 비롯됩니다. 우리는 자신의 감정에 따라서 살아갑니다. 아주 특이한 방식으로 우리는 감정의 지배를 받고 있습니다.

우리는 모두 경험을 통해서 이 점을 알고 있습니다. 우리는 자신의 입장을 고수하면서, "어째서 내가 그런 일에 빠져야 하는지 나도 모르겠다"라고 말합니다. 우리는 그것을 붙잡습니다. 심지어 알지도 못하는 사이에 그것을 강요합니다. "내가 어째서? 내가 무슨 일을 했다고? 내가 어째서 이런 대접을 받아야 하는가?"라고 말합니다.

"내 마음이 산란하며 내 양심이 찔렸나이다."

제가 강조하고 싶은 원리는, 자아가 상승기류를 타면서 언제나 우리의 감정에 영향을 미친다는 것입니다. 이러한 자아는 진정한 이지적 검증 앞에서는 맥을 출 수 없습니다. 우리가 앉아서 그것에 대해서 생각한다면, 얼마나 자신이 어리석었는지를 인식하게 될 것입니다. 그리고 나서 이렇게 말할 것입니다.

"내가 이렇게 느꼈다면, 다른 사람들도 똑같이 느낄 것이다. 내가 이같이 말했다면, 그 사람도 이렇게 말할 것이다. 그런데도 분명히 우리는 서로 다르다고 생각한다. 우리는 서로를 향해 비난하였음에 틀림이 없다. 그러므로 나나 그나 다 나쁘다."

존 번연은 말합니다. "앉아 있는 자는 넘어질 것을 걱정할 필요가 없다. 낮은 데 처해 있는 사람은 교만을 두려워할 필요가 없다."

우리는 우리 마음을 잘 지키는 법을 배워야 합니다. 성경이 "내 아들아 네 마음을 내게 주며"(잠 23:26)라고 말하는 것은 놀라운 일이 아닙니다. 예레미야가 "만물보다 거짓되고 심히 부패한 것은 마음이라"(렘 17:9)라고 말한 것도 놀라운 일이 아닙니다.

우리의 마음은 얼마나 어리석습니까? 우리는 사람들에 대해서 이렇게 말하기도 합니다. "자네도 알다시피 그 사람은 지성적이거나 이지적인 사람이 아니어서 매우 많은 것을 이해하지 못하지. 다만 좋은 마음뿐이야."

그것은 아주 잘못된 표현입니다. 우리가 아무리 지성적이지 못하다 할지라도 우리의 생각이 마음보다 더 낫습니다. 보편적으로 말해서 사람이 생각해서 나쁜 것이 아니라 생각하지 않아서 나쁜 것입니다.

이 시편 73편을 기록한 불쌍한 사람은 마음의 통제를 받고 있었습니다. 그러면서도 그것을 알지 못했습니다. 자기가 사실들을 보면서 바르게 논증한다고 생각했습니다. 그러나 그 마음이 '속임수'였습니다.

마음이 그처럼 교활하고 영리합니다. 그러므로 우리는 언제나 마음을 지켜야 합니다.

"그 정죄는 이것이니 곧 빛이 세상에 왔으되 사람들이 자기 행위가 악하므로 빛보다 어둠을 더 사랑한 것이니라"(요 3:19).

나쁜 것은 마음입니다.

이 강론을 마치면서 잠언 4장 23절의 지혜로운 사람의 충고를 들어 봅시다.

"모든 지킬 만한 것 중에 더욱 네 마음을 지키라. 생명의 근원이 이에서 남이니라."

여러분의 마음을 지키고 여러분 자신을 지키고 여러분의 감정을 지키십시오. 여러분의 마음이 시무룩하면 모든 것이 다 시무룩하고, 바르게 될 것이 하나도 없을 것입니다. 모든 것을 지배하는 것은 마음입니다.

마음을 지키기 위해서는 이 시편 기자처럼 하나님께 나아가, 그분이 사랑과 은혜와 긍휼과 자비하심 속에서 독생자를 세상에 보내어 십자가에 못 박히게 하셨음을 인식해야 합니다.

그렇게 할 때 우리는 자신을 미워하고 죄 용서함을 받고서 다시 한번 정한 마음을 가지게 될 것입니다. "하나님이여 내 속에 정한 마음을 창조하시고"(시 51:10)라고 기도한 다윗의 기도가 응답받는 것입니다. 그 기도가 그리스도 안에서 응답되는 것입니다. 그리스도께서 마음을 정결하게 하시고 영혼을 거룩하게 하실 것입니다.

"오 주여, 당신의 능력으로 마음을 정하게 하시고
영혼을 거룩하게 하시고
모든 부분에 새로운 생명을 부으사
전체를 새로운 피조물로 만드소서."

사람이 자신과 자기 마음의 속임수와 더러움을 알기만 하면, 자신이 즉시 그리스도께 나아가야 함을 깨닫게 됩니다. 거기서 그는 죄 용서함과 정하게 하심과 새 생명과 새로운 성품과 새로운 마음과 새로운 이름을 발견할 것입니다. 사람에게 새로운 마음을 주고 사람 속에 바른 영을 새롭게 할 수 있는 복음을 인하여 하나님께 감사합시다.

Chapter 7

영적 알레르기

"내 마음이 산란하며 내 양심이 찔렸나이다.
내가 이같이 우매 무지함으로 주 앞에 짐승이오나"

시 73:21,22

우리가 살펴본 것처럼 이 두 구절에서 시편 기자는 악인에 대한 생각과 하나님에 대한 생각에 있어서 왜 자신이 전적으로 잘못되었던 것인지를 말합니다.

그가 발견한 첫 번째 큰 이유는, 결국 자기 자신이 문제였다는 것입니다. 우리가 이 세상을 살아가면서 만나는 많은 난제들과 문제들이 바로 자아가 다스리고자 하는 경향에서 비롯된다는 말입니다.

이것이 모든 것을 푸는 열쇠입니다. 이 사람은 자기 자신에 대해서 매우 정직하게 말하기를, 실로 자기 자신은 짐승과 같다고 합니다.

좀 더 살펴보면 그 점은 더욱 명백해집니다. 그는 그저 적당히 자기 자신을 바라본 다음에 그 모든 것에 대해서는 잊어버리고 다른 일로 나가는 자세를 취하지 않았습니다. 그는 똑바로

서서 자기 자신을 바라보았습니다. 그는 그 거울을 자세히 들여다보았습니다. 자기 자신의 아주 상세한 부분까지 살핀 것입니다. 그는 그 어느 것도 모른 척하지 않았습니다.

이것은 절대적으로 중요합니다. 자신에 대해서 조금도 남김없이 정직해지기 전에는 그리스도인의 삶에 있어서 성장이란 전혀 있을 수 없습니다.

그럼에도 불구하고 그리스도인의 삶의 모든 국면에 있어서 자기 점검은 아마 오늘날 가장 무시되는 국면 중 하나일 것입니다. 그것은 부분적으로 잘못된 가르침 때문이기도 합니다. 그러나 또한 우리 자신에게 고통이 되는 일을 전혀 하기 싫어하는 자세 때문에 나타나기도 합니다. 여기에 대해서는 아무도 의문스러워하지 않을 것입니다.

성도가 자신을 시험해 보고, 자기 자신을 대면하여 냉철하게 다루는 것이야말로 참된 성도의 특징이 아닐 수 없습니다. 시편 기자는 그렇게 행했습니다. 그는 참으로 자신이 자기의 고통의 원천임을 인정해야 했습니다.

그런 다음에 우리는 그가 매우 흥미로운 또 다른 이유를 발견했음을 알았습니다. 곧 자신이 자아를 내세울 때에 보편적으로 마음이 생각을 통제하게 된다는 것입니다. 우리의 생각이 마음의 지배를 받을 때에 매우 서글픈 양상이 벌어집니다. 결코 그렇게 되어서는 안 됩니다.

이지, 이해력은 사람이 가진 최고의 은사입니다. 그것은 사람 가운데 있는 하나님의 형상임에 틀림없습니다. 이치적으로 따지고 이해하고 생각하고, 왜 우리가 그렇게 행해야 하는지를 아는 능력, 우리가 어떤 일을 해야 할지 그렇지 않은지를 판별하는 능력이야말로, 사람이 동물과 다른 여러 가지 요인들 중 하나입니다.

그러므로 이렇게 표현해도 될지 모르겠지만, 우리가 감정적으로 생각한다면, 매우 나쁜 상태에 처해 있는 것입니다.

시편 기자는 마음이 머리보다 앞서고 있었습니다. 성경은 이것에 대해서 매우 염려합니다. 성경은 어디에서든지 항상 마음을 지켜야 한다고 가르칩니다. 왜냐하면 "생명의 근원이 이에서 남이니라"(잠 4:23)라는 말씀처럼 여기에서 삶의 여러 문제들이 나타나기 때문입니다. 즉, 마음이 진리의 통제를 받아야 한다는 뜻입니다. 그래서 "지혜를 구하라" "지식을 얻으라"라고 가르치는 것입니다.

그리스도인은 생각하지 않거나 마음에 따라 즉각적으로 반응한다는 인상을 끼쳐서는 안 됩니다. 그리스도인은 진리를 믿고

받아들이며, 진리에 자기 자신을 복종시키는 사람입니다. 그는 진리를 알고, 진리에 의해서 움직이며, 진리를 기초로 하여 행동하는 사람입니다.

성경에서 '마음'이라는 표현은 정서만을 뜻하는 것이 아닙니다. 이것은 생각하는 이지의 기능까지 포함합니다. 그리고 이러한 생각의 변화가 바로 회개입니다.

자신에게서 비롯되는 고통

이제 이 사람이 자기 자신에 관해서 상세하게 발견한 것이 무엇인지를 생각해 보도록 합시다. 그는 이 두 구절에서 우리에게 말합니다. 그가 진정으로 자신의 자리를 알았을 때 발견한 첫 번째 요점은, 자기 자신의 고통거리와 행복이 대부분 자기 자신에게서 비롯된다는 점이었습니다.

그는 하나님의 성소에서 자기의 고통이 전적으로 악인들 때문이 아니었음을 알게 됩니다. 자기의 고통거리는 바로 자기 자신이었습니다. 우리가 흔히 쓰는 표현을 사용하자면, 그는 '자신을 부추겨' 그러한 상황에 빠지게 된 것입니다. 그는 바로 그 점을 발견하였습니다.

그에 대한 증거를 여러분에게 제시하고자 합니다. 흠정역에서는 21절을 "그래서 내 마음이 근심에 찼고 내 신장 속에서 찔렸 나이다(Thus my heart was grieved, and I was pricked in my reins)"라고 번역합니다. 이것은 어떤 일이 그의 마음에 일어났다는 것을 암시합니다. 이때 그의 '신장$_{reins}$', 즉 콩팥이란, 고대 심리학에 따르면 감정과 정서의 또 다른 좌소를 가리킵니다.

그러나 이 사람이 실제로 말한 것은 약간 다른 의미입니다. 21절에 사용된 이 낱말들이 융통성이 있기 때문입니다. 그가 의미하는 바는, 자기가 자신에 대해서 무엇인가를 행했다는 것입니다. 그는, "내가 내 마음을 찔렸나이다"라고 말하는 것과 같습니다. 또는 이렇게 번역할 수도 있습니다. "내가 나 자신을 위해서 찌르는 아픔을 예비하고 있었나이다."

그는 스스로 그 일을 하고 있었습니다. 그는 자기 자신의 마음을 자극하고 있었고, 자기 자신의 고통을 일으키고 있었으며, 자기 자신의 감정을 상하게 하고 있었던 것입니다. 자신이 자기의 고통을 만들고 있었으며, 하나님의 성소에 들어가기까지 참아 내야 했던 그 찌르는 아픔을 조장하고 있었던 것입니다.

이는 분명히 사활을 좌우하는 매우 중요한 원리입니다. 사실은 우리가 자신의 고통을 산출하며 더 악화시킨다는 것입니다. 이 시점에서 우리 모두 하나님 앞에서 그 점을 인정해야 하지 않겠습니까? 물론 이 시편 기자가 하나님의 성소에 나아가기 전에 말했던 것처럼, 우리는 우리 밖에 있는 어떤 것이 모든 고통거리를 산출한다고 말하고 싶어합니다. 그러나 전혀 그렇지가 않습니다. 문제는 우리 자신입니다.

제가 생각하기에 다음의 표현은 이 요점을 아주 잘 나타내는 것 같습니다. "문제되는 것은 인생이 아니라네. 그 인생을 향하여 자네가 어떠한 용기를 가지느냐에 달려 있지."

물론 저는 용기의 철학을 받아들이지 않습니다. 다만 이것이 잘못된 진술이기는 하지만 그 속에 본질적인 진리의 요소를 가지고 있다는 것입니다. "문제되는 것은 인생이 아니다."

그렇습니다. 그렇다면 무엇이 문제입니까? 저와 여러분이 문제입니다. 우리가 인생을 대면하는 방식, 그 인생에 대하여 반응하는 방식, 그 인생에 대한 우리의 처신, 그것이 바로 문제인 것입니다.

저는 그것을 아주 분명하게 입증할 수 있습니다. 똑같은 종류의 삶을 사는 두 사람을 생각해 봅시다. 두 사람의 조건이 완전히 똑같은데도 그들은 서로 매우 다릅니다. 한 사람은 고통스러워하고 슬퍼하며 불만과 불평으로 가득 차 있습니다. 그러나 다른 사람은 조용하고 고요하며 행복해하고 침착합니다. 무엇이 다른 것입니까? 조건은 동일합니다. 그들에게 일어나는 일도 차이가 없습니다. '그들' 자신 속에 있는 어떤 것이 차이가 있는 것입니다. 그 두 사람 속에 그 차이가 존재한다는 말입니다.

이 점을 풍성하게 입증할 수 있습니다. 그것을 아주 잘 표현한 대구적인 시가 있습니다.

"감옥 창문을 통해 두 사람이 밖을 내다보고 있다.
한 사람은 진흙 창을 바라보고
또 한 사람은 별들을 바라본다."

여러분도 알다시피 한 사람은 아래를 내려다보고 한 사람은 위를 쳐다보았습니다. 문제는 인생의 조건과 환경이 아닙니다. 악인들에게 문제가 있는 것도 아니고 이러한 일들에 있는 것도 아닙니다. 문제는 바로 우리 자신에게 있습니다. 이 사람은 그 모든 것을 발견하였습니다. 자기가 자기의 고통거리를 만들고 확대시키고 더 크게 만들었음을 발견하였습니다. 스스로 자신의 마음을 찔렀던 것입니다.

하나님께서는 우리 모두가 그러한 잘못을 범하기 쉽다는 것을 아십니다. 문제는 우리 밖에 있는 외적인 요인이 아닙니다.

물론 그 외적인 요인이 특별하기는 합니다. 그러나 우리에게 일어나는 일을 결정하는 것은 그 일 자체가 아니라 그 일에 대한 우리의 반응임을 인식해야 합니다. 그것이 대단히 중요한 문제입니다.

그것을 아주 잘 표현한 말이 있습니다. 우리는 어떤 타입의 사람에 대해서 말합니다. "그는 언제나 두더지가 파놓은 흙두둑 molehill에서 산을 만들어 낸다."

거기에는 흙두둑이 있습니다. 무엇인가 진행되는 일이 있음에 틀림없습니다. 그 일 자체는 매우 사소한 것입니다. 그저 두더지가 파놓은 흙두둑에 불과했습니다. 그러나 이 사람은 그것으로 산을 만들고 있습니다. 그것을 아주 거대한 것으로 만들어 버렸습니다.

그리하여 자기는 산과 같은 고통거리에 직면해 있다고 생각합니다. 그러나 사실은 그렇지 않습니다. 그가 도도록한 흙두둑을 산으로 바꾼 것입니다. 스스로 자신을 괴롭히고 격동시켜서 바로 이러한 조건 속으로 몰아넣은 것입니다.

그것을 묘사한 또 다른 어구가 있습니다. 우리는 무엇인가에 대하여 "일을 크게 확대시키고 있다"고 말하곤 합니다. 물론 그것은 정확한 표현이 아닙니다. 우리가 일을 크게 확대시키는 것이 아니라 우리 자신을 부추기고 있을 뿐입니다. 즉, 우리가 나타내는 반응이 우리가 받는 자극보다 훨씬 크다는 것입니다. 그것은 우리가 분명히 정당한 균형을 이루지 못하기 때문입니다. 또 우리가 바른 상태에 있지 못하고, 너무나 예민한 상태에 있기 때문입니다.

오늘날 어느 누구나 어떤 일들에 대하여 '알레르기적인' 반응을 나타내고 있다는 것에 대해서 말합니다. 그것이 오늘날 아주 흔히 쓰이는 표현 중 하나입니다. 그 말이 무슨 뜻입니까? 아주 지나치게 예민하다는 뜻입니다.

예를 들어서, 어떤 사람들은 고양이와 함께 방 안에 있다가는 반드시 천식 발작을 일으킵니다. 어떤 사람들은 건초가 있는 밭에 가까이 가면 그 건초에 민감한 반응을 나타내어 열이 납니다. 여러분은 그 모든 것에 대해서 잘 알고 있습니다. 무엇이 문제입니까?

전문가들은 공기 중에 있는 먼지나 꽃가루가 그러한 문제를 일으킨다고 말합니다. 물론 단순히 그 꽃가루가 문제인 것만은 아닙니다. 왜냐하면 다른 사람들은 그런 밭에 가더라도 아무렇지 않기 때문입니다.

꽃가루가 있는 것은 사실이지만, 이런 사람들이 열이 오르는 것은 꽃가루 때문이 아니라 그들이 아주 예민하고도 알레르기적인 체질을 가지고 있기 때문입니다. 이것이 바로 시편 기자가 발견한 것을 예증해 줍니다.

이제 그는 한 걸음 더 나갑니다. 참으로 잘한 일입니다. 그는 자기 자신이 그 민감함과 예민성을 더욱더 부추겼다고 말합니다. 그런 일은 아주 쉽게 일어날 수 있습니다.

여러분도 여러분 마음을 아주 예민하게 만들 수 있습니다. 마음을 구부릴 수도 있고 이리저리 요리할 수도 있습니다. 그렇게 하면 할수록 여러분의 마음은 그것을 더욱 좋아하게 될 것입니다. 그래서 더욱 예민해지고 침울해질 것입니다. 여러분은 이렇게 그 마음을 부추겨서 아주 작은 일에도 대번에 고통을 느끼게 할 수 있습니다.

화약이 들어 있는 뇌관(雷管)은 한 번만 치면 놀라운 폭발을 일으킬 것입니다. 그러나 일차적으로 문제가 되는 것은 그 뇌관이 아니라 거기에 연결된 화약통입니다.

시편 기자가 바로 그러한 유의 일을 발견했습니다. 악인들에 대한 그의 생각이 전적으로 잘못되어 있었습니다. 그래서 그 악인들이 자기 난제의 원인이라고 생각했던 것입니다. 그러나 그렇지 않다는 것을 발견하였습니다. 그는 자기의 마음을 어리석은 상태로 만들었습니다. 그의 마음은 아주 예민해져 있었으며, 아주 작은 일이 잘못되어도 큰 폭발을 일으킬 만한 그런 상태에 빠져 있었던 것입니다.

우리 모두 제가 말씀드리고 있는 것이 진리임을 인식한다고 저는 확신합니다. 그러나 문제는, 여러분도 스스로 바로 그러한 일을 하고 있음을 알고 있느냐 하는 것입니다.

여러분이 자기 자신에게 자신의 처지에 대하여 말할 때마다 자신이 불쌍하다는 생각이 듭니까? 그렇다면 이 사람처럼 여러분도 이 괴상한 예민성을 증가시키고 있는 것입니다. 여러분 스스로 고통스러운 체험을 하기 위해 준비하고 있는 셈입니다. 바로 그것이 '자기 학대Masochism'입니다.

여러분도 아는 바와 같이, 우리 모두가 다 그런 유의 잘못된 왜곡에 빠져 있습니다. 그것이 바로 인간 본성에 들어 있는 이상함이며, 타락의 섬뜩한 여러 결과들 가운데 하나입니다. 말하자면, 우리가 자신을 괴롭게 하는 데서 일종의 왜곡된 즐거움을 느끼고 있다는 것입니다. 그것은 정말 기이한 일입니다.

우리는 자신의 비참을 즐거워합니다. 우리는 자신을 불쌍히 여기면서 동시에 그것을 누립니다. 이 모든 교활함이 바로 그런 자리에 들어오는 것입니다. 우리가 철저하게 비참하고 불행할 때, 어떤 의미에서 우리는 그것을 붙잡습니다. 왜냐하면 그것이 일종의 왜곡된 즐거움을 주기 때문입니다. 우리는 여전히 자신을 보호하면서 자신을 크게 만들고 있습니다.

이 시편 기자는 하나님의 성소에서 그 모든 것을 발견하였습니다. 그는 자기 자신을 슬퍼하고 있었습니다. 자기 자신의 비참을 만들고 있었으며, 그것을 계속 보전하고 있었습니다. 그것을 정직하게 대면하는 것이 아니라 오히려 그것을 확대시켰습니다.

그는 사실 큰 고통 속에 있었던 것도, 역경을 지나고 있었던 것도 아닙니다. 다만 그가 주위의 일들을 바라보되, 자기 스스로에게 고통을 주는 시각으로 바라보았을 뿐입니다. 참으로 미련한 짓입니다!

그런데 우리도 때로 그와 같을 때가 있지 않습니까? 우리 역시 참으로 어리석은 존재들이 아닙니까?

이 모든 것은 빌립보서 4장 11-13절에 묘사된 그 복된 상태와 서로 반대됩니다. 바울은 그것을 이렇게 표현합니다.

"내가 궁핍하므로 말하는 것이 아니니라. 어떠한 형편에든지 나는 자족하기를 배웠노니, 나는 비천에 처할 줄도 알고 풍부에 처할 줄도 알아 모든 일 곧 배부름과 배고픔과 풍부와 궁핍에도 처할 줄 아는 일체의 비결을 배웠노라. 내게 능력 주시는 자 안에서 내가 모든 것을 할 수 있느니라."

바울은 극도로 과민해지지 않는 상태에 이르렀습니다. 그는 자기에게 일어나는 일이 그렇게 큰 것이 되지 않는 상태에 있었습니다. 그러하기에 자기에게 일어난 일이 그를 어지럽히지도 못한 것입니다.

"어떠한 형편에든지 나는 자족하기를 배웠노니."

그것이 바로 우리 모든 그리스도인들이 가져야 하는 자세입니다. 그리스도인이 아닌 사람은 그렇게 된 것도 아니며, 도저히 그렇게 될 수도 없습니다. 그는 마치 화약통과 같습니다. 언제 폭발이 일어날지 전혀 알 수 없습니다. 아주 작은 충격만 가해져도 큰 고통을 느낍니다. 그가 자기 자신 때문에 과민한 상태에 있기 때문입니다.

사도 바울은 우리 주님께서 먼저 제자들에게 말씀하신 것을 기억하고 있었습니다.

"누구든지 나를 따라오려거든 자기를 부인하고"(마 16:24).

자아를 먼저 부인해야 합니다. 그다음에 "자기 십자가를 지고 나를 따를 것이니라"라고 말씀하십니다. 자아를 맨 윗자리에서 내려 뒷전으로 밀어놓았기 때문에, 그 제자인 바울은 과민한 상태에 있지 않았습니다. 이러한 자아는 고통을 야기하거나 깜짝 놀라게 하거나 폭발을 일으키지 않습니다. 그 사람이 자기를 부인하고 그리스도를 위하여 살고 있었기 때문에 그가 균형을 이룰 수 있는 것입니다.

이것에 비추어서 우리 자신을 점검합시다. 우리의 모든 근심들을 생각해 봅시다. 어렵다고 여겨질 때는 모든 일들을 생각해 봅시다. 모든 실족과 모독과 그 밖에 우리에게 부과되었다고 생각되는 다른 모든 것들을 생각해 봅시다. 그리고 모든 오해들을 생각해 봅시다. 그러한 모든 것들을 이 교훈에 비추어서 대면해 봅시다.

그러면 대번에 비참하고 슬프게도 그 모든 것이 다 부풀려져 있음을 알게 될 것입니다. 실제로 존재하는 것은 하나도 없습니다. 우리가 흙두둑에서 큰 산을 만들고 있었던 것입니다. 우리가 우리를 넘어뜨렸던 것들을 나열할 수 있다면, 우리는 얼마나 부끄러워질까요! 정말 우리가 얼마나 작아지며 얼마나 가련해질 수 있는지요!

어리석음

이 시편 기자가 발견한 그다음 요점은, 자기가 어리석었다는 점입니다. 흠정역은 22절을 "내가 그렇게 어리석다니$_{\text{so foolish was I}}$"라고 번역합니다. 그 말은 사실상 '바보스러움'을 의미합니다. 그 말이 훨씬 더 낫습니다.

그는 이성이 전혀 없는 짐승처럼 바보스럽고도 무모하게 행하고 있었던 것입니다. 이것은 항상 우리가 묘사하고 분석해 나가고 있는 상태에 해당되는 표현입니다. 그것은 정확히 무슨 의미입니까? "내가 그렇게 바보스럽고 무지하다"라는 말입니다. 그는 그 점을 되풀이해서 강조합니다.

"내가……주 앞에 짐승이오나."

다시 우리는 그의 정직함과 신실함에 주목합시다. 그는 자신을 전혀 아끼지 않습니다. 그는 자신의 실체를 알았습니다.

"내가 이같이 우매 무지함으로 주 앞에 짐승이오나."

그 말은 무슨 뜻입니까? 무엇보다 먼저 그가 본능적으로 행동했음을 뜻합니다. 짐승과 사람의 차이가 무엇입니까? 이미 부분적으로 그 답을 암시해 드린 바 있습니다.

하나님이 사람에게 주신 최고의 은사는 이해력, 논리력, 생각하는 능력입니다. 짐승도 지극히 이기적일 수 있습니다. 그러한 짐승이 때로 참으로 여러 번 이기적이지 않은 모습을 나타낸다 할지라도, 짐승에게 참된 본질과 기능을 가진 이성이 있는 것은 아닙니다.

   짐승은 자신 밖에서 자신과 자신의 행동을 볼 수 있는 능력을 가지고 있지 않습니다. 그런 일을 할 수 있는 존재는 사람뿐입니다. 그것은 사람 속에 있는 하나님의 형상의 일부입니다. 짐승들은 절대 그렇게 하지 않습니다. 짐승들은 본능적으로 행동할 뿐입니다.

   이것을 예증하는 데는 많은 시간을 소비할 필요도 없습니다. 새들의 이동 모습을 생각해 보십시오. 이러한 것들을 연구하면, 짐승에게 있어서는 지성보다 본능이 그 기이한 현상을 통제하고 있다는 것이 명백하게 드러날 것입니다. 즉, 동물적인 행동은 주어진 자극에 대한 본능적인 반응인 것입니다. 그렇습니다. 시편 기자는 자기가 그렇게 행동해 왔다고 말합니다. 그는 멈추어 따져 보지 않았습니다.

   어리석다는 것은 논리적으로 생각하지 못하고, 분명하게 생각하지 않는다는 것입니다. 저와 여러분은 논리적으로 생각하도록 부르심을 받았습니다. 우리는 이성적으로 생각해야 합니다. 우리는 마땅히 앞뒤를 연속적으로 연결 지어 생각해 보아야 합니다. 그러나 시편 기자는 그렇게 생각하지 않았습니다. 동물처럼 행동하였습니다.

동물은 자극에 대해서 즉각적으로 반응하고, 생각할 틈도 없이 기계적으로 행동합니다. 이 시편 기자도 그렇게 행하고 있었습니다. 우리도 그렇게 행하기가 얼마나 쉬운지요!

그것은 아주 비그리스도인적인 태도입니다. 그리스도인과 비그리스도인 사이의 큰 차이들 가운데 하나는, 그리스도인은 언제나 자극과 반응 사이에 간격을 둔다는 것입니다. 그리스도인은 언제나 모든 것을 다른 맥락 속에서 바라보아야 합니다. 그는 그것에 대해서 생각해야 합니다. 곧바로 결론으로 나아가서는 안 됩니다. 그리스도인은 그 일을 자세히 따져 보아야 합니다.

이것은 사활을 좌우하는 매우 중요한 원리입니다. 논리적으로 생각하고, 분명하고도 영적으로 생각할 능력을 가지고 있다는 것이 그리스도인의 표지 가운데 하나입니다. 신약 서신의 전체적인 목적이 바로 그것이 아닙니까?

신약 서신들은 무엇을 말합니까? 그들은 우리와 함께 이치적으로 따져 나갑니다. 이 서신들은 우리와 똑같은 난제와 당혹스러운 문제들을 가진 그리스도인들에게 주어진 것입니다. 그 서신들이 말하는 것은 바로 이와 같습니다.

"이러한 것들에 대해서 금방 반응을 나타내지 말라. 그것들에 대해서 생각하고 그것들을 하나님의 의도라는 맥락 속에서 생각하라. 그렇게 하면 그것들을 다른 방식으로 생각하는 자신을 발견하게 될 것이다."

그리스도인은 비그리스도인과 다른 방식으로 생각합니다. 그의 사고는 논리적이고도 분명하며, 조용하고 통제되어 있으며, 균형 잡혀 있습니다. 다른 무엇보다도 그리스도인의 사고는 영적입니다. 그는 모든 것을 신약 성경에서 제시하는 그 위대한 진리의 차원에서 생각합니다.

그러나 짐승은 그렇게 할 수 없습니다.

"내가 이같이 우매 무지함으로 주 앞에 짐승이오나."

이러한 행동은 짐승과 같을 뿐만 아니라, 어린아이의 행동과도 같습니다. 어린아이는 숙고하는 기능이 충분하게 발전되거나 성숙되지 못하여 그렇게 행동합니다. 얼른 결론 짓습니다. 어린아이는 자극에 대하여 짐승처럼 반응합니다. 그래서 어린아이는 생각하고 숙고하는 법과 어리석어지지 않는 법을 훈련받아야 합니다.

시편 기자가 자신이 어리석음을 발견하게 된 또 다른 방식은 이것입니다. 그는 분명히 경건한 삶에 대해 매우 거짓된 개념을 가지고 있었습니다. 그는 항상 즐거움을 소원하였고, 자기의 삶이 항상 햇빛 찬란한 행복의 고리로 길게 이어져야 한다고 생각했습니다. 그래서 그는 불평하면서, "내가 내 마음을 깨끗하게 하며 내 손을 씻어 무죄하다 한 것이 실로 헛되도다. 나는 종일 재난을 당하며 아침마다 징벌을 받았도다"(시 73:13,14)라고 말한 것입니다.

저는 아주 분명하고 강하게 묻습니다. 이것이 바로 우리 모두의 모습이 아닙니까? 우리는 모든 은사들과 즐거움과 행복과 기쁨을 취하되, 그것에 관해서 하나님께 많은 말을 하지 않고 취하고자 합니다. 그러나 어떤 일이 잘못되는 순간에 우리는 불평을 터뜨리기 시작합니다.

우리는 건강과 힘과 먹는 것과 입는 것과 사랑하는 자들과 함께 있는 그 모든 것을 아주 당연한 일로 여깁니다. 그러다가 어떤 일이 잘못되면 불만을 나타내고 불평합니다. "하나님께서 왜 내게 이렇게 행하는가? 왜 이런 일이 내게 일어나야 하는가?"

우리는 감사하기에는 얼마나 더디고, 불평하는 데는 얼마나 재빠른지요! 그것이 바로 짐승과 같은 모습이 아닙니까? 짐승은 얼러주고 위로해 주기를 바랍니다. 짐승은 먹을 것을 주면 좋아하고 즐거워합니다. 그러다가 여러분이 그 짐승의 버릇을 고쳐 주려고 하면 싫어합니다. 그것이 짐승의 전형적인 모습입니다.

이것은 또한 어린이적 사고방식의 전형입니다. 어린아이는 자신에게 주어진 모든 것을 다 취할 것입니다. 만일 그 어린아이가 원하는 것을 **빼앗으면**, 매우 화를 낼 것입니다.

그것이 바로 어리석음입니다. 생각하지 못하는 소치입니다. 어린이와 같이 유치하고 어리석으며, 짐승과 같은 태도입니다. 그것이 이 사람과 우리 모두의 모습을 얼마나 잘 표현하는지요!

이 사람은 복락과 기쁨을 당연한 것으로 취하고 있었습니다. 우리 모두 이러한 것들을 취할 권리가 있다고 아주 당연하게 생각하며, 언제나 그러한 것들을 가져야 하는 것처럼 생각합니다. 그러하기에 그러한 것들이 우리에게 주어지지 않을 때에 우리는 의문을 제기하고 의심하기 시작합니다.

이 시편 기자는 자신에 대해서, "나는 경건한 사람이요 하나님을 믿는 사람이다. 나는 경건한 삶을 살아왔고, 하나님의 성품에 대한 것들을 알고 있다. 이런 것들은 의심의 여지가 없다. 그런데도 분명한 고통거리가 매일 일어나고 있다. 경건하지 않은 악인들은 매우 다르다는 것을 나는 알고 있다. 이에 대한 매우 정당한 이유가 있어야 하지 않는가"라는 식으로 말해야 합니다. 그런 다음에 여러 이유를 따지기 시작하고, 그 해답을 구하려고 애써야 했습니다.

만일 그가 그렇게 하였더라면, 의심할 여지 없이 하나님께서 이 모든 일에 어떤 목적들을 가지고 계시다는 결론을 내렸을 것입니다. 우리는 이미 그러한 이유들 중 몇 가지를 생각해 보았습니다.

그는, 자기가 이해하지 못한다 할지라도 하나님께서는 이유를 가지고 계심에 틀림없다는 결론에 이르러야 했습니다. 왜냐하면 하나님께서는 이치에 합당하지 않는 일을 하지 않으시기 때문입니다. 그랬다면 시편 기자는 이렇게 말했을 것입니다. "그러므로 그에 대한 설명이 어떠하든지 나는 그 점을 확신한다. 그것이 내가 생각한 것과 다르더라도 말이다."

그는 그런 식으로 생각해야 했습니다.

그러나 우리는 그렇게 하기를 얼마나 싫어하는지요! 우리는 그리스도인으로서 우리가 어떠한 고통도 겪어서는 안 된다고 생각합니다. 어떤 일도 우리에게는 잘못되어서는 안 되며, 태양은 언제나 우리 주위에서 눈부시게 비춰야 한다고 생각합니다. 반면에 다른 사람들, 곧 그리스도인이 아닌 모든 사람들은 끊임없이 고통을 당하고 어려움을 겪어야 한다고 생각합니다.

그러나 성경은 우리에게 그런 것을 약속한 적이 없습니다. 오히려 "하나님의 나라에 들어가려면 많은 환난을 겪어야 한다"

라고 말씀합니다.

"그리스도를 위하여 너희에게 은혜를 주신 것은 다만 그를 믿을 뿐 아니라 또한 그를 위하여 고난도 받게 하심이라"(빌 1:29).

우리가 생각하려는 순간, 우리에게 본능적으로 떠오르는 생각들이 성경의 가르침에 비추어 볼 때 아주 거짓된 것임을 알게 됩니다.

저는 이 모든 것을 이렇게 요약합니다.

"내가 이같이 우매 무지함으로 주 앞에 짐승이오나."

이 말씀은 우리가 짐승과 동물처럼 언제나 훈련받기를 싫어한다는 뜻입니다. 우리는 결단코 훈련의 필요성이나 필연성을 알지 못합니다. 하나님께 연단을 받을 때마다 우리는 그것을 반대하면서 의심을 품고, 하나님의 사랑과 선하심까지도 의심합니다. 자기가 짐승처럼 행동하였다고 말할 때, 시편 기자는 바로 이것을 아주 완벽하게 표현한 것입니다.

본질상 어느 누구도 훈련받기를 좋아하지 않습니다. 그는 자기의 본능이 시키는 대로 반응하기를 원합니다. 그는 통제받기도 싫어합니다. 짐승은 언제나 훈련받는 것을 싫어합니다. 그래서 짐승을 훈련시킬 때에는 대단한 인내를 가져야 하며, 냉엄한 자세를 취해야 합니다.

이것이 바로 성숙하지 못한 그리스도인, 어린아이 같은 그리스도인의 특징입니다. 그러한 사람은 연단받는 것을 싫어합니다.

그러나 그러한 태도에 대해 분명하고도 피할 수 없는 대응책이 있습니다. 히브리서 기자는 서슴없이 아주 두드러지고 깜짝 놀랄 표현을 사용합니다. "만일 너희가 징계를 받지 않는다면, 그것을 설명할 길은 오직 한 가지뿐이다. 곧 너희가 하나님의 자녀가 아니요 사생자라는 것이다"(히 12:8 참고).

만일 여러분이 하나님의 자녀라면, 여러분은 틀림없이 연단을 받게 될 것입니다. 하나님께서 여러분의 거룩을 위하여 예비하고 계시기 때문입니다. 하나님께서는 그저 무차별하게 달콤한 것만 주는 그런 아버지가 아닙니다. 우리에게 어떤 일이 일어나도 상관하지 않는 분이 아니십니다. 하나님께서는 거룩하십니다. 자신과 자신의 영광을 위해서 우리를 예비시키십니다.

우리의 됨됨이가 그러하고 우리 속에 죄가 있으며, 세상이 바로 그러하기 때문에, 우리가 연단받아야 하는 것입니다. 우리를 일으켜 세워서 '하나님의 아들의 형상'을 본받게 하기 위해서 시련과 환난 속으로 우리를 보내시는 것입니다.

그러나 우리는 그것을 좋아하지 않습니다. 우리는 고통을 싫어하여 짐승처럼 비명을 지릅니다. 만일 우리가 생각하는 자라면, 어리석은 자가 아니라면, 그 고통을 인하여 하나님께 감사하면서 시편 기자처럼 고백해야 합니다.

"고난당한 것이 내게 유익이라"(시 119:71).

저는 때로 그리스도인을 시험하기에 그것보다 좋은 시금석이 없다고 생각합니다. 우리가 시련과 고통과 징계로 인하여 하나님께 감사할 수 있느냐 하는 것입니다. 왜냐하면 하나님께서 그러한 것들을 사용하셔서 우리를 하나님에게로 더 가까이 인도하시기 때문입니다.

무지함

이 시편 기자가 자기 자신에 대하여 발견한 다음 요점은, 자기가 무지하였다는 것입니다. '무지하였다'는 것은 '어리석다'는 것과는 다릅니다. 일반적으로 그 어리석음은 무지로 이어집니다.

이 사람은 악인의 참된 모습이 어떠한지에 대해서 무지하였습니다. 경건한 삶의 전체 목적에 관해서도 잊고 있었습니다. 만일 여러분과 제가 시련과 고통 앞에서 이렇게 반응한다면, 우리에 대해서 할 말은 오직 한 가지뿐입니다. 우리가 무지하다는 것입니다.

무엇에 대해서 무지합니까? 성경이 말하는 경건한 삶에 대하여 무지합니다. 우리는 특히 신약 서신들에 대해서 무지합니다. 모든 신약 서신들은 이 특별한 무지를 밝혀 주기 위해서 기록되었습니다.

만일 우리가 언제나 하나님께서 우리를 다루시는 방식에 대해서 불평하고 하나님의 징계에 대해서 불만을 표한다면, 우리가 성경을 전혀 알지 못하며, 특히 신약 성경을 전혀 이해하지 못한다고 솔직히 고백하는 셈입니다. 그렇지 않다면, 우리가 일부러 무지하려고 애를 써서 우리가 알고 있는 것을 생각하거나 조명하기를 싫어한다는 이야기밖에 안 되는 것입니다.

우리는 성경을 알고 있습니다. 그러나 성경의 논증을 듣기 싫어하고, 그 가르침을 우리 자신에게 적용하기를 거부합니다.

"우매 무지함으로."

시편 기자는 말합니다. "나는 무지한 자로서 행동하였습니다. 나는 마치 하나님의 의도에 대해서 아무것도 모르는 사람처럼 행동하였습니다. 마치 이러한 문제에 대해서 전혀 문외한인 것처럼 행동하였습니다. 나는 과거의 역사에 대해서 읽어 본 적도 없고 들어 본 적도 없는 사람처럼 행동하였습니다."

이것이 바로 우리 모두의 모습입니다. 우리의 마음과 감정이 우리를 지배하도록 허락한 순간, 이런 면에서 아주 예민해지거나 알레르기적인 반응을 나타냅니다. 마치 하나님 앞에서 짐승처럼, 아무것도 모르는 사람처럼 행동합니다.

하나님 앞에서

그것은 우리를 마지막 문제로 이끕니다. 그것은 모든 것 중에서 가장 나쁩니다. 들어 보십시오.

"내 마음이 산란하며 내 양심이 찔렸나이다. 내가 이같이 우매 무지함으로 주 앞에 짐승이오나."

그것이 이 사람의 마음을 찔렀다고 생각합니다. 그것이 바로 우리 모두의 마음을 생각하게 만드는 것임에 틀림없습니다. 여러분도 알다시피, 이 사람이 하나님의 성소에서 발견한 것은, 어리석고 무가치하고 바보스러운 일들을 바로 하나님의 면전에서 행하고 있었다는 것입니다.

"주 앞에."

그래서 그는 자신을 짐승처럼 생각하였습니다. 하나님 앞에서 이러한 생각들을 하면서 노니작거렸고, 그러한 것들을 말하려는 순간에까지 이르렀던 것입니다!

그는 하나님께서 '마음의 생각과 뜻을 판단'(히 4:12)하시는 분임을, '지으신 것이 하나도 그 앞에 나타나지 않음이 없고 우리의 결산을 받으실 이의 눈앞에 만물이 벌거벗은 것같이'(히 4:13) 드러날 것임을 잊고 있었습니다.

만일 우리가 그 점을 인식하기만 했다면, 우리는 다시는 이렇게 행동하지 않을 것입니다. 그러나 부끄럽게도 우리는 쉽게 그런 실수를 저질렀습니다.

저와 여러분은 언제나 하나님의 면전에 있습니다. 그러므로 자기가 괴로움을 받는다고 해서, 혹은 이러저러한 일이 자기에게 일어났다고 해서 한쪽 구석에 앉아 자기 자신을 안쓰럽게 생각해서는 안 됩니다. 이 모든 일을 하나님의 면전에서 하고 있다는 것을 기억하십시오.

"하나님께서 내게 공정하신가? 다른 사람들은 그처럼 번성하는데 내가 고난을 받는 것이 옳은 것인가?"라고 질문할 때는, 여러분이 하나님 앞에서 그렇게 질문하고 있으며, 하나님 앞에서 하나님을 그런 분으로 생각하고 있다는 것을 기억하십시오. '주 앞에서' 이 사람은 하나님의 크심을 망각하였습니다.

저와 여러분이 하나님의 크심을 항상 기억하고 있다면, 절대 해서는 안 되는 일들이 있습니다. 그 전능하신 자 앞에서 우리가 그저 한 마리의 파리나 메뚜기와 같은 존재에 불과하다는 사실을 인식한다면, 하나님께서 아무것도 없었던 것처럼 우리 존재를 제거하실 수 있다는 사실을 인식한다면, 우리는 더 이상 하나님의 면전에서 우리 자신을 부추겨 세우거나 하나님을 의심하지 않을 것입니다. 구약의 지혜자의 말대로 '하나님은 하늘에 계시고 우리는 땅에 있음'을 인식해야 합니다.

그러나 또한 우리는 특별히 하나님의 사랑을 기억해야 합니다. 하나님은 살아 계십니다. 시편 기자는 자기가 매우 어리석고 미련하여 하나님의 사랑을 의심했다는 것을 깨달았습니다. 그는 모든 것이 하나님의 사랑과 선하심과 은혜로우심에 짐이 되는 것을 인정했습니다.

그러므로 우리가 하나님에 대해서 이처럼 아름답지 못하고 무가치한 생각들을 하게 될 때에는, 바로 그분이 우리를 너무나 사랑하시어 자신의 아들을 세상에 보내사 우리를 위하여 갈보리의 수치와 능욕을 당하게 하신 분이라는 것을 기억해야 합니다.

그러나 그러한 하나님에 대한 생각들마저, 하나님의 거룩한 면전에서 하고 있는 것입니다. 여러분이 하나님 앞에서 뾰로통해 있으며, 응석받이 어린아이처럼 있는 모습을 그려 보십시오. 어린아이가 뾰로통해 있는 모습을 살펴보십시오. 그리고 짐승을 보십시오. 얼마나 이상하게 보입니까?

그렇습니다. 그것을 무한정 확대시켜서 전능하고 거룩하며 사랑하시는 하나님 앞에서의 여러분 자신을 생각해 보십시오. 이러한 상황에 대해서 할 말이 전혀 없습니다.

시편 기자는 옳게 행동했습니다. 그는 자신에 대하여 관대하게 굴지 않았습니다. 그는 단순히 진실을 진술합니다.

"내가 이같이 우매 무지함으로 주 앞에 짐승이오나."

이것의 반대는 무엇입니까? 자기 자신을 돌아본 후 탕자도 이보다 더 나은 것을 생각할 수 없습니다. 의심할 여지 없이 그 시점에 이르기 전에는 그 불쌍한 사람은 자기가 아주 푸대접을 받고 있다고 생각했습니다. 그는 집을 떠나 먼 나라로 갔습니다. 자기 스스로 모든 것을 해 나갈 심산이었습니다.

그러나 일이 잘되지 않았습니다. 다시 그는 자신이 푸대접을 받고 있다고 생각했습니다. 그리고는 자신을 돌아보게 되었고, 집으로 돌아가면서 "아버지 내가 하늘과 아버지께 죄를 지었사오니 지금부터는 아버지의 아들이라 일컬음을 감당하지 못하겠나이다"(눅 15:21)라고 말했습니다. 이 말은 바로 시편 기자와 동일한 고백입니다.

우리를 선처해 줄 만한 것이 전혀 없습니다. 핑계 댈 것도 전혀 없습니다. 우리는 전적으로 짐승처럼 어리석었습니다. 우리는 생각하고 따져보지 못했습니다. 우리는 이 성경을 적용하지 못했습니다. 이 두려운 자아가 모든 것을 통제하였습니다. 너무 예민해진 나머지 어느 것도, 그 어떤 사람도 옳지 않고 다만 자신만 옳다고 생각했습니다.

그것을 대면합시다. 그 가면을 벗깁시다. 그것을 분석하고 직접 바라봅시다. 우리가 마음 깊이 부끄럽게 생각할 때까지 그것을 정직하게 살펴봅시다.

은혜롭고도 사랑스러우신 하나님께 나아가, 우리가 하나님 앞에 벌레요 아무것도 아니라는 것을 인정합시다. 우리에게는 하나님께 구할 권리가 전혀 없으며, 하나님의 용서를 받을 권리도 없음을 인정합시다. 우리가 재빨리 치료되기를 바라지 않으며, 치료 받을 만한 자격도 전혀 없음을 하나님께 아룁시다.

이미 살펴본 바와 같이, 우리 중 많은 사람의 고통거리는 우리가 자신을 너무 쉽게 빨리 치료한다는 것입니다. 우리는 자신에게 용서받을 자격이 있다고 생각합니다. 그러나 성경의 교훈과 성도들의 삶의 표본은, 탕자처럼 저주밖에는 아무것도 받을 자격이 없으며, 하나님께 어떠한 것도 요구할 권리가 없다고 가르칩니다. 진실로 그들은 하나님께서 자기들을 용서하시는 것을 기이함으로 가득 차서 받아들였습니다.

그러한 빛에 비추어 우리 자신을 점검해 봅시다. 우리가 용서받을 자격이 있다고 느끼면서 하나님께 황급히 돌아갈 수 있겠습니까? 우리가 용서를 요구할 권한이 전혀 없다는 것을 느끼면서 그렇게 할 수 있겠습니까?

이 사람이 느꼈던 것이 바로 그것입니다. 참된 그리스도인은 언제나 처음에 그것을 느낀다고 저는 말씀드립니다. 바울도 몇 년 동안 전도와 설교를 한 다음에 과거를 되돌아보면서, "죄인 중에 내가 괴수니라"(딤전 1:15)라고 고백하였습니다.

하나님께서 자기 같은 사람을 용서할 수 있다는 것을 아주 기이하게 여겼습니다. 비록 그가 사도라도, 그는 복음전도자적인 직무를 통해서 자신이 무엇인가를 받을 수 있다고 느꼈던 것입니다! 그는 여전히 죄인으로서 반응하고 있습니다. 그는 여전히 그 기이한 십자가와 예수 그리스도 우리 주 안에 있는 사랑을 놀라워하였습니다.

"내가 이같이 우매 무지함으로 주 앞에 짐승이오나."

Chapter 8

그럼에도 불구하고

"내가 항상 주와 함께하니

주께서 내 오른손을 붙드셨나이다.

주의 교훈으로 나를 인도하시고

후에는 영광으로 나를 영접하시리니"

시 73:23,24

시편 기자가 마귀에게 공격 받았던 기간 동안 그의 마음의 행로에 대한 이야기는 정말 손에 땀을 쥐게 합니다. 우리는 이 사람이 한 단계 한 단계, 한 걸음 한 걸음 더 나아가고 있는 것을 봅니다. 이러한 체험을 하는 사람은 누구든지 이러한 단계들이 필연적임을 알게 될 것입니다.

그러므로 우리가 이 시편 기자가 진술한 모든 부분을 관찰하는 것은 중요한 일입니다. 한 영혼이 회복하는 것을 지켜보는 것보다 더 유익한 일은 없을 정도입니다. 우리는 이 사람이 영적으로 회복되는 과정에 깊은 데서 다시 올라와 자기의 길을 찾는 모습을 발견합니다. 잠깐 동안 그 사람이 자기 자신을 다루는 방식을 주목해 봅시다.

그는 자신을 아주 티끌까지 낮추었습니다. 그는 굵은 베옷을 입고 재를 무릅썼습니다. 그는 하나님의 면전에서 자기가 행했던 것처럼 불만을 토하며 잘못되게 행동한 사람을 변호해 줄 말이 전혀 없다는 것을 인정합니다.

"주 앞에."

그럼에도 불구하고

그러나 하나님께 감사하게도 그는 거기서 멈추지 않았습니다. 그는 이 위대하고 복된 "그럼에도 불구하고"란 말과 함께 나아갔습니다. 이 말은 어떤 의미에서 성경 전체 메시지를 요약해 주는 말입니다. 그 말은 '그러나'라는 말과 같은 뜻입니다.

또한 이 말은 아주 자주 복음을 소개하는 말로 쓰이기도 합니다. 이것은 복음을 아는 것과 복음을 모르는 것 사이의 차이를 드러냅니다. 복음을 알지 못하는 사람은 어떤 의미에서 이 사람이 나아갔던 지점까지 나아가지만, 거기에서 머물고 맙니다. 그리스도인은 거기에서 멈추지 않습니다. 그리스도인은 아래로 내려가다가 다시 올라가기 시작합니다. '그러나', '그럼에도 불구하고', 바로 거기에 복음이 옵니다.

여기서도 바로 그 말 속에 복음이 들어 있습니다. '그럼에도 불구하고'라는 이 말은 정말 중요합니다. 실로 우리가 살펴보고 있는 이 말씀은 사활을 좌우하는 말씀입니다.

우리가 참된 그리스도인인지 아닌지를 시험하는 가장 훌륭한 방식은, 우리가 '그럼에도 불구하고'라고 말할 수 있는지를 물어보는 것입니다. 우리는 이 복된 말을 압니까? 우리는 더 나아갑니까? 아니면 22절에서 그만 멈춰 버리고 맙니까? 거듭나지 못한 자연인은 바로 거기서 멈춥니다. 아무리 훌륭한 자연인이라 할지라도 그 이상으로 나아가지는 못합니다.

오늘날 세상에는 그런 유의 사람들이 많습니다. 그리스도인이 아니면서도 선한 사람들이 있습니다. 도덕적인 사람들, 의식 있는 사람들이 있습니다. 그런데 그 사람들 중 어떤 이가 자살했다는 기사를 자주 읽습니다. 그들이 자살한 것은 '그럼에도 불구하고'라고 말할 수 없었기 때문입니다.

그들은 자기 검증의 지점에서 끝나버린 채, "나는 실패했다. 나는 잘못 행했다. 나는 내 임무를 다하지 못했다"라고 말합니다. 그들이 자신을 돌아보는 것은 아주 잘한 일입니다. 그렇게 해야 합니다. 그러나 이 구절들에서 강조되는 본질적인 요점은, 거기에서 멈추지 말아야 한다는 것입니다.

그런데 거기에서 멈추는 사람들이 많습니다. 본성적으로 아주 고상한 사람들도 그렇게 행합니다. 그들은 자기 자신을 정죄하고는 "나 같은 사람은 쓸모없는 사람이야"라고 말합니다. 그들은 자기 자신이 쓸모없고도 무가치하다고 판단하고는 자살해 버리고 맙니다. 그러나 그리스도인은 그렇게 하지 않습니다.

그리스도인과 비그리스도인 사이의 전체적인 차이점을 여실히 볼 수 있는 지점이 바로 여기입니다. 그리스도인은 그 길을 계속 따라가서 바로 그 지점에까지 나아가야 합니다. 바로 그 길 끝에서 소망의 문이 열리고, 이 복된 '그럼에도 불구하고'라는 말을 내뱉게 될 것입니다.

이 말은 놀랍고도 영광스러운 의미를 지닙니다. 정말 기이하게도 이 본문 속에서 앞으로 나올 내용과 지금까지 진술된 내용을 연결하는 말이 그 말입니다. 참으로 중요한 연결고리입니다. 뿐만 아니라 그 말은 동시에 전환점이 되기도 합니다. 우리는 시편 기자가 계속 내리막길로 내려가는 것을 지켜보았습니다. 그는 이제 더 이상 내려갈 수 없었습니다. 그는 자신을 티끌에까지 낮추었습니다. 그런 다음에 위를 쳐다보기 시작했습니다.

'그럼에도 불구하고.' 그는 즉각 위를 향하여 나아가는 길목에 들어섰습니다. 그는 움직이기 시작했습니다. 그는 계속 올라갔습니다. 그리하여 승리에 차서 "하나님은 이스라엘에게 언제나 선하시도다"라고 말할 수 있는 지점에 이르렀습니다.

그러나 그가 깊은 데서 그 지점까지 단숨에 이른 것은 아닙니다. 그는 지금까지 숙고해 온 바 여러 과정들을 거쳤습니다. 그는 여러 단계를 지나야 했습니다. 꼭대기에까지 미치는 이 사다리에는 여러 단계의 발판이 있습니다. 한 단계 한 단계 올라가는 이 사람을 지켜보는 것은 놀라운 일입니다.

여러분이 비참해지고 아무런 소망이 보이지 않고, 어둠과 절망 속에 휩싸여 있을 때, 마귀가 여러분을 억압하면서 창문을 닫고 눈을 감으라고 계속 종용할 때, '그럼에도 불구하고'라고 말한 적이 있습니까? 새로운 소망을 갖게 하고 마음의 전체 자세와 조건을 새롭게 하는 한 줄기 빛이 어떤 갈라진 틈 사이로 나타나는 축복의 순간을 겪어 보신 적이 있습니까? 이것이 바로 '그럼에도 불구하고'라는 구원의 말입니다.

여기 이 시편에 그 말이 등장합니다. 어떻게 그 말을 하게 되었는지를 주목하는 것은 매우 흥미롭습니다. 이러한 일의 논리성은 정말 매혹적입니다. 바로 이것이 그 일이 일어나는 방법입니다.

그는 "내가 이같이 우매 무지함으로 주 앞에 짐승이오나"라고 말하기에 이르렀습니다. 그런데 그는 갑자기 어떤 것을 보게 되었습니다. '주 앞에'라고 말할 때, 그는 역시 "그럼에도 불구하고 내가 항상 주와 함께하니"라고 말하였습니다. 즉, "내가 여전히 주 앞에 있습니다"라고 말했던 것입니다. 그다음에 모든 것이 변했습니다. 그것이 바로 구원하는 말입니다.

그는 불평하면서 하나님 앞에서 어리석게 행동했던 자기 자신을 정죄하였습니다. 그 후에 이렇게 고백합니다. "그러나 내가 여전히 주 앞에 있나이다."

하나님은 그럼에도 불구하고 그를 지워버리지 않으셨습니다. 왜 하나님께서는 그를 버리지 않으셨습니까? 왜 하나님께서 그에게 문을 닫으시면서 "이것이 너의 끝장이다. 너는 무가치한 존재다"라고 말씀하지 않으셨습니까?

정말 하나님께서는 그렇게 하지 않으셨습니다. 그는 여전히 하나님의 앞에 있었습니다. 바로 그 사실을 깨닫고 놀라움과 감격으로 가득 찬 것입니다. 그는 정말 마땅히 받아야 할 심판을 받지 않았습니다. 그 모든 것이 어디에서 비롯됩니까?

은혜의 교리

이 점에 대하여 우리는 이 두 구절에 나타난 교리를 통해 살펴볼 수 있습니다. 곧 하나님의 은혜의 전체 교리입니다. 그것은 하나님의 놀라운 은혜에 대한 새로운 인식입니다.

만일 이 시편이 우리에게 특히 더 많이 가르치는 것이 있다면, 그것은 인생 가운데서 가장 놀랍고 선한 것이 다 전적으로 하나님의 은혜의 결과라는 것입니다. 만일 우리가 그것을 포착하지 못한다면, 이 시편을 길게 숙고한다 하여도 아무런 유익을 얻지 못할 것입니다.

이 시편의 위대한 메시지는, 우리가 오직 긍휼에 빚진 자라는 것입니다. 항상, 처음부터 끝까지 은혜에 빚진 자라는 것입니다. 우리 인생 전체는 전적으로 하나님의 은혜와 긍휼에 기인합니다. 이 사람은 그것을 발견하고는 이렇게 표현합니다.

"(그럼에도 불구하고) 내가 항상 주와 함께하니."

그는 사실상 이렇게 말하고 있습니다. "이는 참 놀라운 일입니다. 나는 여전히 주님과 함께 있습니다. 주께서는 내가 하나님 앞에 나아가는 것을 여전히 허락하십니다."

하나님의 놀라운 은혜입니다. 만일 하나님께서 우리로 하여금 자신을 정죄하고 절망적인 상태에 빠져 자신에 대한 진상만을 알 뿐 그 어떤 구원 방법도 발견하지 못하게 한다면 어떻게 되겠습니까? 그러나 하나님께서는 그렇게 하지 않으십니다.

그렇다면 이 사람의 발걸음이 하나님의 은혜의 교리의 여러 국면들을 얼마나 잘 보여 주는지를 살펴봅시다. 이 교리의 어떤 국면들은 단순히 성경 연구를 통해서가 아니라 교리에 관심을 가질 때에 인식되곤 합니다. 만일 성경 연구가 말 그대로의 의미로 제한된다면, 그것은 거의 가치가 없습니다. 성경을 연구하는 목적은 교리를 배우기 위함입니다.

여기서 우리는 하나님의 은혜의 교리에 대한 놀라운 강해를 듣습니다. 이제부터 아주 친밀했던 그 은혜의 교리의 여러 국면들을 살펴봅시다.

구원하시는 은혜

첫째, 하나님의 구원하는 은혜가 먼저 와야 합니다. 시편 기자가 인식했던 첫 번째 요점은, 자기가 그렇게 어리석었음에도 불구하고 하나님께서 자기를 용서하셨다는 점입니다. 만일 하나님께서 자기를 용서하지 않으셨다면 자기가 하나님 앞에 있을 수 없을 것이기 때문입니다.

만일 하나님께서 이 사람을 그가 마땅히 받아야 할 바대로 대하셨다면, 그는 당연히 나동그라졌어야 합니다. 그는 다시는 하나님의 면전으로 돌아갈 것을 허락받지 못했을 것입니다. 그러나 그는 그렇지 않았습니다. 그는 여전히 하나님 앞에 있습니다. 이것은 하나님께서 그를 용서하셨다는 절대적인 증거입니다.

시편에는 그런 고백들이 가득합니다. 시편 103편을 보십시오.

"우리의 죄를 따라 우리를 처벌하지는 아니하시며 우리의 죄악을 따라 우리에게 그대로 갚지는 아니하셨으니"(시 103:10).

만일 하나님께서 우리의 죄악을 따라 갚으셨다면 어떻게 되었겠습니까! 그것을 다르게 표현하는 시편이 또 있습니다.

"주께서 죄악을 지켜보실진대 주여 누가 서리이까"(시 130:3).

우리는 하나님 앞에 있습니다. 우리는 오직 한 가지 이유만으로 그 하나님 앞에 있는 것입니다. 긍휼이 풍성하신 하나님이 우리로 하여금 하나님을 경외하도록 하시기 때문입니다. 하나님의 사랑 때문에 하나님 앞에 있는 것입니다.

'하나님께서 세상을 이처럼 사랑하사(사람의 죄와 거만함과 배역과 수치에도 불구하고) 독생자를 주셨으니 이는 그를 믿는 자마다 멸망하지 않고 영생을 얻게 하려'(요 3:16) 하셨기 때문에 우리가 하나님 앞에 있는 것입니다. 만일 구원하는 은혜가 아니었다면, 그리스도인의 삶은 처음부터 있을 수 없었을 것입니다.

우리의 됨됨이에도 불구하고 하나님께서 우리를 용서하십니다. 우리가 그리스도인 된 것은 우리가 선해서가 아닙니다. 비록 우리는 악하지만 하나님께서 우리에게 긍휼을 베푸사 자신의 아들을 보내어 우리를 위해 죽게 하셨기 때문에 우리가 그리스도인이 된 것입니다.

우리는 전적으로 하나님의 은혜로 인하여 구원을 받았습니다. 어떤 인간의 공로도 없습니다. 만일 여러분이 자신에게 그러한 공로가 있다고 생각한다면, 성경의 중심적인 교리를 부인하는 것입니다. 만일 여러분이 이 순간에 여러분 속에 하나님께 내세울 만한 어떤 것이라도 있다고 느낀다면, 이 시편 기자의 복음, 또는 신약 성경의 복음을 믿지 않는 것입니다. 우리는 '오직 긍휼에만 빚을 진 자'들입니다.

이 사람을 보십시오. 그가 했던 일들을 생각해 보십시오. 그가 말하려고 했던 것을 생각해 보십시오. 하나님 앞에서 그의 태도가 어떠했는지도 생각해 보십시오. 하나님께서 어떻게 그런 잘못을 용서하실 수 있었을까요? 하나님께서 왜 용서하셨을까요? 그에게 용서를 받을 만한 어떤 공로가 있었습니까? 전혀 아무것도 없었습니다.

하나님께 다가가는 오직 한 가지 길이 있습니다. 그것은 하나님께로 와서 탕자처럼 "내가 하늘과 아버지께 죄를 지었사오니 지금부터는 아버지의 아들이라 일컬음을 감당하지 못하겠나이다"(눅 15:21)라고 말하는 것입니다.

저는 이 점을 매우 분명하게 말하고 싶습니다. 만일 여러분이 자신에게 용서받을 자격이 있다고 생각한다면, 제가 이해하기로 여러분은 그리스도인이 아닙니다. 은혜는 합당하지 못한 죄인에게 베푸신 하나님의 선하심과 인애하심을 뜻합니다.

하나님께서는 그 어느 것에도 감동받지 않으셨습니다. 다만 하나님 자신의 사랑, 자신의 긍휼히 여기심, 하나님의 은혜로만 움직이셨습니다.

만일 여러분이 그 점을 알지 못한다면, 오직 이렇게밖에 설명할 수 없습니다. 여러분은 여러분의 죄를 결코 안 적이 없다는 것입니다. 시편 기자가 여기서 묘사한 단계를 전혀 거치지 않은 것입니다. 반면, 만일 여러분이 자신을 짐승처럼, 어리석은 바보처럼, 무지한 사람처럼 보았다면, 또 이 거룩하신 하나님 앞에서 여러분 자신을 정말 그렇게 인식했다면, 그것에 대해서 더 이상 말할 필요도 없습니다.

저는 그리스도인에 대한 또 다른 정의를 여러분에게 말씀드리고자 합니다. 그리스도인은 자신도 자신을 용서할 수 없는데 하나님께서 자기를 용서하셨다는 것을 인식한 사람입니다. 그는 자기가 용서받았다는 사실 때문에 깜짝 놀랍니다. 그는 자신이 용서받은 사실을 당연한 일로 여기지 않습니다. 그것을 마땅히 자기에게 돌아와야 할 것으로 생각하지 않습니다. 그는 결코 그렇게 여기지 않습니다. 오히려 그는 말합니다.

"핑계 댈 수 없는 죄인이오나
나 위해 주 보혈 흘리셨고
날 오라 하시니 주께로 나아갑니다.
오, 하나님의 어린양이시여!

빈손 들고 나아가 십자가를 붙드네.
벌거벗은 내 수치 가리기 위해
주께로 나오나이다.

소망 없는 자가 은혜 구하며
주님을 바라보오니
더러운 나 씻기 위하여
그 샘에 빠르게 나아가오니
주 예수여 날 씻으소서.
그렇지 않으면 나 죽나이다."

시편 기자가 "그럼에도 불구하고 내가 항상 주와 함께하니"라고 말한 것도 바로 이런 뜻입니다. "나의 됨됨이와 내가 행한 것에도 불구하고 나는 여전히 주와 함께하나이다. 이는 주님의 사랑과 긍휼과 구원하는 은혜 때문이니이다."

세상이 이러함에도 불구하고 하나님께서 독생자를 세상에 보내신 연고로 우리가 항상 주와 함께하는 것입니다. 하나님은 구약 성경에서 이에 대해 얼마나 자주 말씀하셨습니까? 하나님은 이스라엘 사람들에게 '내가 너희를 애굽 땅에서 구원하여 낸 것은 너희의 됨됨이 때문이 아니다' 라고 여러 번 상기시켜 주셨습니다. 그분이 그렇게 하신 것은 주님의 거룩하신 이름 때문이었습니다. 백성들을 향한 주님의 사랑과 긍휼 때문이었습니다.

신약 성경은 항상 이 구원하시는 하나님의 은혜에 큰 강조점을 두고 있습니다. '우리가 아직 죄인 되었을 때에'(롬 5:8) '우리가 아직 연약할 때에'(롬 5:6) 때가 되어 하나님께서 그 모든 일을 행하셨습니다. 모든 신실하심과 영광이 하나님께 있습니다.

"그럼에도 불구하고."

'나 자신의 됨됨이에도 불구하고, 나 자신에게 해당되는 것에도 불구하고 내가 항상 주와 함께하니.'

제어하시는 은혜

시편 기자를 좀 더 따라가 봅시다. 그 점을 인식하고 나서부터 결국 하나님께서 그를 다루십니다. 그는 다시 조금 더 뒤로 물러

가 바라보기 시작합니다. "그럼에도 불구하고 내가 항상 주와 함께하니 주께서 내 오른손을 붙드셨나이다"라는 말은 무슨 뜻입니까? 우리는 그것을 두 가지 측면에서 살펴볼 수 있습니다.

첫째로, 하나님의 제어하시는 은혜입니다. "주께서 내 오른손을 붙드셨나이다"라는 말씀은, 마치 "내가 위에 있을 때에도 주께서 거기 계셨습니다. 주께서 나를 잡아 위로 끌어 올리셨습니다. 주께서 나를 구원하셨나이다"라고 말하는 것과 같습니다.

교부들은 흔히 이 하나님의 제어하시는 은혜를 대단히 높이 드러냅니다. 그런데 우리가 그것을 망각한 것 같습니다. 우리는 그러한 은혜를 얼마나 자주 언급합니까? 왜 우리는 이 위대한 용어를 사용하지 않습니까? 우리는 비성경적이게 되었고, 너무나 영광스러운 교리들을 잊어버렸습니다.

시편 기자는 자기를 그 무서운 넘어짐에서 붙잡아 주고 제어해 주시는 분이 하나님이라고 말합니다.

"나는 거의 넘어질 뻔하였고 나의 걸음이 미끄러질 뻔하였으니"(시 73:2).

왜 그가 미끄러졌습니까? 그는 이제 그것을 이해하기 시작합니다. 그 시점에 이르기 전까지 그는 그것을 알지 못했습니다. 하나님께서 오른손으로 그를 뒤에서 붙잡음으로써 그를 구원한 것입니다. 마지막으로 넘어져 떨어지려는 찰나에 그를 지탱시킨 분이 하나님이셨습니다. 하나님께서는 그를 꽉 잡으셨습니다. 그가 앞으로 더 나아가려 할 바로 그때 그를 붙잡으셨습니다.

처음에 시편 기자는 그것을 알지 못했습니다. 그는 단지 말함으로써 하나님의 백성들에게 죄를 범하는 것이 될 어떤 것, 결코 말해서는 안 될 어떤 것을 말하려는 지점에 이르러 있었습니다. 그런데 그가 어떻게 그 점을 갑자기 알게 되었습니까? 그로 하여금 그렇게 생각하게 한 것이 무엇입니까? 그런 생각이 어디서 왔습니까?

"내가 만일 스스로 이르기를 내가 그들처럼 말하리라 하였더라면 나는 주의 아들들의 세대에 대하여 악행을 행하였으리이다"(시 73:15).

이 생각은 어디서 온 것입니까? 하나님께로부터 온 것입니다. 하나님께서 오른손으로 그를 붙잡으셨고 그를 제어하셨습니다. 하나님께서 그의 마음속에 그러한 생각을 넣으셨고, 그 생각이 그를 뒤에서 붙잡아 주었습니다.

그는 이제 그것을 알고 있습니다. 어떤 의미에서 그것이 바로 이 시편의 위대한 주제입니다.

시편 37편 24절 역시 똑같은 사상을 표현합니다. 그 시편 기자는 의로운 사람을 묘사하면서 말합니다.

"그는 넘어지나 아주 엎드러지지 아니함은 여호와께서 그의 손으로 붙드심이로다."

같은 사상입니다. 이 진리를 명백하게 표현하는 것은 중요합니다. 여러분이 주목하다시피, 그 교리는 그리스도인이 결코 넘어지지 않는다고 말하지 않습니다. 안타깝게도 그리스도인도 넘어집니다. 그러나 그리스도인은 '아주 엎드러지지' 않습니다.

이 교리는 뒤로 미끄러져 침륜에 빠지려는 사람에 관한 것입니다. 여러분은 그 점에 관해서 분명합니까? 침륜에 빠지려는 사람은 분명히 넘어진 사람입니다. 그러나 그 사람은 결단코 아주 엎드러지지 아니할 사람입니다.

어떤 사람들은 그 낙심자에 대한 교리를 이해하지 못합니다. 그 사람들은 주장합니다. 그리스도인인 것처럼 보이더라도 죄에 빠졌다면 그는 결코 그리스도인이었던 적이 없다고 말입니다. 이 주장은 아주 잘못되어 있습니다.

그리스도인에게도 놀라운 일이 일어날 수 있습니다. 그리스도인도 놀라운 일을 행할 수 있습니다. 그러나 낙심자에 대한 교리는, 그가 비록 넘어진다 할지라도 아주 엎드러지지는 않는다고 가르칩니다. 즉, 그가 언제나 뒤로 가더라도 죄 가운데 머물러 있지 않는다면, 그 사람은 잠시 넘어진 사람입니다.

반면 그리스도인처럼 보이지만 단순히 진리에 대하여 지적으로만 찬동한 사람도 있습니다. 그들은 결단코 거듭난 적이 없습니다. 그들은 궁극적으로 진리를 기각합니다. 그렇다면 그들은 낙심자가 아닙니다. 낙심자라는 말은 참된 그리스도인에게만 쓸 수 있는 말이기 때문입니다.

저는 그 점을 분명하게 보여 줄 만한 예증을 여러분에게 제시하겠습니다. 사람들이 분명히 그리스도인일 것이라고 확신하는 어떤 사람이 있었습니다. 그러나 그 사람이 아주 무서운 일을 행하는 것을 목격하지 않으면 안 될 때가 있었습니다. 그 사람은 술주정뱅이와 부도덕한 생활에서 건짐을 받았습니다. 그는 회심하여 훌륭한 그리스도인이 되었습니다. 그러고는 영적으로 놀랍게 성장해 나갔습니다.

그러나 그 사람이 갑자기 무서운 일을 행했습니다. 그는 간음의 죄를 범하게 되었으며, 그의 아내를 유린하고 정말 용서할 수 없게 행동했습니다. 그러자 많은 사람들은 그가 그리스도인이 된 적이 없었다고 말하기 시작했습니다. 그러나 저는 말했습니다. "이 사람은 여전히 그리스도인입니다. 이 사람은 뒤로 물러나 곁길로 빠졌을 뿐입니다. 그 사람은 그러한 모습으로 삶을 끝내지는 않을 것입니다."

그는 갈수록 더 나빠졌습니다. 또 사람들은 말했습니다. "이 사람이 그리스도인이 아니라고 목사님도 인정하시겠죠?"

그러나 저는 말했습니다. "이 사람은 그리스도인입니다. 이 사람은 잠시 지옥에 살고 있는 것일 뿐 다시 돌아올 것입니다." 그리고 그는 정말 하나님께 감사하게도 다시 돌아왔습니다. 그는 여전히 다시 한 번 자기 믿음 속에서 견고히 서서 기뻐하는 삶을 살고 있습니다. 그는 비록 넘어졌지만 아주 엎드러지지는 않았습니다.

이것은 참으로 무서운 교리이지만 진리입니다. 성경은 거듭난 사람이 다시는 죄를 지을 수 없다고 말하지 않습니다. 그렇게 주장하는 것은 진리가 아니라는 것을 우리는 알고 있습니다. 성경은 완전주의를 가르치지 않습니다. 그리스도인도 죄를 짓습니다. 그리스도인이 죄를 짓되 무섭고도 두려운 죄를 지을 수도 있습니다.

고린도전서 5장을 읽어 보십시오. 거기에 등장하는 사람은 더러운 죄를 지었습니다. 그러나 그는 다시 돌아왔습니다. 그가 어찌나 나빴던지 사도는 그를 사탄에게 내어 줄 방도 외에 다른 일을 할 수가 없었습니다. 그러나 그 사람은 다시 회복되어 돌아왔습니다. 그로 인하여 하나님께 감사합시다. 그것이 바로 하나님의 제어하시는 은혜입니다.

때로는 하나님이 우리를 아주 멀리 가버리도록 내버려 두시는 것처럼 보일 때가 있습니다. 그러나 만일 여러분이 하나님의 자녀라면 그대로 계속 나가지는 않을 것입니다. 그것은 불가능합니다.

반면 히브리서 6장은 어떻게 말하고 있습니까? 히브리서 6장에 묘사된 사람들은 거듭난 적이 없는 사람들입니다. 그들은 잠시 하나님의 성령의 감화 아래 있었던 사람들입니다. 그러나 그들이 새 생명을 받았다는 암시가 전혀 없습니다.

거듭난 사람은 비록 멀리 갈 수 있다 할지라도 아주 멀리 가지는 않습니다. 그는 자신의 삶을 되돌아보면서 '오 사랑이여, 그 사랑이 나로 더 이상 방황하지 못하게 할 것이다'라고 말합니다. 하나님은 결단코 여러분을 아주 방황하게 내버려 두지 아니하실 것입니다.

이 시편 기자는 거의 미끄러질 뻔하였습니다. 그러나 "주께서 내 오른손을 붙드셨나이다"라고 고백합니다. 그가 아주 넘어지는 것을 주께서는 허용하지 않으셨습니다.

회복시키시는 은혜

한 단계 더 나아가 봅시다. 이 구절에서 가르치는 은혜에 관한 교리의 또 다른 부분이 있습니다. 그것은 '회복시켜 주시는 은혜'의 교리입니다. 이 구절에 바로 그 교리가 나타납니다.

"주께서 내 오른손을 붙드셨나이다."

이는 이 교리의 매우 놀라운 부분입니다. 그는 되돌아보면서 그 모든 것을 이해하기 시작합니다. 그는 하나님께서 자기의 오른손을 붙들고 계셨음을 알게 되었습니다. 아주 치명적인 시점에 하나님께서 자기를 붙잡으셨다는 것을 알았습니다.

그러나 그는 거기서 멈추지 않았습니다. 그로 하여금 뒤돌아서서 올라가게 한 것은 무엇이었습니까? 그는 정말 비참하였으며, 어리석은 자들을 시기하고 있었습니다. 그런 그로 하여금 뒤돌아서서 다시 이해할 수 있게 한 것은 무엇이었습니까? 어떤 사람들은 그런 질문이 필요 없다고 느낄지도 모릅니다. 왜냐하면 그 모든 것이 전적으로 하나님의 성소에 들어간 결과임을 우리가 이미 알고 있기 때문입니다. 그는 그것을 우리에게 말해 주고 있습니다.

"내가 어쩌면 이를 알까 하여 생각한즉 그것이 내게 심한 고통이 되었더니 하나님의 성소에 들어갈 때에야 그들의 종말을 내가 깨달았나이다"(시 73:16,17).

그 사람을 회복시켜 준 것은, 성소에 들어가겠다는 결심이었습니다. 그러나 그것만으로는 피상적인 답변이 될 뿐입니다. 우리는 무엇이 그로 하여금 하나님의 성소에 들어가게 하였는지를 질문하여야 합니다.

그는 비참한 자기 자신을 위로하면서 이렇게 말했습니다. "그것은 불공정하다. 하나님은 정당하지 못하다. 나는 내 손을 씻고 내 마음을 깨끗하게 하였다. 그러나 나는 항상 고통을 당하고 있다. 악인들은 저렇게 철저하게 행복한데 말이다."

복음이 진리처럼 보이지 않았습니다. 그런데 그때 갑자기 하나님의 성소에 들어가야겠다고 결심하게 되었습니다. 그렇다면 그렇게 행하도록 그를 부추긴 것은 무엇이었습니까? 그것에 대한 답변은 오직 한 가지뿐입니다. 바로 하나님의 회복시키시는 은혜입니다. 저는 하나님께서 회복시켜 주시는 은혜를 그 마음속에 넣으셨기 때문에 그가 거기에 간 것이라고 생각합니다.

너무나 분명하게 그에게 떠오른 것은 바로 그것이었습니다. 그렇다면 어떻게 그 생각이 떠올랐을까요? 하나님께서 그 생각을 그 마음속에 집어넣으셨기 때문입니다.

다시 한번 넘어져 간음죄를 범하고 자기 아내를 유린하게 된 그리스도인을 생각해 봅시다. 그 사람에 대한 그다음 이야기를 소개하겠습니다. 그는 간음을 행하는 삶을 살고 있었습니다. 그러다가 돈이 바닥이 나자 그는 곤고해지고 비참해졌습니다. 그래서 자살까지 하려고 했습니다. 그는 밑바닥 더러운 시궁창에까지 내려간 셈입니다.

그러던 어느 주일 밤, 그는 템스 강에 몸을 던질 결심을 하고서 강둑을 걷고 있었습니다. 그런데 그 둑을 다 걸었을 때 갑자기 그에게 이 교회당 안으로 가 봐야겠다는 생각이 떠올랐습니다. 그래서 그는 제가 기도회를 인도하고 있는 작은 방에 앉게 되었습니다.

저는 그 사람이 거기에 와 있는지도 몰랐습니다. 그런데 그때 저는 타락에 빠진 낙심자마저도 하나님께서 사랑하신다는 것에 관해서 말했습니다. 그것을 미리 생각한 것도 아니었고, 그가 있다는 것을 알고 있었던 것도 아닌데 갑자기 그렇게 말해 버린 것입니다. 그 말들이 참 앞뒤 문맥과 맞지 않았음에도 불구하고 그 말은 하나님으로부터 나오는 섬광처럼 그 불쌍한 영혼을 향해 비추었습니다. 그가 하나님께로 돌아오고, 모든 문제가 해결된 것입니다.

이것이 바로 회복시켜 주시는 하나님의 은혜입니다! 그 은혜

가운데 거리를 걷고 있던 그가 갑자기 성소에 나아가야 되겠다는 결심을 하게 된 것입니다. 어떻게요? 하나님께서 그를 그리로 들여보내시고 그 마음속에 생각을 불어 넣으셨기에 그가 그리로 들어온 것입니다. 그리고 하나님께서 제 마음속에 제가 말해야 하는 바를 넣으시고 그것을 내 기도를 통해서 내뱉게 하신 것입니다.

그것은 제가 잘한 것이 아닙니다. 저는 그가 있다는 것을 전혀 눈치 채지 못했습니다. 다만 하나님께서 그런 식으로 일하셨던 것입니다.

교회사에는 그러한 이야기들이 가득합니다. 휴그 레드우드 Hugh Redwood의 『슬럼가 속에 계신 하나님』*God in the Slums*과 『그늘 속에 계신 하나님』*God in the Shadows*을 읽어 보십시오. 혹은 퍼시 루시 Percy Rush가 쓴 『불로 지져 생긴 자국』*A Brand from the Burning*이라는 책을 읽어 보십시오.

그 책들은 동일한 것을 예증하고 있습니다. 즉, 회심은 했지만 넘어져 여러 해 동안 그 길을 계속 가는 것처럼 보이는 남자들과 여자들의 이야기를 들려줍니다.

레드우드는 어떻게 돌아왔습니까? 그는 신문 기자였습니다. 그는 1927년 템스 홍수에 관한 정보를 수집하면서 구세군을 만나게 되었습니다. 그런데 사실 그는 몇 년 전에 구세군을 통해서 회심하였다가 그 후 침륜에 빠지게 되었던 것입니다. 한 자녀를 하나님께로 돌아오도록 하는 데는 홍수마저 사용될 수 있습니다. 이 모든 것은 하나님의 회복시키시는 은혜를 증언합니다.

하나님께서 이런 사람들을 돌아오게 하셨습니다. 더 이상 넘어가서는 안 되는 한계에 이른 그 순간에, 우리가 정말 거의 절망적이고 궁극적인 절망에 자리를 내주고, 자살을 생각할 지점에 이르게 된 그 순간에, 하나님께서 갑자기 끼어드셔서 그 맨 마지막 순간에 우리를 다시 회복시키시는 것입니다.

그분은 우리를 회복시키사 정말 특별하게 하나님과 교제하게 만드십니다. 뿐만 아니라 자신의 백성들과도 교제하게 만드시면서 우리가 잃어버렸던 기쁨을 되찾게 하십니다. 그분은 '기가 막힐 웅덩이와 수렁에서' 우리를 건져 내시며, 우리 발을 '반석 위에 두사 우리 걸음을 견고하게' 하십니다(시 40:2 참고).

이스라엘 왕 다윗은 그것에 대해서 알고 있었습니다. 그는 너무 깊은 죄를 지은 나머지 하나님께서는 그를 다루시기 위해 나단 선지자를 그에게 보내셨습니다. 그리고 나단 선지자는 하나의 비유를 통해 그의 죄를 깨닫게 하였습니다. 궁극적으로 "당신이 그 사람이라"(삼하 12장)라고 말하였던 것입니다.

그때 다윗은 자기 죄를 깨닫고 시편 51편을 쓰게 됩니다. 그는 먼저 자기의 죄를 고백합니다. 그러나 거기에서 멈추지 않습니다. 그리스도인은 결단코 그 지점에서 멈추지 않습니다. 양심은 그렇게 할 수 있습니다. 양심이 여러분으로 하여금 자신을 정죄하게 하고 자살하게 할 수도 있습니다.

그러나 그리스도인은 한 걸음 더 나아가 다윗처럼 "나를 씻으소서", "구원의 즐거움을 내게 회복시키소서"라고 말합니다. 이러한 하나님의 회복시키시는 은혜와 놀라운 사랑과 인애하심을 따라 영혼이 다시 돌아오게 되는 것입니다.

우리는 그 교리를 다음과 같이 요약할 수 있습니다. 그리스도인의 삶에서 우연한 일은 하나도 없습니다. 그 어떤 일도 우발적으로 일어나지 않습니다. 우리가 하나님의 손에 있다는 것을 아는 것보다 더 놀라운 위로가 어디 있습니까?

하나님께서 모든 것을 통제하십니다. 전능하신 주 하나님이요 우주의 주인이시며 모든 것을 자신의 영원한 뜻에 따라서 행하시는 분, 그 하나님이 여러분을 사랑하십니다. 그러므로 아무것도 여러분을 해치지 못할 것입니다.

"너희에게는 머리털까지 다 세신 바 되었나니"(마 10:30).

하나님께서는 여러분을 그냥 아무렇게나 되도록 내버려 두지 않으실 것입니다. 죄 가운데 깊이 넘어질 수도 있습니다. 멀리 방황할 수도 있습니다. 그러나 아주 엎드러지지는 않습니다. 하나님께서는 여러분이 다시는 일어나지 못할 넘어짐에 떨어지지 않도록 붙잡아 주실 것입니다. 여러분을 되돌려 인도하실 것입니다.

"(그가) 내 영혼을 소생시키시고"(시 23:3)라고 시편 기자는 말합니다. 그리고 소생시킨 다음에 그는 '푸른 풀밭에 누이시며 쉴 만한 물가로 인도'(시 23:2)하실 것입니다. 하나님께서 얼마나 놀라운 방식으로 여러분을 다루시는지, 자기가 그런 일을 행하였다는 것을 믿기 어려울 정도입니다. 하나님의 회복하시는 은혜여!

우리의 무지가 우리에게 큰 고통거리가 아닙니까? 우리는 자신의 결심에 대해서, 자신이 하고 있는 일에 대해서 너무 많은 말을 합니다. 우리는 다른 방식으로 생각하는 법을 배워야 합니다. 그 모든 것을 행하시는 분이 하나님임을 알아야 합니다.

여러분 스스로가 그리스도를 위해서 결심한 것이 아닙니다. 여러분을 붙드신 분이 하나님이십니다. 바울 말대로 하면, 하나님이 여러분을 '잡으십니다.' 그래서 여러분이 결심하였습니다. 결심 이상으로 나아가십시오. 여러분으로 하여금 결심하도록 만드는 것이 무엇입니까? 처음으로 돌아가고, 하나님의 은혜로 돌아가십시오. 모두 다 하나님의 은혜입니다.

만일 그 은혜가 없다면, 여러분이 그리스도를 위해서 결심한다 할지라도 금방 그 결심이 변하고 말 것이며, 즉시 넘어지게 될 것입니다. 그러나 여러분이 하나님의 은혜를 붙들고 있다면, 여러분은 넘어질 수 없습니다. 여러분의 흐리멍덩한 이지와 생각으로는 그렇게 할 수 없습니다.

하나님의 구원하시는 은혜여! 우리는 그 은혜로부터 통제되어야 하며, 우리가 넘어질 때 회복받아야 합니다. 하나님께서 그 모든 것을 행하십니다. 처음부터 끝까지 여러분 속에서 역사하시는 분이 하나님임을 인식해야 합니다.

하나님의 놀라운 은혜, 구원하고 회복시키시되 놀랍게 회복시키시는 하나님의 은혜로 인하여 하나님께 감사합니다.

"(그럼에도 불구하고) 내가 항상 주와 함께하니."

그것은 정말 믿을 수 없는 진리입니다.

"내가 항상 주와 함께하니."

Chapter 9

성도의 궁극적 견인

"주의 교훈으로 나를 인도하시고
후에는 영광으로 나를 영접하시리니"

시 73:24

우리는 지난 강론을 통해서 이 시편 기자의 이야기 속에 나타난 하나님의 은혜에 대한 놀라운 성경적 가르침을 숙고하기 시작했습니다. 보편적인 명제는, 구원이 전적으로 '그 은혜에 의하여 믿음으로 말미암아' 난 것이며, 우리에게서 난 것이 아니요 '하나님의 선물이라'는 것입니다(엡 2:8). 그것은 전적으로 은혜입니다. 그러하기에 모든 영혼의 구원에 대한 영광은 오직 하나님께만 돌려져야 합니다.

여기서 우리는 결코 잊어서는 안 되는 프로테스탄트 종교 개혁의 위대한 공식을 발견합니다. 또한 이에 대한 성경적인 가르침은 여러 범주들에 대해서도 생각될 수 있음을 알았습니다.

첫째로 '구원하시는 은혜'입니다. 그것은 은혜가 우리에게 임하는 근본적인 길이며, 죄 용서함을 가져오는 길이기도 합니다. 둘째로 '제어하시는 은혜'입니다. 즉, 하나님이 이 사람을 뒤에서 붙잡으심을 주목하였습니다.

그의 발이 거의 미끄러질 뻔하였는데도 어떻게 미끄러지지 않았습니까? 그는 연약한 형제에게 자기가 끼칠 수 있는 해를 떠올렸습니다. 그러나 문제는 누가 그러한 마음을 일으켰느냐 하는 것입니다. 바로 하나님이십니다. 하나님께서 우리를 제어하십니다.

하나님은 자신의 자녀들이 멀리 배회하는 것을 허락하시고, 때로는 어떤 사람들에게 '저 사람은 하나님의 자녀인 적이 없었던 사람이다'라는 말을 들을 정도로 내버려 두시기도 합니다. 그러나 우리가 보았듯이, 그런 식으로 말하는 것은 타락한 낙심자에 대한 교리를 이해하지 못한 소치입니다.

비록 하나님이 우리로 하여금 먼 길을 가도록 내버려 두시는 것처럼 보일 때도 있습니다. 그러나 아주 멀리 가도록 내버려 두시지는 않습니다. 우리의 오른손을 붙잡으십니다. 그분이 제어하십니다.

그다음에 '회복시키시는 은혜'에 대해서 알아보았습니다. 하나님께서는 이 사람을 돌이켜 성소로 이끄셨습니다. 그의 마음속에 들어와서 그로 하여금 '왜 하나님의 성소에 가지 않느냐?'라고 말하게 한 것은 나태한 생각이 아니었습니다.

하나님을 멀리 떠나 방황한 적이 있는 사람이 이러한 말씀을 읽으면서 자기 자신의 체험을 점검해 본다면, 그렇게 갑작스럽고도 충동적으로 다가온 생각을 하나님께서 그 마음속에 넣으셨다는 것을 알게 될 것입니다.

하나님은 우리의 마음과 생각을 능숙하게 다루십니다. 그리고는 사람을 이끄사 성소로 나아가게 하시고, 결국 그를 회복시키십니다.

우리는 지난 강론에서 여기까지 살펴보았습니다. 그 모든 것은 과거에 속한 일입니다. 말하자면, 시편 기자는 뒤를 돌아보고 있는 것입니다. 그러나 그는 그것을 적당히 넘겨 버릴 수가 없었습니다.

놀라운 일이 일어났습니다. 곧 "그럼에도 불구하고 내가 여전히 주 앞에 있나이다"라고 말하게 된 것입니다. 나의 죄악된 행위와 생각에도 불구하고 "하나님께서 여전히 나에게 관심을 가지고 나를 바라보고 계신다"는 고백입니다.

"(그럼에도 불구하고) 내가 항상 주와 함께하니."

그는 그것을 대수롭지 않게 넘겨버리지 않았습니다. 오히려 "내가 여기 있는 것은 하나님과 하나님 은혜 때문이다"라고 말합니다. 그리고 그것을 인식한 다음에 그는 미래로 나아갑니다.

그의 미래는 어떠할까요? 그의 대답은 "미래에도 여전히 같을 것이다. 나는 항상 주의 손에 있다"는 것입니다.

"주께서 내 오른손을 붙드셨나이다. 주의 교훈으로 나를 인도하시고 후에는 영광으로 나를 영접하시리니"(시 73:23,24).

성도의 견인 교리

우리가 여기서 먼저 지적해야 하는 첫 번째 요점은, 이 시편 기자가 나타낸 진보의 단계는 그가 이미 말한 것에 비춰 볼 때 아주 필연적인 것이라는 점입니다. 제가 볼 때 모든 경우가 다 그러합니다. 즉, 시편 기자처럼 과거에 대하여 인식한 사람은 필연적으로 장래에 대하여 이렇게 말할 수밖에 없다는 것입니다. 만일 미래에 대해서 이 사람처럼 말할 수 없다면, 과거를 이해하는 데 어려움이 있었다는 뜻입니다.

그리스도인의 삶은 완전한 것입니다. 은혜의 교리는 하나이며 분리될 수 없습니다. 여러분은 그것을 여러 부분으로 나눌 수도 없고, 어떤 것들을 떼어 내버릴 수도 없습니다. 그것은 완전하거나 혹은 아무것도 아닙니다. 저는 이 사람도 그렇게 되고자 하였기 때문에 이렇게 진술하고 있다고 말씀드리는 바입니다. 그는 이와 같이 논증합니다.

"나는 붙잡힌 바 되었다. 내가 제멋대로 계속 나아갈 때에도 전능하신 하나님의 손에 붙들려 있었다. 하나님의 은혜의 결과로 나는 하나님 앞에 있었으며, 이제 하나님의 임재를 누리고 있다. 어째서인가? 하나님의 회복시키시는 은혜 때문이다. 그렇다면 왜 하나님께서 나를 이렇게 대하시는가? 왜 나를 붙드시고 회복시키셨는가? 그 질문에 대한 대답은 한 가지뿐이다. 왜냐하면 내가 하나님께 속해 있기 때문이요, 하나님께서 나의 아버지가 되시며 내가 하나님의 자녀이기 때문이다. 즉, 이것은 우연이나 우발적인 일이 아니다. 하나님께서 내게 이 일을 하신 것은 우리 사이에 존재하는 관계 때문이다. 그러므로 이것이 진리라면, 하나님께서 장래에도 역시 그와 같은 일을 계속해 나가실 것이다."

이것은 우리가 '성도의 궁극적 견인'의 교리를 인식하고 있는지 그렇지 않은지에 대한 내용입니다. 우리는 이것에 대해서 잘 알고 있습니까?

프로테스탄트 종교 개혁을 통해서 밝혀진 교리 가운데서 하나님의 백성들에게 이처럼 기쁨과 위안과 위로를 주는 교리는 없었습니다. 우리가 알아보겠지만, 신약 시대의 성도들을 지탱해 준 교리가 바로 그것이었습니다. 그리고 신약 시대 이후에도 하나님의 백성들을 그처럼 견고하게 붙잡아 주고 격려하는 것이 전혀 없었습니다.

이것은 기독교회 역사에서 가장 위대한 위업을 설명해 줍니다. 이 교리를 빼놓고는 스코틀랜드의 언약도와 퓨리턴들과 같은 사람들을 결코 이해할 수 없습니다. 그들은 자기 목숨까지도 포기하면서 기쁨과 영광으로 그러한 일을 감수하였습니다.

그것은 또한 바로 지난 세계 제2차 대전 중에 일어난 참으로 놀라운 일들 몇 가지를 설명해 줍니다. 히틀러 앞에서 그를 무시할 수 있었던 어떤 독일 그리스도인들을 이해하는 오직 유일한 방법도 그것입니다.

이제 이 시편 기자는 우리에게 그 교리에 대한 놀라운 진술을 펼칩니다. 시편 기자는 하나님께로 돌아서서, 주께서 "주의 교훈으로 나를 인도하시고 후에는 영광으로 나를 영접하시리니"라고 말합니다.

이 말씀의 정확한 의미에 대해서 많은 주석가들은 서로 의견을 달리합니다. 어떤 사람들은 '후에는'이라는 말을 좋아하지 않습니다. 그래서 그들은 '주께서 영광으로 나를 인도하실 것이다'라고 읽어야 한다고 주장합니다. 그러나 그 의미는 결국 마찬가지입니다.

"후에는."

우리가 이 말들을 현재에 일어나는 것으로 생각하든지 아니면 장래에 일어날 일로 생각하든지 간에 거기에는 연속적인 요소가 존재하는 것입니다. 그가 말하고 있는 것은, "주께서 지금 일하고 계시니 앞으로도 계속 일하실 것입니다. 그리고 후에도 영광으로 일하실 것입니다"라는 의미입니다. 그는 경건한 소망을 표현하고 있는 것이 아닙니다. 이 시편의 나머지 부분에서 더 상세하고도 구체적으로 설명하는 바와 같이 그는 절대적으로 확신하고 있습니다.

이 교리는 신약 성경뿐만 아니라 구약 성경에서도 발견됩니다. 구약 성도들은 이 땅에 살면서 그 교리의 빛에 비추어서 살아갔습니다. 이 교리는 아벨 이후 히브리서 11장에 기록된 믿음의 영웅들에 대해서도 진정으로 설명해 줍니다.

특히 노아의 경우를 살펴봅시다. 노아는 그가 살았던 사회가 볼 때에 정말 이상하고 어리석은 사람이었습니다. 그는 너무나 미련하게 방주를 짓고 있는 것처럼 보였습니다. 그는 이 세상의 것을 위해서 살아가는 사람들과 같지 않았습니다. 아니, 그는 하나의 큰 재앙을 예비하고 있었습니다. 왜 그가 그 일을 하고 있었습니까? 하나님을 알았고 신뢰하였으며 하나님만을 기쁘

시게 하기를 소원하였기 때문입니다. 히브리서 11장 13-16절에 그 교리에 대한 장엄한 진술이 있습니다.

"이 사람들은 다 믿음을 따라 죽었으며 약속을 받지 못하였으되 그것들을 멀리서 보고 환영하며 또 땅에서는 외국인과 나그네임을 증언하였으니 그들이 이같이 말하는 것은 자기들이 본향 찾는 자임을 나타냄이라. 그들이 나온 바 본향을 생각하였더라면 돌아갈 기회가 있었으려니와 그들이 이제는 더 나은 본향을 사모하니 곧 하늘에 있는 것이라. 이러므로 하나님이 그들의 하나님이라 일컬음 받으심을 부끄러워하지 아니하시고 그들을 위하여 한 성을 예비하셨느니라."

구약 성도들의 삶의 방식을 온전하게 요약해 주고 있는 말씀입니다. 그들의 믿음과 생활 철학을 설명하고 있습니다. 그리고 성도의 궁극적 견인 교리를 선언하고 있습니다. 또한 우리가 기대하는 바와 같이, 신약 성경에는 그것이 훨씬 더 분명하게 드러나 있습니다. 왜냐하면 하나님의 아들이 이 땅에 오셔서 주님의 일을 이루셨기 때문입니다.

그러므로 우리는 구약 시대의 성도들보다 더 큰 확신을 가져야 합니다. 그들도 확신을 가지고 있었습니다. 그러나 우리는 더욱 강하게 확신해야 합니다.

하나님의 아들이 이 땅에 오셨습니다. 그리고 하늘로 다시 돌아가셨습니다. 그는 느껴지는 분이셨으며, 만질 수 있고 손 잡을 수 있는 분이셨습니다. 우리는 이 모든 증거를 가지고 있습니다. 뿐만 아니라 성령께서 그리스도께서 오시기 전과는 다르게 부어졌습니다. 이 모든 것은 우리로 하여금 이 영광스럽고도 놀라운 성도의 궁극적 견인 교리를 두 배는 더 강하게 확신시키기에 충분합니다.

우리는 지금 적극적인 방면에서 낙심한 사람에 대한 진리를 살펴보면서 이 교리를 숙고하고 있습니다. 이전에 우리는 소극적인 면에서 그것을 살펴보았습니다. 제어하시고 회복시키시는 하나님의 은혜들을 생각하면서 말입니다. 그리고 지금은 적극적인 형태 또는 미래적인 측면에서 성도의 견인 교리를 대하게 됩니다.

하나님께서는 왜 낙망하여 뒤로 물러간 사람을 더 이상 나아가지 못하게 막으시는 것입니까? 왜 우리는 그 낙망자가 항상 돌아오며, 반드시 돌아오게 되어 있다고 말하는 것입니까? 이 교리가 그것에 대해 설명합니다. 그러므로 이 위대한 교리를 살펴봅시다. 그 교리에 대한 증거는 무엇입니까? 물론 우리가 숙고하고 있는 이 시편의 말씀이 가장 훌륭한 증거 중 하나입니다. 그러나 신약 성경에 있는 여러 진술들을 들어 보십시오. 요한복음 10장 28,29절에 있는 주 예수 그리스도의 말씀을 들어 보십시오.

"내가 그들에게 영생을 주노니 영원히 멸망하지 아니할 것이요 또 그들을 내 손에서 빼앗을 자가 없느니라. 그들을 주신 내 아버지는 만물보다 크시매 아무도 아버지 손에서 빼앗을 수 없느니라."

이 말씀 자체만으로도 충분합니다. 이 말씀은 우리의 복되신 구주께서 거침없이 선포하신 말씀입니다. 이 말씀은 교리적인 주장이요 절대적인 확증의 말씀입니다. 이 말씀보다 더 강할 수가 없습니다.

성경의 다른 대목들도 숙고해 보십시오. 히브리서 6장과 11장 끝부분을 살펴보십시오. 여러분은 그것들을 잘 알지 못할 수도 있습니다. 혹은 명료하게 이해하지 못할 수도 있습니다.

그러나 베이컨의 위대한 말을 여러분에게 상기시켜 드리고 싶습니다. "그대가 확신하지 못하는 것들 때문에 그대가 확신하는 것을 포기하지 말게나."

어떤 차원에서든지 이 진술은 심오한 진술입니다.

성경의 교리에 적용시켜 보면 그것은 이러한 뜻입니다. 분명하고도 명백하게 우리 주님께서 하신 하나의 규범적인 진술이 여기 있습니다. 그것에 대해서는 그 어떤 애매함도 없으며, 절대적으로 확실합니다. 그렇습니다. 불확실해 보이는 어떤 구절을 만나게 될 때, 여러분은 어떻게 하겠습니까? 확신하는 것마저 포기해 버립니까? 베이컨은, 지혜로운 사람은 확신하지 못하는 것 때문에 확신하는 것을 포기하지 않는다고 말합니다.

우리 주님께서 말씀하신 것은 절대적으로 확실합니다. 그러므로 그 말씀을 하나의 절대적인 명제로 전제해야 합니다. 그런 다음에 다른 구절을 취하여 그 빛에 비추어 그 구절들을 살펴보아야 합니다. 만일 여러분이 그렇게 한다면 그렇게 큰 어려움이 없다는 것을 발견할 것입니다.

우리는 이미 히브리서 6장의 첫 구절들과 같은 대목에는 사실상 이 사람들이 거듭났다는 것을 암시하는 진술이 하나도 없음을 지적한 바 있습니다. 여러분이 볼 때 그리스도인처럼 보이는 자들이 있습니다. 그들이 다른 진술에 찬동하고, 다른 많은 그리스도인의 표증을 나타내 보일 수도 있습니다. 그렇다고 해서 그들이 반드시 거듭난 그리스도인인 것은 아닙니다.

그들이 하늘의 은사를 '맛보았을' 수도 있습니다. 또한 성령의 능력에 속한 것을 체험했을 수도 있습니다. 그렇다고 해서 그들이 반드시 하나님으로부터 생명을 받은 것은 아닙니다. 성도의 견인 교리는 오직 생명을 받은 사람들에게만 해당되는 것입니다.

로마서 8장의 말씀들을 살펴봅시다. 특히 30절 말씀입니다.

"또 미리 정하신 그들을 또한 부르시고 부르신 그들을 또한 의롭다 하시고 의롭다 하신 그들을 또한 영화롭게 하셨느니라."

여기서 사도 바울은, 만일 하나님께서 어떤 사람을 의롭다고 하셨다면 이미 그 사람을 영화롭게 하신 것이라고 분명하게 가르쳐 주고 있습니다.

로마서 8장 30절 이하에 나오는 대목 전체는 성도의 궁극적 견인 교리를 거대하게 강해한 것에 불과하다고 말할 수 있습니다. 그 부분은 다음과 같은 궁극적인 도전의 말씀으로 끝맺음하고 있습니다.

"누가 우리를 그리스도의 사랑에서 끊으리요"(롬 8:35).

"내가 확신하노니 사망이나 생명이나 천사들이나 권세자들이나 현재 일이나 장래 일이나 능력이나 높음이나 깊음이나 다른 어떤 피조물이라도 우리를 우리 주 그리스도 예수 안에 있는 하나님의 사랑에서 끊을 수 없으리라"(롬 8:38,39).

또 다른 말씀을 생각해 보십시오. 바울은 빌립보 사람들에게 "너희 안에서 착한 일을 시작하신 이가 그리스도 예수의 날까지 이루실 줄을 우리는 확신하노라"(빌 1:6)라고 말합니다. 그리고 베드로전서 1장 5절의 말씀으로 나아가 보십시오. 사도는 "(우리가) 말세에 나타내기로 예비하신 구원을 얻기 위하여 믿음으로 말미암아 하나님의 능력으로 보호하심을 받았느니라"라고 말합니다.

계속 그런 식으로 다른 말씀들을 살펴보십시오! 우리는 똑같은 의미를 가진 성경을 이해하는 데 많은 시간을 허비할 수도 있습니다.

이 말씀들을 기초로 한 이 가르침은 정확히 무엇입니까? 이러한 논증들로 뒷받침할 수 있는 진리는 무엇입니까? 어떻게 우리는 이 교리를 증명하며 입증합니까? 제가 볼 때, 그 가르침은 다음과 같은 방식으로 나누어 볼 수 있습니다.

먼저, 이 진리는 불변하는 하나님의 성품에 기초하고 있습니다. 사도 바울은 "하나님의 은사와 부르심에는 후회하심이 없느니라"(롬 11:29)라고 말했습니다. 하나님은 '변함도 없으시고 회전하는 그림자도 없으신 빛들의 아버지' (약 1:17 참고)이십니다.

하나님의 정하신 뜻은 변하지 않습니다. 그 뜻은 불변합니다. 하나님께서 하나님이시기 때문입니다. 하나님께서 뜻하신 것은 하나님이 행하십니다. 하나님께서는 자신의 목적을 실행하십니다. 하나님의 불변하는 뜻이 모든 것의 기촛돌입니다. 만일 내가 그것을 믿지 않는다면, 나에게는 전혀 믿음이 없는 것입니다.

하나님이 존재하신다는 것은 절대적인 진리입니다.

"나는 스스로 있는 자이니라"(출 3:14).

하나님은 영원 불변하시며, 언제나 동일하신 분입니다. 하나님은 시작만 하고 나중에 일을 포기하는 사람과는 다릅니다. 우리는 얼마나 전형적으로 그렇게 행합니까? 우리는 새로운 관심거리를 좋아하며 그것들을 위해서 살아갑니다. 그런 다음에 그것들 또한 내버립니다. 우리 모두는 그렇게 되기가 쉽습니다.

그러나 하나님은 그렇지 않습니다. 일을 시작하신 하나님은 반드시 그 일을 끝내십니다. 하나님은 그 어떤 일도 중도에 그만두시지 않습니다. 이것이 바로 우리의 전체 입장의 기촛돌입니다.

하나님은 결코 자신을 부인하지 않으며, 일관성 없는 분도 아닙니다. 하나님 안에는 그 어떤 충돌이나 모순도 없습니다. 모든 것이 분명하고 명백합니다. 하나님은 처음부터 끝을 모두 보십니다. 바로 하나님이 그런 분입니다. 만일 여러분이 하나님의 불변하는 뜻과 목적을 의뢰하지 않는다면, 아무것도 의뢰할 것이 없습니다.

구원을 향한 목적

제가 유추하는 두 번째 논증은 하나님의 목적에 관한 것입니다. 분명히 성경은 그 무엇보다 분명하게 하나님께서 처음부터 끝까지 위대한 목적을 가지고 계시다는 것을 말합니다. 하나님의 그 목적은 믿는 자들을 구원하시는 것입니다. 여러분이 성경을 정직하게 선입견 없이 읽어 나간다면, 분명히 그것을 알 수밖에 없습니다.

성경은 여러분에게 창조에 대한 기사를 제공합니다. 또한 인류의 타락과 죄 가운데 있는 인류에 대한 기사를 줍니다. 그러나 그다음에 성경은 은혜의 메시지를 전합니다. 그것이 무엇입니까? 믿는 자들을 구원하시려는 하나님의 목적을 드러내는 것이 아니고 무엇입니까?

저는 그것을 다음과 같이 표현하고 싶습니다. 자기의 영원한 영혼을 영광 중에 보내게 될 어떤 사람들이 있음을 성경은 분명히 진술합니다. 반면 어떤 사람들은 그렇게 되지 못할 것이라고 분명히 말합니다. 그것이 바로 복음이 아니면 무엇입니까? 여러분은 성경 모든 곳에서 하나님의 백성들과, 하나님의 백성이 아닌 사람들 사이의 분리와 심판과 차이를 발견합니다.

다시 한번 말씀드리지만, 믿는 자들을 구원하는 것이 하나님의 목적입니다. 그것은 불변하는 목적입니다. 그리고 반드시 이루어져야 하는 목적입니다. 왜 그렇습니까? 그 점은 하나님의 능력에 관한 다음의 논증으로 저를 이끌어 줍니다.

이 세상은 하나님과 적대 관계에 있는 세력에 의해서 지배되고 있습니다. 그를 가리켜 '이 세상 신' 또는 '사탄'이라고 부릅니다. 그는 이생과 저생에서 하나님의 백성들을 대적하는 비상한 능력과 교활함을 가지고 있을 뿐만 아니라 자기의 세력을 인식합니다. 유혹과 암시와 죄짓는 마음과, 전체 사고방식, 전체 성향, 그러한 것들을 묘사할 필요도 없습니다. 그 모든 것들이 우리를 거스릅니다.

이때 분명히 떠오르는 문제가 있습니다. 여기에 하나님의 자녀가 있습니다. 그가 어떻게 이러한 모든 일을 겪어 나갈까요? 그가 타락에 대해서 확신합니까? 구약 성경을 읽어 보면, 다윗을 비롯하여 다른 많은 경건한 사람들이 죄에 빠졌다는 것을 알게 될 것입니다.

어떻게 그것을 확신하며, 계속 그렇게 확신할 수 있습니까? 하나님의 능력에 내가 붙잡혀 있고, 하나님의 이 은혜로 보전함을 받고 있다는 것이 대답입니다

"주께서 내 오른손을 붙드셨나이다."

그것만이 오직 유일한 기초입니다. 하나님의 능력, 물론 그 능력은 한이 없고 대적할 수 없는 무제한적인 능력입니다. 그래서 사도 바울은 에베소교회를 위해서 기도하면서 그들을 위하여 세 가지 간구를 합니다(엡 1:18,19 참고).

먼저 그는 그들이 '하나님의 부르심의 소망이 무엇인지 알도록' 기도합니다. 또한 '성도 안에서 그 기업의 영광의 풍성이' 무엇인지를 알도록 기도합니다. 그리고 더 나아가 '믿는 우리에게 베푸신 능력의 지극히 크심이 어떠한 것을' 알게 해 달라고 기도합니다. 특히 우리 주 예수 그리스도를 죽은 자들 가운데서 다시 살리신 그 능력이 어떠한지를 알게 해 주십사고 기도합니다.

사실 사도 바울은 에베소 사람들에게 이렇게 말하고 있는 셈입니다.

"바로 그것이 내가 너희를 위하여 기도하는 바이다. 너희 그리스도인들은 이방 사회에 있다. 너희들은 대단히 어려운 시절을 보내고 있다. 그러나 너희가 언제나 알 수 있는 가장 위대한 일은 바로 이것이다. 곧 너희 속에서 역사하시는 능력이, 하나님이 자신의 아들을 죽은 자들 가운데서 다시 살리실 때에 베푸셨던 바로 그 능력이라는 것이다."

그 능력이 우리를 위해서, 우리 안에서 역사하고 있습니다.

여러분은 사도 바울이 그것을 한 번 말하는 것으로 만족하지 않고 거듭 되풀이하여 강조하고 있음을 발견합니다. 하나님의 능력은 다음의 말씀이 뜻하는 유에 속한 능력입니다. 즉, '우리 가운데서 역사하시는 능력대로 우리가 구하거나 생각하는 모든 것에 더 넘치도록 능히 하실 이'(엡 3:20)의 능력입니다.

그러나 저는 제가 말한 모든 것보다 훨씬 더 강력한 논증을 알고 있습니다. 저는 하나님의 뜻과 목적과 능력의 교리보다 저와 여러분에게 더 실제적인 가치를 지니고 있는 것을 알고 있습니다.

우리는 듣기에 너무 둔하고 영적인 일에 너무 둔합니다. 그래서 이러한 명제들이 우리에게서 멀리 떨어져 있고 추상적인 것처럼 들릴 수도 있습니다. 그러므로 저는 역사 속에 있는 한 구체적인 증거를 제시하겠습니다. 제가 말해온 것을 실제적으로 입증하는 것입니다.

시편 73편 24절의 나머지 부분에서 그것을 찾을 수 있습니다. 그는 미래를 내다본다는 말부터 시작했습니다. 곧 그는 과거로부터 미루어 짐작하여 미래를 내다보고 있다고 말씀드린 것입니다. 그는 그것을 아주 논리적으로 내다보고 있습니다. 그리고는 그처럼 자기에게 은혜롭게 대하였던 하나님이 결코 자기를 버리실 수 없다고 말합니다.

이제 거기에 신약의 옷을 입혀 보겠습니다. 바울은 그것을 이렇게 표현합니다(나는 신약의 논리를 좋아합니다).

"곧 우리가 원수 되었을 때에 그의 아들의 죽으심으로 말미암아 하나님과 화목하게 되었은즉 화목하게 된 자로서는 더욱 그의 살아나심으로 말미암아 구원을 받을 것이니라"(롬 5:10).

여러분은 그 논리를 논박할 수 있습니까? 그가 말하고 있는 것을 여러분도 알고 있습니다. 만일 이 전능하신 하나님께서 자신의 독생자를 보내어 우리가 아직 원수 되었을 때에 우리를 위하여 갈보리 언덕 위에서 죽게 하셨다면, 그의 사심으로 말미암아 우리가 얼마나 더욱 확실하게 구원을 받을 것입니까?

우리를 위해서 그러한 일을 행하신 하나님께서 우리를 버리실 수 있겠습니까? 만일 우리를 버리셨다면, 하나님은 자신을 부인하고 계시는 것입니다. 더 큰 일을 행하신 하나님께서 어찌 그보다 더 작은 일을 마다하실 수 있겠습니까? 그분은 반드시 그 작은 일도 행하셔야 합니다.

사도는 우리가 누구인지를 알고 로마서 8장 32절에서 다시 그것을 반복해서 말합니다.

"자기 아들을 아끼지 아니하시고 우리 모든 사람을 위하여 내주신

이가 어찌 그 아들과 함께 모든 것을 우리에게 주시지 아니하겠느냐."

그분은 낮아짐을 사양하지 않으셨습니다. 자신의 고난도 불사하셨습니다. 침뱉음과 잔인한 가시 면류관과 거룩하신 손과 발에 망치로 못을 박는 아픔도 마다하지 않으셨습니다. 그분은 죄에 대한 진노의 마지막 한 방울도 결코 아껴 두지 않으셨습니다.

"자기 아들을 아끼지 아니하시고 우리 모든 사람을 위하여 내주신 이가 어찌 그 아들과 함께 모든 것을 우리에게 주시지 아니하시겠느냐."

여러분은 어떤 것을 더 원합니까? 만일 여러분이 그것으로 만족하지 못한다면, 저는 낙담할 수밖에 없습니다. 우리를 위하여 그러한 일을 행하신 하나님께서는 우리의 최종적인 구원을 위하여 중요한 모든 것을 우리에게 주시려 하십니다. 그분이 그렇게 하지 않으신다는 것은 생각조차 할 수 없는 일입니다.

만일 바울이 고린도전서 15장에서 말한 사실을 믿는다면, '우리의 수고가 주 안에서 결코 헛되지 않을' (58절 참고) 것입니다. 우리의 수고도 그러하다면, 하물며 주님의 수고는 얼마나 더 그러하겠습니까?

그리스도와의 연합

이제 마지막 논증을 말씀드리겠습니다. 우리가 구원받는 방식 자체가 성도의 궁극적 견인 교리에 대한 최종적인 증거라고 저는 생각합니다. 우리는 그리스도와 연합함으로써 구원받습니다. 로마서 5장과 6장은 바로 그것을 가르칩니다.

만일 여러분이 그리스도 안에 있고 그리스도에게 연합되었다면, 여러분이 견인되는 일을 결코 막을 수 없습니다. 여러분은 절대적으로 그분의 지체가 되었으며, 그분에게 연합된 것입니다. 칭의에 대한 교리는 그것을 동일하게 증거합니다. 하나님께서는 "그들의 죄와 그들의 불법을 내가 다시 기억하지 아니하리라"(히 10:17)라고 말씀하십니다.

우리는 그리스도와 함께 죽었습니다. 우리는 그리스도와 함께 십자가에 못 박혔으며, 그리스도와 함께 장사지낸 바 되었습니다. 그리고 그리스도와 함께 부활하였으며, 그리스도와 함께 하늘에 앉힌 바 되었습니다. 그리스도에게 해당되는 모든 것이 우리에게 해당됩니다. 그런 일이 방해받을 수 있습니까?

거듭남의 교리 역시 같은 것을 가리킵니다. 우리는 신의 성품에 참여한 자들이 되었습니다. 아담은 그렇지 않았습니다. 아담에게는 적극적인 하나의 의가 주어졌지만, 그는 신의 성품에 참여한 자는 아니었습니다. 그는 하나님의 모양과 형상대로 지음을 받았을 뿐입니다. 그 이상은 아닙니다.

그러나 그리스도 안에 있는 사람, 그리스도인, 거듭난 사람은 '신의 성품에 참여한 자'입니다. 그리스도가 그 안에 계시고 그가 그리스도 안에 있습니다.

이러한 명제들의 논리성을 추적해 보십시오. 만일 여러분이 이러한 교리들을 믿는다면, 반드시 어떤 것들이 필연적으로 따라올 것임을 알게 될 것입니다.

사람이 오늘 거듭났다가 내일 거듭나지 않은 상태로 돌아갈 수 있다고 말하는 사람들을 저는 이해할 수 없습니다. 그런 일은 불가능합니다. 기괴한 일입니다. 그렇게 생각하는 것조차 하나님을 모독하는 일입니다.

어떤 정신적인 체험들이 왔다 갈 수는 있습니다. 여러분이 결심을 하고 이후에 그 결심들을 포기할 수도 있습니다. 그러나 성경이 가르치는 하나님의 행동과 활동은 다릅니다. 하나님께서 어떤 일을 행하시면 그 일은 효과적으로 진행됩니다.

만일 여러분이 그리스도 안에 있으면 여러분은 그리스도 안에 있는 것입니다. 만일 여러분이 신의 성품에 참여하여 그리스도와 연합한 자가 되었다면, 그래서 그리스도와 영적으로 연합하여 그리스도의 지체가 되었다면, 결단코 끊어질 수가 없는 것입니다. 바로 이러한 논증들이 견인 교리를 증명합니다.

주의 교훈으로 인도하시고

이제 하나님께서 우리를 어떻게 보전하시느냐 하는 문제가 남아 있습니다. 하나님께서 우리를 어떻게 보전하십니까? 시편 기자는 그것을 이렇게 표현합니다.

"주의 교훈으로 나를 인도하시고."

주께서 인도하고 주장하십니다. 우리가 지난 강론에서 살펴보았던 모든 일들을 행하십니다. 그분이 우리를 제어하십니다. 우리 속에서 일하십니다.

"두렵고 떨림으로 너희 구원을 이루라. 너희 안에서 행하시는 이는 하나님이시니 자기의 기쁘신 뜻을 위하여 너희에게 소원을 두고 행하게 하시나니"(빌 2:12,13).

그것이 바로 백성들을 지키시는 하나님의 방식입니다. 그것이 바로 은혜로 말미암아 우리를 지탱하시는 하나님의 방식입니다. 그리고 그것이 바로 우리를 죄 가운데서 벗어나게 하는 방식입니다. 하나님이 우리 속에서 일하십니다. 우리의 성향과 소원뿐만 아니라 우리의 생각 속에서 일하십니다.

베드로는 베드로후서 앞부분에서 자기의 편지를 받는 사람들에게 '생명과 경건에 속한 모든 것'(벧후 1:3)을 그들이 받았음을 상기시켜 줍니다. '모든 것', 경건한 삶을 영위하기 위해서 필요한 모든 것이 성경 안에, 성령 안에, 그리스도의 인격 안에 주어져 있습니다. 하나님은 이러한 것들을 방편으로 하여 우리를 인도하십니다. 우리를 지탱하십니다. 우리를 붙잡으시고 안전하게 하십니다.

하나님이 우리를 다루십니다. 우리는 그의 만드신 바요, 그의 연장이 우리에게 사용됩니다. 여러분이 아픈 적이 있습니까? 하나님이 그렇게 행하신 것일 수도 있습니다.

고린도전서 11장 30절에서 바울은, "그러므로 너희 중에 약한 자와 병든 자가 많고 잠자는 자도 적지 아니하니"라고 말합니다. 고린도교회의 지체들 중 몇 사람이 자기를 살펴보고 판단하지 않았기 때문에 하나님께서 질병과 아픔을 통해서 그들을 다루셔야만 했던 것입니다

"주께서 그 사랑하시는 자를 징계하시고 그가 받아들이시는 아들마다 채찍질하심이라 하였으니"(히 12:6).

하나님께서 우리를 지탱시키고 인도하셔서 우리를 기다리고 있는 그 궁극적인 영화로 가게 하시는 과정에 그러한 질병과 아픔이 나타나기도 합니다.

영광으로

이제 저는 다음과 같은 요점을 말씀드리고 끝을 맺으려 합니다. 이 모든 과정은 무엇으로 이어집니까? 시편 기자는 이 모든 것이 '영광'으로 이어진다고 말합니다.

"후에는 영광으로 나를 영접하시리니."

이 말은 우리가 하나님의 손안에서 그분의 지탱함을 받는다면, 우리는 여기 이 세상에서마저 영광에 대한 어떤 경지에 들어간다는 것을 뜻합니다. 이 세상에서도 우리는 구원의 열매들, 영광과 생명의 열매들을 누리기 시작합니다. 성령의 은사와 성령의 은혜와 성령의 열매, 그것은 모두 그 영광의 한 부분입니다. 하나님께서 여러분 속에 이러한 것들을 산출하신다면, 하나님이 여러분을 영화롭게 하고 계시는 것입니다.

하나님은 여러분을 세상과 다르게 만드십니다. 세상의 사람들과 다르게 만드십니다. 여러분을 그리스도와 닮도록 만드십니다. 복되신 주의 영광에 속한 것이 여러분에게 속해 있습니다. 아이작 왓츠Isaac Watts가 우리에게 상기시켜 주는 바와 같습니다.

"은혜의 사람들은
여기 지상에서 영광이 시작되는 것을 아네.

지상에 있는 하늘에 속한 열매들

믿음과 소망으로 자라나게 하소서.

시온의 언덕은

수천의 거룩한 아름다움을 발산하니

하늘의 들판에 이르기 전,

황금 길을 걷기 전에도

그 영광을 보네."

하나님께 감사하게도 그것이 진리입니다. 그렇습니다. 그러나 그것은 시작에 불과합니다. 그것은 맛보기에 불과합니다. 실로 우리가 위에서 기다리고 있는 영광에 온전히 이르러 하늘에 예비된 모든 것을 다 누리게 되는 것은 죽은 이후의 일입니다. "면류관 쓸 날이 하루하루 다가오네."

"나를 위하여 의의 면류관이 예비되었으므로"(딤후 4:8)라고 위대한 사도 바울은 말합니다. 그래서 사도 바울은 거듭해서 교회들을 위해서 기도합니다. 그 교회들이 '그의 부르심의 소망이 무엇이며 성도 안에서 그의 기업의 영광의 풍성함이 무엇인지' 알도록 기도합니다.

하나님께서는 자신을 위해서 우리를 예비하고 계십니다. 구원의 궁극적인 목적은 우리로 하여금 하나님과 함께하고, 하나님의 생명을 그와 함께 누리게 하는 것입니다.

우리는 얼마나 가련하고도 어리석은 존재인지요! 얼마나 쉽게 불평하고 불만을 나타내고, 이 세상의 것들을 붙잡는 부족한 사람들인지요!

우리가 그리스도 안에 있으면 틀림없이 하나님의 생명과 영광을 누리게 될 것임을 여러분은 아십니까? 그것이 바로 우리를 기다리는 영광입니다. 그것은 단순히 죄 사함의 문제만이 아닙니다. 우리는 그 완전하고도 영원한 영광을 준비하고 있습니다. 이 시편 기자는 바로 그 가르침을 파헤치는 것입니다.

우리를 지탱해 주는 하나님의 은혜가 바로 그러한 목적과 결말로 우리를 인도합니다. 그것을 위해서 하나님은 우리를 예비하고 계십니다.

어떤 사람은 "그것은 위태로운 교리가 아닌가? '내가 구원을 받았으니 내가 어떻게 행하든 상관없다' 라고 말할 위험이 있지 않는가?"라고 말할지도 모릅니다. 제 대답은 이렇습니다. 만일 여러분이 제가 제시한 교리를 듣고 그렇게 유추하였다면, 여러분 속에는 영적인 생명이 전혀 없습니다. 여러분은 죽어 있습니다.

"주를 향하여 이 소망을 가진 자마다 그의 깨끗하심과 같이 자신을 깨끗하게 하느니라"(요일 3:3)라고 사도 요한은 말합니다. 만일 여러분이 어떤 큰 인물을 뵙기로 약속했다면, 그 일을 위해서 여러분 자신을 준비할 것입니다. 제가 여러분에게 말씀드리는 것이 이것입니다. 만일 여러분이 하나님의 자녀라면, 여러분은 영원한 하나님 앞에 두려움 없이 나아가서 하나님의 영화 앞에 서게 될 것입니다.

"마음이 청결한 자는 복이 있나니 그들이 하나님을 볼 것임이요"(마 5:8).

내가 그 점을 확신하면 확신할수록 나의 거룩함과 정결함에 대해서 더욱 많은 관심을 가지게 될 것이고, 그로써 나 자신을 깨끗하게 할 것입니다.

시간이 짧습니다. 끝이 오고 있음을 저는 알고 있습니다. 버릴 순간이 하나도 없습니다. '하루하루' 다가오고 있는 '그 면류관 쓸 영광의 날'을 위해서 더욱더 부지런히 준비해야 합니다.

끝으로 존 뉴턴John Newton이 지은 논리적인 시구를 소개하고자 합니다.

"과거에 나를 사랑하신 그 하나님의 사랑

고통 속에 내버려 두시는 하나님으로 생각하지 못하게 하니
그 아름다운 에벤에셀을 떠올릴 때마다
언제나 나를 도우시는 하나님의 선하신 즐거움을 확증케 한다."

우리의 과거 '에벤에셀'(삼상 7:12)을 되돌아보면서, 우리 모두 이 영광스럽고도 복된 확신, 곧 그가 우리를 결코 버리지 않으실 것이라는 확신을 하나님께서 허락하시기를 바랍니다. 우리는 확신합니다. 하나님의 이름을 찬미하리로다!

"안식 위에 예수님 의지한 영혼을
그 원수에게 버려두지 않을 것이고 버려둘 수도 없네.
모든 지옥이 그 영혼 흔들려고 애를 쓴다 하더라도
버리거나 포기하지 아니하실 것이네."

Chapter 10

만세반석

"하늘에서는 주 외에 누가 내게 있으리요
땅에서는 주밖에 내가 사모할 이 없나이다.
내 육체와 마음은 쇠약하나 하나님은 내 마음의 반석이시요
영원한 분깃이시라"

시 73:25,26

이 말씀에서 시편 기자는, 여전히 그가 고통당하고 있었던 영적 질병에서 회복되는 중에 한 단계를 더 나아가고 있음을 묘사합니다. 우리는 한 단계 한 단계 그를 따라왔습니다. 그리고 이제 다음 단계에 이르게 되었습니다. 의심할 여지 없이 이 진술은 마지막 최종적인 입장이요, 모든 것 중에서 가장 높은 지점입니다.

하나님을 향한 찬양의 고백

이제 그는 자신의 모든 체험에 비추어서 하나님께 예배하고 찬미하는 데 자신을 드릴 수밖에 없게 되었습니다.

"하늘에서는 주 외에 누가 내게 있으리요 땅에서는 주밖에 내가 사모할 이 없나이다."

이 단계는 정말 불가피합니다. 저는 그 점을 강조하고자 합니다. 이 사람의 영적인 순례길을 따라감에 있어서 가장 흥미로운 것 중 하나는, 각 단계마다 서로 어떻게 연관되어 있는지를 주목하는 것이었습니다. 그리고 여기서 우리는 영적 체험의 최고봉이라고 묘사할 수 있는 것을 만나게 됩니다.

지금까지의 여러 단계들 중 어느 한 곳에 머물러 버리는 것은 영적인 의미에서 잘못입니다. 그는 첫 번째 단계에서 밑으로 미끄러져 내려가는 것을 멈추었습니다. 바로 그 순간부터 그는, 사다리의 발판을 밟고 올라가듯이 한 단계 한 단계 올라가기 시작했습니다. 어떤 것을 이해하면 그것이 직접 그다음의 것과 연관되어 있었기 때문에 그는 움직일 수밖에 없었습니다.

시편 기자는 하나님에 대해 인식하고, 하나님께서 자기를 은혜롭게 다루심을 깨달았으며, 은혜의 놀라운 교리가 여러 가지 형태로 나타나는 것을 통찰하게 되었습니다. 그리하여 이제 항거할 수 없이 아주 필연적으로 은혜의 놀라운 보좌에 계신 하나님께 경배와 찬미를 올려드리는 단계에 이르게 된 것입니다.

저는 거듭 말씀드립니다. 이것이 바로 그 과정의 끝입니다. 이것이 바로 우리가 도달할 수 있는 가장 높은 수준입니다. 실로 이 두 구절 속에서 우리는 구원의 목표를 바라봅니다. 이것이야말로 구원이 뜻하는 모든 것이고, 구원이 바라는 모든 것입니다. 시편 기자는 바로 거기에 이르게 되었습니다.

잠깐 동안 이 요점에 대해서 말씀드리겠습니다. 그리스도인들 가운데 구약을 별로 크게 가치 있게 여기지 않는 사람들이 있음을 누구나 발견할 것입니다. 물론 그들이 구약을 하나님의 말씀으로 믿지 않는 것은 아닙니다. 그들도 그렇게 믿습니다.

그러나 그들은 구약의 성도들과 자신들을 서로 대조시키는 경향이 있습니다. 그리고는 말합니다. "우리는 그리스도 안에 있다. 우리는 성령을 받았다. 그러나 구약의 성도들은 이것을 전혀 알지 못했다. 그러므로 구약의 성도들은 우리보다 열등하다."

만일 우리가 그렇게 생각하고 싶은 유혹을 받는다면, 저는 간단한 질문을 던지고 싶습니다. 이 사람이 이 두 구절에서 사용한 그 언어를 정직하게 사용할 수 있습니까? 당신은 이 사람이 도달했던 그 하나님을 아는 지식과 하나님에 대한 체험을 아십니까? 당신은 정확하게 이렇게 말할 수 있습니까? "하늘에서는 주 외에 누가 내게 있으리요 땅에서는 주밖에 내가 사모할 이 없나이다"라고 말할 수 있습니까?

우리는 얼마나 많은 선입견에 빠져 있는지 모릅니다. 이 구약의 성도들도 여러분이나 저와 마찬가지로 하나님의 자녀들이었습니다.

진실로 만일 우리가 이 시편을 아주 정직하게 읽는다면, 우리는 때로 우리 자신을 부끄럽게 생각해야 할 것입니다. 그리고 어떤 때는 그들이 우리보다 훨씬 더 멀리 벗어나지 않았다는 것을 생각하고는 기이하게 여길 것입니다. 신약 시대와 구약 시대의 차이를 너무 지나치게 강조하여 전적으로 비성경적인 구분을 하는 데까지 나아가지 않도록 극히 조심해야 합니다.

이것이 바로 시편 기자가 자기와 하나님의 관계에 대하여 말할 수 있는 방식입니다. 저는 주저하지 않고 단언합니다. 신약의 복음과 구원의 모든 직무는 바로 이 요점으로 우리를 인도합니다. 이것이야말로 기독교 신앙의 시금석입니다. 이것은 우리 주님의 성육신의 목적이요, 우리 복되신 구주 예수님의 모든 사역의 목적입니다.

그러므로 저는 다시 묻습니다. 여러분은 그렇게 말할 수 있습니까? 이것이 바로 우리의 체험입니까? 이 사람처럼 하나님을 알고 있습니까?

우리가 다른 어떤 것을 가지고 있으며, 다른 어떤 것을 말할 수 있다 할지라도, 이 지점에 이르기 전까지는 만족해서는 안 됩니다. 이것이 바로 목표와 목적입니다. 여기에 미치지 못하는 데도 만족해하는 것은, 그것이 아무리 선한 것이라 할지라도 어떤 의미에서 복음 자체를 부인하는 것입니다.

복음의 위대하고도 장엄하고 영광스러운 목적은 우리로 하여금 이 특별한 단계에 이르게 하는 것입니다. 우리는 앞으로 그것을 알아볼 것입니다.

주 외에 누가 있으리요

이제 이 거대한 진술을 살펴봅시다.

"하늘에서는 주 외에 누가 내게 있으리요 땅에서는 주밖에 내가 사모할 이 없나이다. 내 육체와 마음은 쇠약하나 하나님은 내 마음의 반석이시요 영원한 분깃이시라."

시편 기자가 뜻하는 바는 무엇입니까? 그가 무엇을 말하고 있습니까? 그의 마음속에 있는 첫 번째 요점은 소극적인 것이라고 저는 확신합니다. 그는 소극적으로 진술하고 있습니다.

그는 질문 형태를 통해서, 자기가 겪은 결과 자기를 도울 수 있는 이는 주님 외에 어느 누구도 없다는 것을 발견했다고 말합니다. 그 어느 곳에도 다른 구세주는 없다고 말합니다. "하늘에서나 땅에서나 주밖에 나를 도울 수 있는 분이 누구입니까?"라고 묻고 있는 것입니다.

다른 이는 아무도 없습니다. 일이 잘못되어 가고 그가 정말 궁지에 몰려 있을 때, 어디로 가야 할지, 누구를 바라보아야 할지 모를 때, 위안과 위로와 힘과 확신이 필요하고 붙잡을 것이 필요할 때, 하나님을 떠나서는 그 어느 누구도 없다는 것을 발견한 것입니다.

이것은 우리 모두에게 중요합니다. 실로 이 사실 때문에 저는 하나님께 감사합니다. 그것이 매우 위안을 주기 때문입니다.

저는 이 사람이 말하고 있는 바가 다음과 같다고 생각합니다. 자기의 불완전함과 실패에도 불구하고 하나님을 떠나 하나님께 등을 돌리자 결코 만족을 얻을 수가 없었습니다. 체험적으로 볼 때 하나님께 잘못 행하면 다른 모든 면에서 일들이 잘못되었습니다.

그의 인생은 텅 비어 있었습니다. 어떠한 만족도, 어떠한 복락도, 어떠한 힘도 없었습니다. 그러나 하나님에 관한 어떤 적극적인 진술은 할 수 없을지라도, 최소한 주님 외에는 그 어떤 것도, 다른 어느 누구도 없다고 말할 수는 있었습니다. 그것이 매우 위안을 주는 생각입니다.

우리는 바로 이런 소극적인 언어를 사용할 수 있습니까? 만일 우리가 긍정적인 시험을 두려워한다면, 이 소극적인 시험을 어떻게 참을 수 있겠습니까? 이 세상의 모든 것을 다 통찰해 알았다고 말할 수 있습니까? 세상이 제공하는 그 모든 것이 '깨진 물통'에 불과하다는 것을 알았습니까? 우리는 진실로 이 세상의 방식과 세상이 자랑하는 모든 영광이 무엇인지를 꿰뚫어 보았습니까? '좋다, 어쨌든 나는 이것을 알았다'라고 말할 수 있는 지점에 이르게 되었습니까?

"나는 세상이 제공하리라고 기대하는 바를 다 시험해 보았다. 나는 그러한 모든 것들을 체험해 보았다. 그러한 것들과 재미있게 놀아보기도 하였다. 그리고 나는 결론에 이르렀다. 오슬로의 말을 인용하자면, 하나님을 떠나 있을 때 '혼돈이 다시 왔다.'"

그렇게 말할 수 있습니까? 이것은 체험의 중요하고도 아주 중차대한 국면입니다. 뒤로 물러가 신앙을 배반하는 자리에 있었던 모든 사람은 제가 말씀드리는 바를 정확하게 알 것입니다. 그것이 바로 신앙을 배반하고 뒤로 물러가 낙망했던 사람에 대하여 앞에서 언급한 요점들을 입증하는 여러 방식 가운데 하나입니다.

낙심에 빠졌던 사람은 하나님과의 관계 때문에 결단코 다른 것으로는 만족할 수 없습니다. 그렇게 해 보려고 하겠지만, 그러는 동안 계속 비참해질 뿐임을 알게 됩니다.

그러므로 우리는 언제나 그것으로 자신을 시험해 볼 수 있습니다. 즉, 우리는 이 고백 속에서 우리 그리스도인의 신앙과 믿음을 시험하는 아주 두드러진 시금석을 발견하게 되는 것입니다. 우리가 회복되는 첫 번째 단계가 바로 그것입니다. 곧 모든 것이 실제로 달라졌다는 것에 대한 깨달음입니다.

"이전 것은 지나갔으니 보라 새것이 되었도다"(고후 5:17).

세상에 속한 것들은 한때 매력 있고 가치 있게 보이지만, 결국 그렇게 보이지 않을 때가 옵니다. 우리가 하나님과 바른 관계를 맺고 있지 못할 때, 기촛돌 자체들이 다 사라져 버리는 것을 발견합니다. 우리는 하나님 없이 만족을 얻기 위하여 땅의 사방을 여행해 볼 수도 있지만, 거기에도 아무런 만족이 없다는 것을 발견합니다.

하나님을 갈망하다

그러나 분명히 우리는 소극적인 자세에서만 멈추지 않습니다. 이 진술은 또한 매우 적극적인 진술입니다. 저는 이 사람의 적극적인 주장을 분석함으로써 이 점을 강조하고 싶습니다.

그는 먼저 자기가 하나님을 소원하고 있음을 말합니다. 하나님께서 주시거나 행하시는 일뿐 아니라 하나님을 소원한다는 말입니다. 이것은 매우 중요한 진술입니다. 바로 다음과 같은 이유 때문입니다.

어떤 의미에서 시편 기자의 문제의 진수는, 하나님께서 주시는 것을 하나님의 자리에 놓았다는 데 있습니다. 그것이 악인에 관한 난제 밑바닥에 깔려 있었습니다. 악인들은 매우 행복한 시간을 보내고 있었습니다. 그런데 왜 자기는 어려운 시절을 보내야 하는지, 왜 자기는 하루종일 재앙을 만나야 하는지, 왜 자기 마음을 깨끗하게 하고 손을 씻어 무죄하다 한 것이 헛되게 보이는 것인지, 그는 왜 그러한지를 생각하였습니다.

즉, 그의 고통거리는, 하나님을 소원하기보다 하나님께서 주시는 일들에 더 많은 관심을 가졌다는 데 있었습니다. 그리고 원하는 것들을 가지고 있지 못했기 때문에 하나님의 사랑을 의심하기 시작했습니다.

그러나 이제 그는 아주 정직하게 하나님께서 주시거나 행하시는 일뿐 아니라 하나님을 소원한다고 말하는 지점에 이르게 되었습니다. 저는 가능한 한 이 점을 강조하고자 합니다. 그리스도인의 궁극적인 시금석은, 그가 진실로 용서함보다 하나님을 더 소원한다고 말할 수 있느냐 하는 것입니다.

우리 모두 주님의 용서함을 소원합니다. 아주 좋은 일입니다. 그러나 그것은 그리스도인의 체험 중에서도 매우 낮은 단계입니다. 그리스도인의 체험은 "그렇습니다. 그러나 죄 사함보다 제가 더 원하는 것은 하나님 당신입니다"라고 말할 때 더욱 높아집니다.

우리는 흔히 능력과 재능과 여러 가지 다른 은사들을 소원합니다. 어떤 의미에서 그런 것들을 소원하는 것이 옳습니다. 그러나 만일 우리가 그러한 것들을 하나님보다 더 앞세운다면, 우리가 매우 불쌍한 그리스도인임을 천명하고 있는 것밖에 되지 않습니다.

우리는 그리스도인으로서 여러 가지 복락들을 소원하면서 그러한 것들을 달라고 하나님께 기도합니다. 그러나 그렇게 함으로써 우리는 때로 하나님을 모독하기도 합니다. 왜냐하면 하나님에게는 아무런 관심도 없이 그저 하나님께서 우리에게 이러한 복들을 주실 수 있다는 사실에만 관심을 가지고 있기 때문입니다.

우리는 거기서 멈추지 말고, 복된 인격자 되신 우리 주님을 즐거워해야 합니다. 이 시편 기자는 그 모든 것을 섭렵하였습니다. 이제 그는 모든 복 중에서도 가장 큰 복은, 하나님을 알고 그분의 면전에 있는 것임을 알게 되었습니다.

성경에는 이에 대한 많은 표증들이 있습니다. 시편 42편 1절은 그것을 아주 완벽하게 표현합니다.

"하나님이여 사슴이 시냇물을 찾기에 갈급함같이 내 영혼이 주를 찾기에 갈급하니이다."

이 사람은 하나님을 아는 직접적인 지식, 하나님에 대한 직접적인 체험을 구하며 울부짖습니다. 이 영혼은 '갈급해'하고 있습니다. 그는 하나님을 '갈망' 하고 있습니다. 살아 계신 하나님을 말입니다. 어떤 복의 원천으로서의 하나님이 아니라 살아 계신 인격이신 하나님을 갈망하는 것입니다.

여러분은 이것을 알고 있습니까? 하나님을 주리고 목마를 정도로 사모하고 있습니까? 우리 영혼이 하나님을 찾기에 갈급해하고 있습니까? 이것은 매우 심오한 문제입니다.

무서운 사실은, 매일 기도로 삶을 영위하면서도 그리스도인의 체험의 최고 정점이 하나님을 대면하고 성령 안에서 영적인 하나님을 기다리는 것임을 이해하지 못한다는 것입니다.

우리가 살아 계신 하나님과 직접 거래하거나 사업을 하고 있다는 것을 알고 있습니까? 우리는 하나님을 진실한 존재로 믿습니까? 그것을 좀 더 낮은 수준으로 표현해 보겠습니다. 우리가 하나님을 갈망하고 추구합니까? 우리가 하나님을 얻기까지 어떠한 만족도 느낄 수 없습니까? 우리가 하나님 앞에 있음을 알고, 하나님을 알고 누리고 있음을 확인하는 것이야말로 다른 모든 체험들과 복들보다 더 우리 마음이 가장 크게, 가장 높게 소원하는 것입니까?

시편 기자가 시편 42편에서 소원한 것이 바로 그것입니다. 그리고 시편 73편 기자가 실제로 즐거워하는 것도 그것입니다.

사도 바울은 빌립보서 3장 10절에서 이와 동일한 것을 말하고 있습니다.

"어떤 사람이 내게 당신의 가장 큰 소원이 무엇이냐고 묻는다면 이렇게 대답하겠다. '내가 그를 알고자 하여.'"

그의 최고의 소원이 무엇입니까? 제가 그것을 너무 쉽게 말한다고 오해하지 마십시오. 그의 최상의 열망은 대단하게 영혼을 얻는 것이 아니었습니다. 물론 그 열망도 그의 바람 중 하나였으며, 바른 것이었지만 말입니다. 위대한 설교자가 되는 것도 그의 열망은 아니었습니다. 그 모든 것보다도 "내가 그를 알고자 하여"라는 말에 모든 것이 다 포함되어 있습니다.

사도가 다른 곳에서 우리에게 상기시켜 주는 바와 같이, 여러분이 다른 것들을 우선순위로 삼는다면, 여러분 스스로가 설교자라 할지라도 어떤 의미에서 방황하게 된다는 사실을 알게 될 것입니다. 그러나 우리가 바울이 소원하는 바를 우선순위로 삼는다면 위험이 없습니다.

바울은 살아 계신 그리스도, 부활하신 주님의 얼굴을 뵈었습니다. 그런데도 그는 주리고 목말라합니다. 그는 더 깊고도 친밀하게 그리스도를 알고, 개인적으로 알고, 영적인 의미에서 살아 계신 주님의 인격적인 계시를 더 알고자 하였습니다.

이보다 더 높은 것은 없습니다. 요한이 나이 들어 그리스도인들에게 썼던 고별 편지를 기억하십시오. 요한일서 1장 4절에서 말한 대로, 그의 위대한 소원은 '우리의 기쁨이 충만하게 하려 함'이었습니다. 어떻게 그 기쁨이 충만해집니까? '너희로 우리와 사귐이 있게 하려 함'을 통해서입니다.

너희가 우리와 함께 우리가 누리는 복된 체험을 나눔으로써 그 일이 가능하다고 말할 때, 그것이 무엇입니까?

"우리의 사귐은 아버지와 그의 아들 예수 그리스도와 더불어 누림이라"(요일 1:3).

그 말은 하나님의 일에 종사하는 것만을 뜻하지는 않습니다. 물론 그것도 뜻합니다. 그러나 그것은 가장 낮은 수준입니다. 가장 높은 차원은 하나님을 진실로 아는 것입니다.

"영생은 곧 유일하신 참 하나님과 그가 보내신 자 예수 그리스도를 아는 것이니이다"(요 17:3).

실로 우리는 우리 주님의 권위를 의지하고서 그 말을 합니다.

제가 방금 인용한 진술뿐만 아니라 다른 진술을 통해서도 그렇게 말씀하셨습니다. 어떤 사람이 주님께 가장 큰 계명이 무엇이냐고 여쭈어 보았습니다. 그러자 주님은 "네 마음을 다하고 목숨을 다하고 뜻을 다하여 주 너의 하나님을 사랑하라……둘째도 그와 같으니 네 이웃을 네 자신같이 사랑하라"(마 22:37,39)라고 말씀하셨습니다.

인생에서 가장 으뜸되고도 중요한 것은, 우리가 하나님을 알되 우리의 존재 전체를 드려서 하나님을 사랑하기까지 하나님을 아는 것입니다. 그것에 미치지 못하는 상태에 만족하거나 그보다 좀 못한 것에 만족하는 것은, 그리스도인의 구원의 전체 목적과 의도를 오해한 소치입니다.

죄 사함에서 멈추지 마십시오. 또 체험들을 위해서 멈추지 마십시오. 목적은 하나님을 아는 것입니다. 그보다 못한 것이 목적이 되어서는 안 됩니다. 이 시편 기자는 하나님께서 주시거나 행하시는 일 때문이 아니라 하나님 자신 때문에 하나님을 소원한다고 말했습니다.

다르게 표현하자면, 이 사람은 하나님을 소원할 뿐만 아니라 하나님 외에는 그 무엇도 소원하지 않습니다. 그의 소원 속에는 하나님만이 독점적인 위치를 차지하고 있습니다.

그는 그것을 아주 성스럽게 표현합니다. 그는 하늘에서 하나님 외에 아무것도 바라지 않는다고 말합니다. "하늘에서는 주 외에 누가 내게 있으리요"(시 73:25)라는 진술은 얼마나 놀라운 진술입니까?

저는 또 다른 질문을 던지고자 합니다. 그것은 가장 단순한 질문입니다. 여러분은 하늘에 무엇이 있다고 생각하고 무엇을 기대합니까? 그보다 앞선 한 가지 질문을 던지고 싶습니다. 여러분은 하늘에 있기를 간절히 바라고 있습니까? 그것은 괴상한 일이 아닙니다. 저는 매튜 헨리의 표현을 좋아합니다. "우리는 성경에서 죽음을 고대해야 된다는 말을 듣지는 않는다. 그러나 하늘을 고대해야 된다는 말은 자주 듣는다."

죽음을 고대하는 사람은 단순히 고통 때문에 인생을 벗어나고 싶어합니다. 그것은 그리스도인이 아니라 이교도의 것입니다. 그리스도인은 하늘에 대한 적극적인 소원을 가지고 있습니다. 그러므로 저는 묻습니다. 우리는 지금 하늘에 있기를 갈망합니까? 그보다 더 강하게, 우리가 하늘에 이르렀을 때 무엇을 가지기를 소원합니까? 우리가 소원하는 것이 무엇입니까? 하늘의 안식입니까? 고통과 환난에서 벗어나는 것입니까? 하늘의 평화입니까? 하늘의 기쁨입니까? 이 모든 것들을 그 하늘에서 얻게 될 것입니다. 하나님께 감사합시다.

그러나 하늘에서 우리가 얻기를 고대하는 것은 그것이 아닙니다. 그것은 하나님의 얼굴입니다.

"마음이 청결한 자는 복이 있나니 그들이 하나님을 볼 것임이요" (마 5:8).

그 찬란한 광경, '지고지선의 광경Summun Bonum', 하나님 앞에 서는 것이야말로 그것입니다. '주님을 응시할 수 있는 것', 여러분은 그것을 고대하고 있습니까? 우리에게 있어서 그것이 하늘입니까? 다른 무엇보다도 우리가 그것을 원합니까? 우리는 그것을 갈망하고 소원해야 합니다.

우리에게 사도 바울은 죽음은 '그리스도와 함께하는 것'이라고 말합니다. 그것에 더할 것이 하나도 없습니다. 제가 믿기로, 자세한 의미에서 하늘에서 영광 중에 누리게 될 삶에 대하여 그렇게 조금밖에 듣지 못하는 이유가 그 때문입니다.

사람들은 자주, 왜 우리가 그것에 대해서 더 많이 듣지 못하느냐고 묻습니다. 그 질문에 대하여 두 가지로 대답할 수 있을 것입니다.

그 하나는, 우리가 죄악되기에 어떠한 묘사를 우리에게 제공한다 할지라도 우리가 오해할 것이라는 점 때문입니다. 그것이 너무나도 영광스러워 우리가 이해할 수 없거나 그것을 포착할 수 없는 것입니다. 두 번째 이유는 더 중요합니다. 더 많은 것을 알고 싶어하는 것이 어떤 경우에는 교만한 호기심일 수도 있기 때문입니다. 그런 일이 잦습니다.

저는 하늘이 무엇인지 여러분에게 말씀드립니다. 그것은 '그리스도와 함께하는 것'입니다. 만일 그것이 여러분을 만족시키지 못한다면, 여러분은 그리스도를 전혀 알지 못하는 것입니다.

"하늘에서는 주 외에 누가 내게 있으리요."

시편 기자는 말합니다. "나는 다른 어떤 것도 원하지 않습니다. 주께서 계신 곳이 하늘입니다. 주님을 바라보는 것만으로도 족합니다. '그리스도와 함께하는 것'은 그 이상 바랄 것이 없이 충분합니다. 그것이 모든 것입니다."

"하늘에서는 주 외에 누가 내게 있으리요."

우리는 이것에 대해서 얼마나 많이 알고 있습니까? 우리는 어떤 체험들과 복들에 대해 알고 있습니다. 우리가 이미 알고 있는 어떤 것들이 있습니다. 그러나 그것은 하나의 시금석일 뿐입니다.

우리는 하나님을 알고 있습니까? 우리는 그분을 갈망합니까?

그와 함께 있는 것, 그와 함께 대화를 나누는 것, 우리는 정말 그분을 갈급해하고 있습니까? 살아 계신 하나님을 갈망하며, 주 예수 그리스도와 친밀히 함께하는 그것을 간절히 바라고 있습니까? 그것이야말로 진정한 그리스도인의 체험입니다. 우리는 그분과 함께 얼마나 많은 시간을 보내며, 그분에게 기도하느라 얼마나 많은 시간을 보냅니까?

"하늘에서는 주 외에 누가 내게 있으리요."

시편 기자는 계속 말합니다.

"땅에서는 주밖에 내가 사모할 이 없나이다."

시편 기자가 그렇게 말하는 이유를 다시 주목합시다. 그가 그렇게 말하는 것은, 자기의 이전 고통의 진수가 바로 그것이기 때문입니다. 그는 다른 사람이 가지고 있는 것을 간절히 사모하였기 때문에 고통을 당했습니다.

"내가 악인의 형통함을 보고 오만한 자를 질투하였음이로다. 그들은 죽을 때에도 고통이 없고 그 힘이 강건하며."

그는 그들과 같아지기를 바랐고, 그들이 가진 것을 가지기를 바랐습니다. 그러나 이제 그는 더 이상 그런 것들을 원하지 않습니다. 그는 그 모든 것을 꿰뚫어 보았습니다.

"땅에서는 주밖에 내가 사모할 이 없나이다."

하늘에서 하나님밖에 없나이다. 땅에서도 하나님밖에 없나이다!

성경에는 그러한 가르침이 충만합니다. 우리 주님께서 누가복음 14장 26절에서 그것을 표현하였습니다.

"무릇 내게 오는 자가 자기 부모와 처자와 형제와 자매와 더욱이 자기 목숨까지 미워하지 아니하면 능히 내 제자가 되지 못하고."

'미워하다'는 말에 대해서 염려하지 마십시오. 그것은, 자기의 삶에서 그리스도보다 사람이나 어떤 것을 앞세우는 사람은 그리스도의 참 제자가 되지 못한다는 것을 분명하게 해 주는 아주 강한 어휘에 불과합니다.

그리스도의 참 제자가 된다는 것은, 그리스도를 중심에 모신다는 것을 뜻합니다. 그것은 그리스도를 내 삶의 주인으로 삼으며, 그분을 나의 존재의 보좌에 앉혀 드린다는 뜻입니다. 또한 다른 무엇보다도 그리스도를 먼저 사랑한다는 뜻입니다.

"땅에서는 주밖에 내가 사모할 이 없나이다."

우리의 삶에서 그분이 가장 먼저입니까? 심지어 사랑하고 우리가 가장 가까이하는 자들보다 먼저입니까? 우리의 일이나 성공이나 사업이나 이 땅의 다른 어떤 것보다 먼저입니까? 그분이 우리의 최고의 소원이 되어야 합니다.

'내게 사는 것이' 무엇입니까? 사도 바울은 이렇게 말합니다. 사도 바울에게 있어서 산다는 것은, 그리스도와 함께 이 세상을 걸어간다는 것입니다. 또한 이 세상에서 그리스도와 교제하는 삶을 누린다는 것입니다. 그러하기에 그는 "어떠한 형편에든지 자족하기를 배웠다"라고 말할 수 있는 것입니다. 다른 것들이 그를 더 이상 조정할 수 없습니다. 그가 원하는 것은 오직 그리스도뿐입니다.

그는, 만일 그리스도를 소유한다면 모든 것을 가진 것이고, "내게 능력 주시는 그리스도로 말미암아 모든 것을 할 수 있다"라고 말합니다(빌 4:11,13 참고).

이와 같이 우리는 그리스도를 의지하여, 그리스도로 말미암아, 그리스도를 위하여 살아갈 때에 환경이나 처지에 대해 자유로울 수 있습니다. 그렇게 살아갈 때에 다른 모든 것들이 무색해집니다. 우리가 이 땅의 순례길을 걸어갈 때에 다른 모든 것보다 그리스도를 더 소원합니까? 이 시편 기자는 그렇다고 대답할 수 있는 지점에 이르렀습니다.

그뿐만이 아닙니다. 그는 우리에게 하나님 안에서 완벽한 만족을 얻었노라고 말합니다. 전체 진술이 그것을 의미합니다. 그러나 그는 우리를 위해서 그것을 다시 한 번 상세하게 설명합니다.

"하늘에서는 주 외에 누가 내게 있으리요 땅에서는 주밖에 내가 사모할 이 없나이다. 내 육체와 마음은 쇠약하나 하나님은 내 마음의 반석이시요 영원한 분깃이시라"(시 73:25,26).

그분의 분깃이 그의 필요와 만족이며 모든 것입니다. 하나님 외에 그가 소원할 수 있는 것은 아무것도 없습니다. 하나님이 어떤 분입니까? 그분은 태양이며 방패시요 은혜와 영광을 주시는 분이십니다. 거기에는 끝이 없습니다.

그는 하나님께서 그를 완전히 만족시키신다는 것을 알았습니다. 하나님이 그의 마음과 생각과 사람 전체를 만족시키십니다. 여러분은 하나님과 그 거룩하신 역사 속에서 지성적인 완전한 만족을 얻었습니까? 여러분의 모든 철학을 다 동원해 보십시오. 그 철학 외에 다른 어떤 것도 필요 없다고 느낍니까?

하나님께서는 그 사람을 온전히 만족시키시며, 마음과 정서도 만족시키십니다. 그분이 모든 것을 채우십니다.

"구속받고 치료받고 회복받고 사함받는 너희여,
누가 너처럼 그의 영광을 찬미할까?"

하나님은 모든 것 중의 모든 것입니다. 하나님은 모든 것되시며, 나의 분깃이시며, 나의 완전한 만족이십니다. 나는 다른 아무것도 소원하지 않습니다. 더 이상 다른 것을 원하지 않습니다. 시편을 읽어 보면 이것이 바로 모든 시편의 주제임을 발견할 것입니다.

예를 들어서, 시편 103편에서 시편 기자는 바로 그것을 말하고 있습니다. 하나님께서 우리의 질병과 아픔을 치료하시고, '동이 서에서 먼 것같이 우리의 죄과를 우리에게서 멀리 옮기셨으며'(12절), 우리에게 힘과 능력을 주셨습니다. 모든 것을 주셨습니다. 그는 이 복되고 영광스러운 하나님으로 말미암아 온전히 만족함을 얻었습니다.

하나님을 의뢰하다

그 점은 우리로 하여금 마지막 요점에 이르게 합니다. 다시 말하면, 시편 기자가 확신 있게 하나님을 의뢰한다는 것입니다. 그는 하나님의 됨됨이 때문에 하나님을 소원합니다. 하나님께서 주시는 어떤 것보다 하나님 자신 때문입니다. 하나님 외에 다른 것을 소원하지 않습니다. 그는 하나님 안에서 완벽한 만족을 발견합니다. 그는 하나님 안에서 온전한 확신을 가지고 안식합니다. 그의 말을 들어 보십시오.

"내 육체와 마음은 쇠약하나 하나님은 내 마음의 반석이시요 영원한 분깃이시라."

어떤 사람들은 시편 기자가 여기서 자기 육체가 나이가 들어 후패해질 때를 가리킬 뿐 아니라 그 당시 자기가 체험하고 있었던 어떤 상황도 가리킨다고 말합니다. 아마 그들의 말이 옳을 것입니다. 왜냐하면 이 사람이 겪은 그 영적인 체험을 통과할 때는 육신적인 고통을 당하지 않을 수 없기 때문입니다.

저는 이 사람의 신경 상태가 아주 나빴다고 믿습니다. 그의 육체의 심장이 정상적으로 작동하지 않을 수도 있습니다.

"내 육체와 마음은 쇠약하나."

그가 육신적으로 나쁜 상태에 있었을 수도 있습니다. 그러나 어떤 경우라도, 그는 장래를 내다보면서 자기의 육체와 마음이 쇠약해질 날이 올 것을 압니다. 그는 노인이 될 것입니다. 자기의 기능들이 다 쇠약해질 것이고, 자기 힘이 다 소진될 것입니다. 스스로 음식을 먹지 못할 수도 있습니다. 침대에 힘없이 누워 있게 될 수도 있을 것입니다. 시간과 이 땅에 속한 일들이 지나가 버릴 때가 올 것입니다.

이 사람은 말합니다. "그래도 좋다. 어떤 일이 일어난다 할지라도 어제나 오늘이나 영원토록 동일하신 하나님께서 내 마음의 힘이 될 것이다."

여기에 '힘strength'으로 번역된 말을[1] '반석rock'이라고 이해하는 데 일반적으로 다 찬동하고 있습니다.

"(그러나) 하나님은 내 마음의 반석이시요 영원한 분깃이시라."

저 역시 그 번역을 좋아합니다. 왜냐하면 그것이 우리 마음속에 한 현상을 그려 주기 때문입니다. 이 사람은 이렇게 말하고 있습니다.

"아, 그렇다. 나는 이제 고요하고도 확실하게 그분을 신뢰할 수 있다. 내 인생의 기초가 맨 밑에서 흔들리고 있음을 느낄 날이 온다 할지라도 하나님께서 나를 붙잡고 계시는 반석이 되실 것이다. 나는 그렇게 말할 수 있음을 안다. 그는 요동하실 수 없다. 그 무엇도 그분을 흔들어 댈 수 없다. 그는 만세반석이다. 내가 어디 있든지, 어떤 일이 일어나든지, 내 육체의 상태가 어떻게 되든지, 땅에 속한 일들이 사라진다 할지라도, 반석 되시는 하나님께서 나를 지탱해 주실 것이며, 그래서 나는 결코 요동하지 않을 것이다."

---

[1] 역자주 – 우리 성경에서 '반석'이라고 번역된 부분이 영어 성경에는 '힘'이라는 의미의 'strength'라는 단어로 번역되어 있습니다. 그러나 저자는 다음 부분에서 이 영어 단어를 '반석'이라는 의미의 'rock'으로 이해하는 것이 좋다고 밝힙니다.

"하나님은 내 마음의 반석이시요 영원한 분깃이시라."

성경은 그렇게 말하는 데 그치지 않습니다. 다른 말씀들을 읽어 보십시오. 아무리 무서운 상황이 임한다 할지라도, 위안과 위로가 있습니다. 하나님은 반석이실 뿐만 아니라 '그의 영원하신 팔이 우리 아래'(신 33:27 참고) 있습니다.

여러분의 인생의 기촛돌이 다 무너지고, 그 위에 세운 모든 것들이 다 무너져 내리며, 여러분 자신도 깊은 구렁텅이로 떨어져 내릴지도 모릅니다. 그러나 결단코 그렇지 않습니다. 항상 '그의 영원하신 팔이 우리 아래' 있습니다. 그 팔이 여러분을 언제나 붙잡아 줄 것입니다. 여러분은 결단코 끝내 파쇄되지 않을 것입니다. 다른 모든 것이 다 없어진다 할지라도 여러분은 붙들린 바 될 것입니다.

이사야의 진술을 들어 보십시오. 그는 '기촛돌'에 대해서 말하고 있습니다. '시험한 돌이요 귀하고 견고한 기촛돌'(사 28:16)에 대해 말하고 있습니다. 그가 말하는 것은 "믿는 이는 다급하게 되지 아니하리라"는 것입니다.

신약에서는 이것을 "그를 믿는 자는 부끄러움을 당하지 아니하리라"(롬 9:33, 벧전 2:6)라고 번역합니다. 왜 그렇습니까? 믿는 자는 반석 위에 있는데, 그를 지탱하고 있는 그 기촛돌은 요동할 수 없기 때문입니다. 바로 하나님 자신이 그 기촛돌인 것입니다.

내 마음과 육체가 쇠약할지라도 나는 이 반석 위에서 요동하지 않을 것이고, 놀라거나 넘어지지 않을 것이며, 부끄러움을 당하지 않을 것입니다. 하나님께서 나를 항상 굽어 살피시기 때문입니다.

저는 그것을 그리스도인의 궁극적 고백을 담은 찬송시로 요약하고 싶습니다.

"내 소망은 다름 아닌 예수의 피와 의 위에 세워져 있네.
나의 건강한 체질을 신뢰하지 않고
오직 주 예수의 이름만 의뢰하네.
견고한 반석 되시는 그리스도 위에 나 서 있네.
다른 모든 땅은 가라앉는 모래일세.

어둠이 주님의 얼굴 가리는 것처럼 보일 때도
변함없는 주님 은혜 의지하고
폭풍이 불어 닥칠 때도
내 닻은 그 베일 속에 견고히 내려져 있네.

내리덮치는 홍수 속에서 나를 지탱해 주는 것은
주님 맹세와 언약과 피일세.
내 영혼 주위에 있는 모든 것이 다 사라져 버릴 때에도
주님은 나의 모든 소망, 나의 거처시라."

여러분은 이것을 아십니까? 여러분은 반석 위에 있습니까? 여러분은 그분을 아십니까? 가족을 위하여 애쓰지 마십시오. 여러분의 사업을 의지하거나 여러분의 활동력을 의지하지 마십시오. 여러분의 체험이나 다른 어떤 것도 의지하지 마십시오.

그러한 모든 것들은 다 끝이 올 것입니다. 마귀는 여러분의 가장 높은 체험들이 철학적으로 설명될 수 있다고 속삭일 것입니다. 다른 그 어느 것도 의지하지 마십시오. 다른 어느 것도 믿지 마십시오. 오직 주님만 믿으십시오. 그분은 만세반석이시요, 영원한 하나님이십니다.

"견고한 반석 되신 그리스도 위에 나 서 있네.
다른 모든 땅은 가라앉는 모래일세."

Chapter 11

새로운 결심

"무릇 주를 멀리하는 자는 망하리니
음녀같이 주를 떠난 자를 주께서 다 멸하셨나이다.
하나님께 가까이함이 내게 복이라.
내가 주 여호와를 나의 피난처로 삼아
주의 모든 행적을 전파하리이다"

시 73:27,28

이 마지막 두 구절은, 시편 기자가 앞에서 상세하게 묘사했던 체험의 결론을 요약해 줍니다. 여기에서 시편 기자는 최종적인 묵상과 결심을 보여 줍니다. 그는 이제 과거를 돌아보는 일을 마치고, 미래를 내다보고 있습니다. 자기에 관한 한 다른 어떤 것을 할 수 없다 할지라도 자기가 해야 할 오직 한 가지 일이 있다고 결심합니다.

"하나님께 가까이함이 내게 복이라."

그 일에 언제나 관심을 집중시켜야 한다고 말합니다. 시편 기자는 그 점을 표현하면서 자기의 전체적인 인생철학이 어떠한지를 보여 줍니다. 또한 자기 앞에 놓여 있는 불확실한 일들을 다루는 방식을 잘 보여 줍니다.

우리는 여기서 시편의 위대한 가치를 발견합니다. 시편 기자들은 이 세상에서의 자기의 체험을 진술할 뿐만 아니라, 그 체험에 대한 자기의 반응을 기록하면서 그들에게 일어난 모든 일의 결과들에 대한 어떠한 큰 원리를 파헤쳐 줍니다. 그러므로 우리는 여기서 그들의 지혜의 정수를 만날 수 있습니다.

성경에서 신적이고도 천상적인 지혜를 발견해야 합니다. 어떤 의미에서 이 사람이 도달한 궁극적인 결론이 바로 성경의 위대한 중심 메시지입니다. 모든 것을 다 종합해 본 결과, 인생관에는 오직 두 가지 가능성만이 있다는 것입니다. 또한 인생을 살아가는 방식도 두 가지뿐이라고 말합니다.

이 위대한 시편에 대한 연구를 마무리하면서 이 사람의 지혜를 숙고하는 것보다 더 좋은 일은 없습니다.

우리는 인생의 어느 단계에 처해 있습니다. 우리는 모두 여러 가지 체험을 하였습니다. 그렇다면 우리도 이 시편 기자와 똑같은 결론에 이르게 되었는지 묻고 싶습니다. 우리는 이것이 정말 지혜의 정수라는 것을 알았습니까? 우리가 아직 알지 못하는 장래를 대할 때 이와 똑같은 방식으로 반응하고 있습니까?

하나님께 가까이하라

먼저 이 시편 기자가 도달한 능동적인 결심을 살펴봅시다. 흠정역 성경에는 이렇게 번역되어 있습니다. "그러나 하나님께 가까이함이 나에게 선한 것이다(But it is good for me to draw near to God)."

그는 다른 사람들과 자신을 대조시키고 있습니다. 다른 사람들은 어떠하든지 자기에게는 '하나님께 가까이함이' 좋습니다. 그가 가장 바라는 것이 바로 그것입니다. 즉, 하나님께 가까이하는 것입니다. 그는 우리를 위해서 그것을 대조함으로써 그 결심의 중요성을 알려 줍니다. 그는 말합니다.

"무릇 주를 멀리하는 자는 망하리니……하나님께 가까이함이 내게 복이라."

인생에는 오직 두 가지 입장만이 있습니다. 우리는 모두 하나님을 멀리 떠나 있거나, 아니면 하나님께 가까이하거나 둘 중 하나입니다. 다른 가능성은 전혀 없습니다. 그러므로 우리는 이 사람의 결심대로 하나님께 가까이해야 합니다. 그것이 정말 얼마나 중요한지요!

그의 생각에 가장 강하게 자리잡은 것이 바로 이것임을 저는 결코 의심하지 않습니다. 그는 자기의 서글픈 체험을 뒤돌아보았습니다. 그리고는 자기의 참된 잘못과 모든 고통의 원인은 바로 자기가 하나님께 가까이하지 아니했던 것이라는 결론에 이르게 됩니다.

처음에 그는 사실 자기는 고통만 당하는데 악인들은 번성하는 것처럼 보인다고 생각했습니다. 그러나 이제 하나님의 성소에서 받은 빛으로 말미암아, 이것이 자기 고통의 진정한 뿌리가 아님을 분명히 알게 되었습니다.

문제는 오직 한 가지입니다. 바로 하나님과 사람의 관계입니다. 이 사람은 그렇게 말합니다. 만일 내가 하나님께 가까이하면 내게 일어나는 일들이 전혀 문제가 되지 않는다는 것입니다. 그러나 내가 하나님에게서 멀리 떠나 있으면, 다른 모든 것도 절대 바로잡힐 수 없다는 것입니다. 그것이 바로 그가 도달한 매우 심오한 결론입니다.

우리 모두는 우리에게 특별한 일이 필요하다고 생각하는 경향이 있습니다. 우리의 행복이 어떤 상황이나 사건에 달려 있다고 생각합니다. 그런 생각 때문에 시편 기자는 곤고한 상황에 빠지게 되었습니다. 악인들의 외모나 그들의 번성하는 듯한 모습이 그를 넘어뜨렸고, 그로 하여금 식언하게 했으며, 자기를 불쌍히 여기는 곤고한 상태에 이르게 만들었던 것입니다.

그러나 이제 그는 자기가 하나님께 가까이하지 않았기에 이 모든 일이 일어났음을 알게 되었습니다. 이것이 바로 그리스도인의 삶의 지혜의 시작과 끝입니다. 우리가 하나님을 떠나 요동하는 순간부터 모든 것이 잘못되어 갑니다.

한 가지 비결은 하나님께 가까이하는 것입니다. 그 일에 실패할 때, 우리는 북극성을 놓친 배와 같아집니다. 또는 나침반을 잃어버린 것과 같아집니다. 우리가 방향을 잃어버릴 수밖에 없는 것입니다.

이 사람이 발견한 것이 바로 그 점이었습니다.

"내게 필요한 것은 다른 사람들이 가진 복락이나 번영이 아니며, 세상이 그렇게 많이 활용하고 있는 다른 것들이 아니다. 문제되는 한 가지는 하나님께 가까이하는 것이다. 내가 하나님을 멀리 떠나 있는 동안에 모든 것이 잘못되고 곤고해졌기 때문이다. 그러나 이제 나는 다시 돌아왔다. 비록 내 상황이 예전과 동일하다 할지라도 이제 모든 것이 내게 잘되어 있다. 나는 기쁨과 평안으로 충만하다. 나는 확신 있고도 행복하고 안전하게 하나님의 사랑의 팔에 안길 수 있다.

그러므로 이제 나는 나 자신을 위해서 하나님께 가까이하는 삶을 살기로 결심한다. 그것이 언제나 내 삶에 있어서 큰 일이 될 것이다. 나는 매일 그 일로 시작할 것이다. 다른 어떤 일이 일어난다 할지라도 중요한 것은 하나님께 가까이하는 것이라고 내 자신에게 말할 것이다."

이것이 바로 시편 기자의 결심이었습니다. 다행히도 우리를 위하여 그는 어떻게 자기가 이러한 결심에 이르게 되었는지 그 비밀을 보여 줍니다. 우리는 성경의 자세한 가르침을 인하여 하나님께 더욱더 감사해야 할 것입니다. 성경은 보편적인 권면만 한 채 내버려 두지 않습니다. 성경은 언제나 그 이유를 제공합니다. 우리에게는 그 이유들이 필요합니다. 왜냐하면 일반적이고도 보편적인 권면은 금방 쉽게 잊어버리기 때문입니다. 이 두 구절에 암시된 몇 가지 이유가 있습니다.

악인의 종말을 숙고하다

하나님께 가까이하기로 결심한 이유는, 하나님께 가까이하지 않는 사람들의 운명을 깊이 생각하였기 때문입니다. 그 이유가 가장 우선적입니다. 어떤 의미에서 그는 그것을 경험했습니다.

진실로 그를 방황하게 만든 자들은 바로 이 악인들이었습니다. 그러하기에 다시 그런 함정에 빠지지 않도록 자신을 단단히 붙들고 싶어 견딜 수 없어 합니다. 그는 미래를 대면해 나가면서, 세상이 변하지 않을 것을 알았습니다. 경건하지 않은 자들은 언제나 그러할 것이고, 그들의 눈이 살찜으로 솟아날 것입니다. 이 모든 것이 그에게 기이하고 놀라워 보일 수 있겠지만, 그는 결단코 그 함정으로 다시 빠져 들지 않을 것입니다. 그래서 그는 처음에 말합니다.

"무릇 주를 멀리하는 자는 망하리니 음녀같이 주를 떠난 자를 주께서 다 멸하셨나이다."

하나님께서는 과거에도 그리하셨고, 미래에도 똑같을 것입니다. 우리는 이 모든 것을 상세하게 살펴보았습니다. 시편 기자는 그것을 길게 다루었습니다.

"그들의 종말을 내가 깨달았나이다. 주께서 참으로 그들을 미끄러운 곳에 두시며 파멸에 던지시니 그들이 어찌 그리 갑자기 황폐되었는가 놀랄 정도로 그들은 전멸하였나이다"(시 73:17-19).

그것이 바로 역사에 대한 요약입니다. 홍수 이전과 이후의 세계 역사 전체의 이야기입니다. 그리고 소돔과 고모라와 역사 속에 나타나 유사한 사건들의 이야기이기도 합니다. 사악과 부도덕으로 가득 찬 평온의 도성들에 자리잡고 번성하는 롯과 대조해 볼 때, 자기 양 떼들을 거느리고 산을 헤매는 아브라함은 얼마나 어리석게 보였습니까? 경건이 무슨 유익이 됩니까?

그는 또한 이렇게 말합니다.

"무릇 주를 멀리하는 자는 망하리니 음녀같이 주를 떠난 자를 주께서 다 멸하셨나이다."

바로 여기에 구약 역사의 긴 이야기가 명백하게 진술되어 있습니다. 만일 여러분이 신문을 읽는다면, 비기독교적인 세계가 번쩍거리는 보상과 거만과 영광과 부요를 누리는 놀라운 시기를 맞고 있다고 충분히 생각할 수 있습니다. 그러나 경건하지 않은 자들이 잠시 번영을 누린다 할지라도, 그것은 문제가 되지 않습니다. 비록 지금은 그러할지라도, 하나님을 멀리 떠난 자들이 멸망한다는 사실은 우리가 살아 있는 것만큼 확실합니다.

우리가 보기에 '하나님의 맷돌은 천천히' 정말 천천히 돌아가는 것 같습니다. 그리고 어떤 경우에는 전혀 움직이지 않는 것처럼 보이기도 합니다. 그러나 그 하나님의 맷돌은 가루를 곱게 부수어 냅니다. 이것이 성경의 일관된 메시지입니다.

그것이 바로 믿음의 삶입니다. 우리는 히브리서 11장에 언급된 믿음의 위대한 영웅들과 동일하게 인생을 바라보도록 부르심을 받은 사람들입니다. 우리는 모세처럼 행해야 합니다. 애굽의 보화보다 그리스도의 책망을 더 부요한 것으로 여겨야 합니다.

우리는 이 세상과 이 세상의 삶을 꿰뚫어 볼 수 있어야 합니다. 이 세상이 정죄 아래 있으며 하나님의 진노 아래 있음을 알아야 합니다. 분명히 세상에 임할 심판을 알아야 합니다. 세상은 반드시 멸망당하고 사라져 버릴 것입니다. 그러므로 우리는 세상의 허망함과 공허함과 아무것도 아님을 꿰뚫어 볼 줄 알아야 합니다.

이 사람이 결심한 것처럼 하나님께 가까이하기로 마음을 정해야 합니다. 세상과 세상에 속한 일들이 다 지나가고 있습니다. 내 주위에 있는 모든 것에서 변화와 후패를 발견합니다. 세상이 제공하는 참으로 번쩍거리며 금빛 찬란한 상급의 본질 속에 녹이 있습니다. 우리가 지금 거대한 재판, 이 세상의 끝, 마지막 심판을 향하여 부단하게 움직여 나가고 있다는 사실을 인식해야 합니다.

"무릇 주를 멀리하는 자는 망하리니."

그 점에 대해서 확신합니까? 마지못해 하나님을 갈망합니까? 미래를 생각해 볼 때 계속해서 그리스도인으로서 살아야 될지 머뭇거리는 심정이 우리에게 있습니까? 가장 좋은 것을 가지고 있는 듯한 다른 사람들, 예배당에 전혀 나오지 않는데도 모든 일이 잘되는 것처럼 보이는 사람들을 보면서 흔들립니까? 성경이 진리입니까?

우리는 미국의 한 나이 든 목사가 농부에게 가르쳐 준 교훈을 배워야 합니다. 이 농부는 습도 높은 어느 여름날에 결심하기를, 주일에 자기 농작물을 수확하기로 했습니다. 그러나 그 목사는 그렇게 하지 말라고 경고했습니다. 다른 사람들도 역시 그 목사와 같이 말렸습니다.

그러나 이 사람은 자기 마음의 결심대로 하였습니다. 그는 놀라운 수확을 얻었고, 그의 창고는 불어났습니다. 어느 날 그는 나이 든 목사를 만나서 말했습니다.

"갑작스러운 참화가 내게 임하지 않았습니다. 내 창고에 불이 나지도 않았습니다. 하나님께서 내 자녀나 아내를 빼앗아 가지도 않았습니다. 따라올 결과 때문에 하지 말라고 항상 목사님이 말씀하시던 그 일을 저는 행했습니다. 그러나 아무 일도 일어나지 않았습니다. 목사님의 설교는 도대체 어떻게 된 것입니까?"

나이 많은 목사는 그 농부를 바라보면서 대답했습니다. "하나님께서 자기의 계산서를 항상 가을에 작성하는 것은 아니지요."

하나님께서는 항상 그것을 즉시 행하시지는 않습니다. 그러나 성경의 메시지는 우리가 지금 이 세상에 있는 것만큼이나 확실하고도 분명합니다.

"무릇 하나님을 멀리하는 자는 망하리니."

하나님을 멀리하는 자들에게 지금은 아무 일도 일어나지 않을 수도 있습니다. 겉으로 드러난 모습들이 좋아 보일 수 있습니다. 그러나 확실하고 분명합니다. 오랜 시간이 지난 후에 심판이 올 수도 있습니다. 이것을 떠나서는 복음도 없습니다. 복음의 메시지는 무엇입니까? "임박한 진노를 피하라"는 것입니다. 만일 '진노'가 없다면 구원도 필요 없습니다. 이 시편 기자가 하나님께 가까이하기로 결심한 첫 번째 이유가 그것입니다.

저는 소위 지옥의 두려움쯤은 전혀 생각하지 않는 유의 복음에는 전혀 관심이 없습니다. 자기는 지옥이나 하늘에 대해서 전혀 관심이 없다고 말하는 놀라운 사람들이 있습니다. 그저 선행 자체만 믿는다는 것입니다. 그러나 성경은 우리에게 지옥을 경계하라고 가르치면서 하늘의 영광을 보여 줍니다.

'여호와' 하나님

이제 시편 기자가 하나님께 가까이하겠다고 결심한 두 번째 이유를 생각해 봅시다. 두 번째 이유는 더 적극적입니다. 이 시편 기자는 그것을 하나님의 성품의 차원에서 표현합니다.

"하나님께 가까이함이 내게 복이라. 내가 주 여호와를 나의 피난처로 삼아"(시 73:28).

그는 하나님께 가까이하고, 가능한 한 자기의 삶을 하나님께 가까이하는 방식으로 영위하고자 결심하였습니다. 왜 그렇게 하였습니까? 선하신 하나님의 성품 때문입니다.

저는 확신합니다. 우리의 신앙생활과 예배에서 정죄하는 마음이 드는 것은 이것을 생각하지 않기 때문입니다. 만일 하나님의 참된 성품을 깨닫기만 한다면, 이 세상에서 하나님의 면전에 있는 것보다 더 사모할 것이 없음을 알게 될 것입니다.

우리는 우리가 좋아하거나 사랑하는 사람들 앞에 있기를 소원합니다. 우리는 여러 방면과 여러 이유에서 대단하다고 생각되는 사람들을 소개 받고 그들과 함께 있기를 좋아합니다.

그런데 하나님 앞에서 시간을 보내는 것을 얼마나 지루하게 여기는지요! 하나님을 복을 훼방하는 자로 생각하지는 않습니까? 또한 하나님 앞에 있는 것의 영광을 인식하는 데 얼마나 더 딥니까?

'주 하나님, 주님, 여호와시여!' 이 시편 기자는 하나님을 그렇게 부릅니다. 그는 하나님의 주권, 하나님의 말로 할 수 없는 위대하심과 엄위를 강조합니다. 전능하신 주 하나님, 하늘과 땅을 창조하신 하나님, 스스로 존재하시는 하나님, 영원한 하나님, 절대자이며 영원하신 하나님! 우리가 가까이하는 분은 바로 그런 하나님입니다.

여호와라는 이름을 통해서 그가 특별히 강조하고 있는 또 다른 진리는, 언약의 하나님이라는 측면입니다. 여러분이 좋아하는 표현대로 한다면, 사람들과 언약을 맺으시는 하나님입니다.

하나님께서 모세를 불러 이스라엘 자손들을 애굽의 종 노릇 하는 데서 건져 내게 하셨을 때 자신을 특별히 '여호와'로 계시하신 것을 여러분도 기억할 것입니다. 물론 하나님은 전에도 그 이름을 주셨지만, 바로 그때 그 이름을 정의해 주셨습니다.

하나님은 항상 언약이 수반될 때 이 이름을 사용하십니다. 우리를 향하여 은혜로운 목적을 가지신 하나님, 구원을 계획하신 하나님, 우리가 잘되는 것에 관심을 가지는 하나님, 우리의 복락과 행복을 늘 염두하시는 하나님! 그 하나님께서 스스로 우리에게 맹세하여 언약하시기를, 우리를 위해서 이 모든 일을 행하리라고 하셨습니다.

시편 기자는 말합니다. "다른 무엇보다 삶을 살아가면서 내가 원하는 한 가지 바람은 그런 하나님께 가까이하는 것이다. 나는 하나님과의 관계를 언제나 유지하고 싶다."

바로 그것이 우리의 고백이 되어야 합니다.

어떤 위대한 사람이 우리와 교제하고 싶다고 말한다면, 우리는 그분에게 매우 감사하는 마음을 가질 것입니다. 우리는 그러한 사람들과 관계 맺기를 좋아합니다. 우리는 그것이 하나의 특권이요 명예라고 생각합니다. 옳습니다. 그러나 무엇보다도 우리 주 예수 그리스도께서 오셔서 우리에게 주신 구원의 궁극적인 복락이 영생임을 우리가 알 수 있었으면 좋겠습니다.

영생은 무엇입니까? 주님은 그것을 이렇게 정의하십니다.

"영생은 곧 유일하신 참 하나님과 그가 보내신 자 예수 그리스도를 아는 것이니이다"(요 17:3).

또한 요한 사도는 자신의 서신에서 자기가 누리는 교제에 사람들이 참여할 수 있기를 바라며 이렇게 말합니다.

"우리의 사귐은 아버지와 그의 아들 예수 그리스도와 함께 더불어 누림이라"(요일 1:3).

시편 기자는 말합니다. "내 결심은 이러하다. 나는 이 하나님께 가까이하고 싶다. 나는 그분과 항상 접촉하고 싶다. 나는 내 모든 시간을 그분과 함께 보내고 싶다. 나는 항상 그분 앞에서 살고 싶고, 그분의 능력과 약속과 불변함을 늘 생각하고 싶다."

이것이야말로 우리를 고양시킬 뿐만 아니라 위안과 위로를 주는 생각이 아닙니까?

우리는 무엇이 우리를 기다리고 있는지 알지 못합니다. 우리는 변화무쌍한 세상 속에서 살아가고 있습니다. 우리 자신도 일관성이 없습니다. 아무리 훌륭한 사람이라도 변덕을 부릴 수 있는 존재들입니다. 불확실하고 흔들리는 것만큼 우리 세상의 성격을 잘 말해 주는 것이 없습니다.

그런 우리가 그 어느 순간이든지 영원히 동일하신 분, '변함도 없으시고 회전하는 그림자도 없으신 빛들의 아버지' (약 1:17 참고) 되시는 그분 앞에 나아갈 수 있다는 것을 아는 것보다 더 놀라운 일이 무엇입니까? 우리 주위에서 무슨 일이 일어나든, 우리 안에서 어떤 일이 일어나든, 우리는 항상 동일하고 동일한 권능과 위엄과 사랑과 긍휼과 자비를 가지고 계시며, 약속하신 모든 일에 있어서 언제나 동일하신 분에게로 나아갈 수 있습니다!

여러분은 이제 이 사람의 말을 이해할 수 있겠습니까? 이 사람은 말합니다. "나는 다른 것들에 관해서는 감히 관심을 두지 않겠다. 다만 나에게 있어서 하나님께 가까이하는 것이 복이다."

하나님에 관해서 더 많이 생각합시다. 하나님에 관해서 묵상합시다. 우리의 생각과 마음이 하나님을 향하도록 합시다. 그리스도 안에서 하나님께서 우리에게 자신과 사귀고 함께하는 은혜를 제공하셨음을 인식합시다. 그것도 꾸준히 항상 그렇게 할 수 있도록 허락하셨다는 것을 깨달읍시다.

구원의 장소

여기 또 하나의 이유가 있습니다.

"하나님께 가까이함이 내게 복이라."

앞에서도 이 점을 강조하였지만, 그것을 다시금 강조하고 싶습니다. 실용적인 요소를 결코 배제해서는 안 됩니다. 그렇다고 어떤 복락들을 얻기 위해서 그리스도인이 된다는 뜻은 아닙니다. 다만 우리가 그리스도인이라면 어떤 복락을 받게 될 것이라는 뜻입니다.

우리는 이 점을 기억해야 합니다. 우리의 복되신 구주께서 '십자가를 참으신' 것은 '앞에 있는 즐거움을 위한 것입니다.' 사도가 "현재의 고난은 장차 우리에게 나타날 영광과 비교할 수 없도다"(롬 8:18)라고 말한 것이 바로 그런 뜻이 아닙니까?

이러한 것들을 바른 순서로 놓으십시오. 하나님으로부터 출발하십시오. 그분이 하나님이시기 때문입니다. 그가 또한 여러분을 위한 하나님이라는 것을 잊지 마십시오. 하나님께 가까이 있는 것이 구원의 장소에 있는 것입니다. 시편 기자는 거기에 머물러 있고 싶어합니다.

자기의 경험에 비추어 볼 때 하나님께 가까이하는 것이 자기에게 복이라고 말한 것은 놀라운 일이 아닙니다. 여러분은 그의 비참과 곤고함을 기억하실 것입니다. 그가 하나님의 성소에 들어갈 때까지 얼마나 고통스러워했습니까!

그러나 그 하나님의 성소에서 진상을 이해하게 되자 행복이 홍수처럼 밀려왔습니다. 그는 하나님을 즐거워합니다. 자기 삶 전체에서 그렇게 행복했던 적이 없었음을 느꼈습니다. 악인들의 환경은 여전히 똑같은데도 말입니다. 하나님께 가까이함이 복입니다. 그곳이 바로 구원의 장소입니다.

야고보는 그의 서신에서 그 점을 실제적이고도 아주 단순하게 표현합니다.

"하나님을 가까이하라. 그리하면 너희를 가까이하시리라"(약 4:8).

이것은 영광스러운 사실입니다. 저는 우리가 하나님을 향하여 걸음을 옮길 때마다 하나님께서 우리를 향하여 그만큼 걸음을 옮기신다고 확신합니다. 하나님께 가까이하는 것이 어려운 것이라고 생각하지 마십시오. 여러분이 진실로 하나님께 가까이 나아간다면, 또한 정직하게 나아간다면, 언제나 하나님께서 우리를 만나 주실 것입니다.

그분은 구원의 하나님이십니다. 우리가 하나님께 가까이 나아갈 매우 훌륭한 이유가 바로 그것입니다. 그분은 우리에게 필요한 모든 복락을 다 가지고 계십니다. 하나님께서 모든 것을 다 가지고 계신데 우리가 궁핍할 필요가 없습니다. 모든 복락이 하나님께로부터 옵니다. 그분은 '모든 선한 은사와 모든 온전한 은사'를 주시는 분입니다. 그분은 그 모든 것들을 그리스도 안에 두셨고, 그 그리스도를 우리에게 주셨습니다.

바울은 고린도 사람들에게 "만물이 다 너희 것임이라"(고전 3:21)라고 말합니다. 왜 그렇습니까? '너희는 그리스도의 것'(고전 3:23)이기 때문입니다. 그것은 아주 필연적인 논리입니다.

내가 하나님께 가까이할 때 내 죄가 용서받음을 알기 때문에 하나님께 가까이하는 것에 내게 복입니다. 그러나 내가 하나님을 멀리 떠나면, 그것에 대해서 의심하기 시작합니다. 저는 죄책 어린 양심을 다룰 수 없습니다. 다른 사람들의 송사나 마귀의 송사는 더욱더 다룰 수가 없습니다. 내가 그리스도 안에서 하나님께 가까이하려 할 때에만 내 죄가 사해졌음을 알 수 있습니다.

나는 그분의 사랑을 느낍니다. 나는 내가 하나님의 자녀임을 알고 있으며, 하나님과 더불어 값으로 따질 수 없는 평안의 복락, 하나님 안에서 다른 사람들과 함께 평안의 복을 누리고 있습니다. 나는 하나님의 사랑을 알고 있으며, 세상이 줄 수도 없고 빼앗을 수도 없는 기쁨을 받았다는 것을 알고 있습니다.

이러한 것들을 맛본 사람은 어느 누구든지 그 무엇도 하나님께 가까이하는 것과 비할 것이 없음을 고백합니다.

여러분의 삶을 돌아보십시오. 가장 영광스러운 순간들을 생각해 보고, 가장 평안하고 기뻤던 순간들을 떠올려 보십시오. 그때가 바로 여러분이 하나님을 가장 가까이할 때가 아니었습니까? 하나님께 가까이함으로부터 나오는 행복과 기쁨과 평안에 필적할 만한 것은 없습니다. 그렇게 하나님께 가까이할 때 여러분은 실제 처지나 환경보다 더 높여집니다.

바울은 "어떠한 형편에든지 나는 자족하기를 배웠노니 나는 비천에 처할 줄도 알고 풍부에 처할 줄도 알아"(빌 4:11,12)라고 고백합니다. 여러분이 하나님께 가까이할 때 바울의 그 고백이 무슨 뜻인지 알게 될 것입니다. 여러분의 환경과 일어나는 일들과 우발적인 모든 것들에 대하여 초연해지고 얽매이지 않게 될 것입니다.

하나님께 가까이함이 좋습니다. 바로 그곳에 하나님의 구원이 있기 때문입니다. 바로 그곳에서 여러분은 모든 복락을 체험하게 됩니다. 거기 머물러 있다는 것은 여러분이 하나님의 사랑의 태양에 깊이 젖어들어 있음을 의미합니다. 우리도 이 시편 기자처럼 하나님께 가까이하겠다고 결심합시다.

피난처 되시는 하나님

여기에 덧붙여 또 한 가지 말씀드리겠습니다. 하나님께 가까이하는 것이야말로 '안전한 장소'에 거하는 것입니다.

"하나님께 가까이함이 내게 복이라. 내가 주 여호와를 나의 피난처로 삼아."

우리에게는 이것도 필요합니다. 우리는 미래를 알 수 없으며, 무엇이 우리를 기다리는지도 알지 못합니다. 어떤 일이든지 일어날 수 있습니다. 바로 이 순간에도 우리와 온 세상 전체가 열망하는 한 가지가 바로 안전보장입니다.

우리는 자주 넘어집니다. 심지어 우리 자신이 자신을 넘어뜨리기도 합니다. 사려 깊은 사람은, "내가 어디서 안식을 취할까? 절대적 안전감을 가지고 나 자신을 맡길 수 있는 곳은 어디인가?"라고 묻습니다. 오직 한 가지 대답밖에 없습니다. 그곳은 하나님이십니다. 하나님께 가까이하는 것이 내게 복입니다. 주 하나님을 나의 피난처로 삼아야 합니다. 이 언약을 지키시는 하나님을 말입니다.

물론 시편은 끊임없이 이 점을 강조합니다. 시편뿐만 아니라 잠언서에서도 그것을 발견할 수 있습니다.

"여호와의 이름은 견고한 망대라. 의인은 그리로 달려가서 안전함을 얻느니라"(잠 18:10).

어떤 사람이 세상에 있습니다. 원수가 그를 공격하기 시작합니다. 그는 원수를 대적할 수 없습니다. 그는 어떻게 해야 할지 몰라 놀라고 무서워합니다. 그때 그는 강한 망대, 여호와의 이름으로 달려가 피합니다. 원수는 거기까지 쫓아올 수 없습니다. 하나님의 팔, 전능하신 팔 안에서 그는 안전합니다.

사도 요한은 이렇게 말합니다.

"악한 자가 그를 만지지도 못하느니라. 또 아는 것은 우리는 하나님께 속하고 온 세상은 악한 자 안에 처한 것이며"(요일 5:18,19).

왜 악한 자가 그를 만지지 못합니까? 우리가 그리스도 안에 있기 때문에, 하나님 안에 있기 때문입니다. 우리는 온전히 거기서 안전합니다.

사도 바울의 가장 장엄한 말을 인용하겠습니다.

"내가 확신하노니 사망이나 생명이나 천사들이나 권세자들이나 현재 일이나 장래 일이나 능력이나 높음이나 깊음이나 다른 어떤 피조물이라도 우리를 우리 주 그리스도 예수 안에 있는 하나님의 사랑에서 끊을 수 없으리라"(롬 8:38,39).

예수님의 팔 안에 거하는 것이 안전합니다. 만일 여러분이 거기에 있다면, 아무리 지옥이 풀려난다 할지라도 그것들은 여러분을 만질 수도 없습니다. 언약을 지키시는 하나님의 안전한 보호를 받는 자들을 해할 것은 아무것도 없습니다.

하나님께 영광 돌리는 삶

시편 기자가 언급하는 마지막 요점은 매우 놀랍습니다. 저는 그것을 잠깐 주목하고자 합니다.

"하나님께 가까이함이 내게 복이라. 내가 주 여호와를 나의 피난처로 삼아 주의 모든 행적을 전파하리이다."

이것은 정말 사활을 좌우하는 아주 중요한 말씀입니다. 우리는 모두 이 지점에 도달해야 합니다.

하나님께 가까이하겠다고 결심하는 또 한 가지 이유는, 하나님을 영화롭게 하고, 하나님의 모든 것을 전파하기 위함입니다.

저는 이 논증이 다음과 같다고 생각합니다. "내가 하나님께 가까이하면, 내가 복을 받을 것이다. 하나님의 구원을 체험할 것이고, 이 위대하고 놀라운 안전감을 느끼게 될 것이다. 물론 그것은 즉시 나로 하여금 하나님을 찬미하고, 하나님을 광대하게 높이며, 다른 사람들 앞에서 하나님을 자랑하게 만든다. 내가 하나님께 가까이 가려는 것은, 내가 항상 하나님을 찬미하며, 그리하여 다른 사람들에게 하나님을 증거하기 위함이다."

우리 모두 바로 이 지점에 이르러야 합니다.

여러분도 기억하다시피, 웨스트민스터 신앙고백 소요리문답 제1문은 "사람의 제일 되는 목적이 무엇인가?"라는 것입니다.

그 대답은 "사람의 제일 되는 목적은 하나님을 영화롭게 하며 영원토록 그를 즐거워하는 것이다"입니다.

시편 기자는 여기서 그것을 다르게 표현한 것입니다. 그는 즐거움을 먼저 놓습니다. 왜냐하면 그가 경험적인 문제를 다루고 있기 때문입니다. 그는 마음속 깊이 자신이 불행하다고 느끼고 있었습니다. 그래서 그는 자기 자신의 차원으로 내려와서 말합니다. "하나님께 가까이하라. 그리하면 너는 행복할 것이다. 너는 하나님을 즐거워할 것이고, 영화롭게 할 것이다."

이 두 가지가 항상 함께해야 합니다. 이 사람은 말합니다.

"사람의 제일 되는 목적은 하나님을 영화롭게 하고 영원토록 그를 즐거워하는 것이다. 그렇다. 나는 하나님을 즐거워할 뿐만 아니라 하나님을 영화롭게 하기 위해서 하나님께 가까이 나아가려 한다. 그분은 위대한 전능자 주 하나님이시다. 사람과 이 세상과 역사의 모든 비극은, 그 점을 알지 못한다는 데 있다. 그러므로 내가 할 일은 사람들에게 그분에 대하여 말하는 것이다. 나는 나의 삶을 통해서 그 일을 행할 것이며, 내 입술로 그 일을 행할 것이다. 나의 삶 전체는 하나님을 영화롭게 하는 데에 드려질 것이다. 내가 하나님께 가까이하고 하나님을 체험하기 전에는 하나님을 영화롭게 할 수 없다. 그러나 나는 그렇게 할 것이며, 그리하여 하나님의 생명을 전할 것이다."

하나님께 가까이하기 위하여

이상으로 우리는 이 사람의 결심과 그렇게 결심한 이유를 살펴보았습니다. 이 모든 일이 어떤 방식으로 일어나게 되었는지를 간단하게 설명할 수 있겠습니까? '하나님께 가까이 가면 이 모든 일들이 일어날 것이다'라고 말하는 것은 충분치 못합니다.

내가 어떻게 하나님을 가까이합니까? 우리는 실제적인 차원으로 내려와야 합니다. 그리스도인들이여, 우리가 항상 주 예수 그리스도 안에서 하나님께 가까이할 수 있다는 것을 알아야 합니다. 우리는 그 높이를 잴 수 없고, 그 깊이도 알 수 없습니다.

"그러면 무엇을 말하느냐? 말씀이 네게 가까워 네 입에 있으며 네 마음에 있다 하였으니 곧 우리가 전파하는 믿음의 말씀이라. 네가 만일 네 입으로 예수를 주로 시인하며 또 하나님께서 그를 죽은 자 가운데서 살리신 것을 네 마음에 믿으면 구원을 받으리라"(롬 10:8,9).

우리는 이 점에 대해서 걱정할 필요가 없습니다. 만일 우리가 그리스도인이라면, 우리가 아무리 많이 죄를 범했다 할지라도 하나님께 나아가 우리 죄를 고백하고 우리가 우리 자신을 구원할 수 없음을 인정하면서 하나님의 아들을 전적으로 의뢰한다면, 그리고 그가 우리에게 행하신 일을 온전히 믿되 그리스도의 순종의 삶과 구원하시는 죽으심과 부활을 온전히 의뢰한다면, 우리는 하나님께 받아들여지고 하나님과 화해하게 될 것입니다. 그리고 그렇게 될 때 우리는 하나님과 교제할 수 있습니다.

바로 그것이 길입니다. 그렇습니다. 하나님께 가까이 나아가는 것을 기억하십시오. 이것이 바로 이 사람의 결심입니다.

그렇다면 우리가 어떻게 그 일을 할 수 있습니까? 먼저 기도의 삶을 통해서입니다. 저는 이 점을 강조합니다. 지금까지 제가 말씀드린 모든 것을 믿는다면, 자신이 하나님께 말씀을 아뢸 수 있다는 것도 믿을 수 있을 것입니다. 진정으로 그분이 누구신지를 깨달았다면, 그분에게 말씀드리고 싶어질 것입니다.

진실로 하나님께 가까이하는 사람은, 언제나 하나님께 말씀을 아뢰는 사람입니다. 우리는 항상 이런 일을 하려고 결심해야 합니다. 세상이 더 이상 우리를 다스리지 못하게 하겠다고 마음먹으십시오. 우리가 세상을 다스리고, 시간과 우리의 정력과 다른 모든 것을 다스리겠다고 결심하십시오.

기도에 덧붙여서 성경을 읽으십시오. 하나님은 성경을 통하여 우리에게 말씀하십니다. 그러므로 성경을 읽고 연구하십시오.

다음으로 공 예배에 참석하십시오. 이 사람은 하나님의 성소에 나아갔을 때 자기 영혼을 위한 평안과 안식을 발견하였습니다. 우리도 흔히 같은 체험을 합니다. 만일 우리가 하나님께 가까이 나아가기를 바란다면, 개인적으로 기도할 뿐만 아니라 다른 사람들과 함께 기도하십시오. 개인적으로 말씀을 읽고 연구할 뿐만 아니라 다른 사람들과 함께 말씀을 읽고 연구하십시오. 우리는 서로 돕고, 서로의 짐을 나누어져야 합니다.

또한 묵상하고 생각할 시간을 가져야 합니다. 신문을 집어던지고 하나님에 대해서 생각하십시오. 여러분의 영혼과 이 모든 것들에 대해서 생각하십시오. 우리는 우리 자신에게 충분히 말하지 않습니다. 우리는 스스로에게 자신이 하나님 앞에 있음을 말해야 합니다. 우리가 하나님의 자녀이며, 그리스도께서 우리를 위하여 죽으심으로 우리를 하나님과 화해시키셨음을 인식해야 합니다.

우리는 하나님의 임재를 실제에 옮기고 인식해야 하며, 그분에게 말씀드리고 그분과 함께 우리의 날들을 보내야 합니다. 그것이 바로 하나님께 가까이하는 방법입니다.

하나님께 가까이한다는 것은 그분을 찾는다는 의미입니다. 우리의 죄가 용서받았음을 알고, 하나님과 하나님의 사랑을 알고, 우리가 기도할 때에 하나님께서 들으신다는 것을 인식하기 전에는 우리 자신으로 하여금 어떤 평안과 안식도 누리지 못하도록 해야 합니다.

마지막 요점은 순종입니다. 왜냐하면 우리가 그분께 순종하지 않으면 그분과의 관계가 깨어지기 때문입니다. 죄는, 연결고리를 끊어버리고 하나님을 멀리 떠나는 것을 의미합니다. 그러므로 중요한 두 법칙은 하나님을 찾고 그분께 순종하는 것입니다. 만일 우리가 죄를 범하여 그 관계가 깨어지고 교통이 끊기면, 우리는 즉각 우리의 죄를 고백해야 합니다. '주 예수 그리스도 하나님의 아들의 피가' 우리를 모든 불의에서 깨끗하게 하신다는 것을 깨닫고, 그 끊어진 것을 다시 견고하게 세워야 합니다.

우리가 미래를 내다보면서 마음 깊이 이러한 결심을 할 수 있도록 하나님께서 허락하시기를 바랍니다.

"하나님께 가까이함이 내게 복이라."

하나님의 은혜로 우리가 그분을 알고 그분과 함께 거하기를, 우리의 남은 날들을 그분의 얼굴빛 안에서 보내며 그분과 함께 복된 교제를 누리는 삶을 살게 되기를 바랍니다.

옮긴이 **서문강** 목사는 고려대 신문방송학과를 거쳐 총신대 신학대학원을 졸업하였으며, 1987년부터 현재까지 중심교회 담임목사로 섬기고 있습니다. 2007년 5월에 미국 Reformed Theological Seminary에서 「강해설교의 회중반응과 그에 대한 목회적 대응」이라는 논제로 D.Min 학위를 취득하였으며, 현재 칼빈대학에 전임대우로 출강하고 있습니다. 대표적인 번역서로는 조나단 에드워즈의 『신앙과 정서』, 『그리스도를 아는 지식』, 존 오웬의 『그리스도의 영광』 등이 있으며, 그 밖에도 거의 백여 권에 이르는 개혁주의적이고 청교도적인 저작들을 번역하였습니다. 저서로는 요한계시록 강해서인 『그 이김의 넉넉한 보장』, 빌립보서 강해서인 『내가 다시 말하노니 기뻐하라』, 신앙입문서인 『신앙의 초석』이 있습니다.

MLJ 5
믿음의 시련

지은이 | 마틴 로이드 존스
옮긴이 | 서문강

펴낸곳 | 지평서원
펴낸이 | 박명규

편 집 | 정 은, 박혜민
디자인 | 안소영

펴낸날 | 2009년 11월 25일 초판
　　　　 2022년 6월 1일 초판4쇄

서울 강남구 선릉로107길 14 (역삼동) 06143
☎ 538-9640 / Fax. 538-9642
등 록 | 1978. 3. 22. 제 1-129

값 10,000원
ISBN　978-89-86681-95-6-94230
ISBN　978-89-86681-69-7(세트)

메일주소 jipyung@jpbook.kr　　　　홈페이지 www.jpbook.kr
페이스북 www.facebook.com/jipyung　트위터 @_jipyung